“程度副词＋名词”组合研究

朱 磊 著

ZHEJIANG UNIVERSITY PRESS
浙江大学出版社

目　录

0 引 论

在当前语言生活中，有许多新兴的语言现象，对于有的语言现象，语言使用者可能明显感觉它们是新兴的；而对于有的语言现象，使用者对其感受并不一致。“程度副词＋名词”组合就属于后一种情况，也正因为如此，学术界对其地位也争论不断。

0.1 选题缘由

本书把由程度副词修饰名词或名词性短语而构成的组合简称为“程度副词＋名词”组合。由于研究视角和命名习惯等方面的不同，该语言现象会有“程度副词修饰名词现象”、“程度副词＋名词”组合、“程度副词＋名词”结构、“程度副词＋名词”构式等不同说法，本书为方便起见，统一将其称为“程度副词＋名词”组合。

在有的学术论文中，“程度副词＋名词”组合被简称为“副词＋名词”组合，但是严格来看，“副词＋名词”组合所涉及的类别相当复杂。杨亦鸣、徐以中(2003)就列举了 11 种副词与名词线性排列的现象，其中大部分“副词＋名词”组合都与“程度副词＋名词”组合无关，是现代汉语中的常见现象。李一平(1983)也按照副词所出现的句法环境将副词与名词的线性排列分为 4 种情况：(1)副词位于作谓语的名词性成分之前，如“明天又星期天了”；(2)副词位于作宾语的名词性成分之前，如“我写了才两页”；(3)副词位于作状语的名词性成分之前，如“他好几年没来这儿了”；(4)副词位于作主语的名词性成分之前，如“就你能”。这些副词与名词的线性组合经常在句子环境中出现，属于常规现象，而只有“程度副词＋名词”组合才是非常规现象。

据此，邵桂珍(2000)提出了语法的“副＋名”和修辞的“副＋名”。对于语法的“副＋名”来说，当名词本身具有述谓性时，则副词通常用“已经”“刚刚”“才”“终于”等时间副词，以表示时间的推移或地点的转换。而当名词本身需要其他词的配合产生述谓性时，需借用具有潜在判断功能的范围副词如“都”“总共”“只”“仅仅”“单”“光”“就”；或表示肯定或否定的副词，如“必”“必定”“的确”“不”“不必”等。当然，如果让名词充当主语、宾语或定语，则要使用最高级程度副词，或范围副词。从语义角度看，语法的“副＋名”语义上具有明确性和单一性，修辞的“副＋名”不确定性和丰富性。从语用角度来看，语法的“副＋名”对语言的主体因素(如思维方式、语言习惯)的依赖性较强，而修辞的“副＋名”对语言客体因素(如社会背景、文化环境)的依赖性较强。语法的“副＋名”和修辞的“副＋名”都具有简化语言的作用，但语法的“副＋名”重在凸显未知信息，强调话题的说明部分；修辞的“副＋名”则更为关注语言表达的生动性、活泼性和趣味性。

这样，“程度副词＋名词”组合就从大量的“副词＋名词”现象中分离出来，成为一种修辞现象被人们所关注。王小莘、张舸(1998)认为“程度副词＋名词”这种结构能否经过“约定俗成”而最终进入语言的范畴，进而给旧的语法规则带来新的突破，还要经历一段长时间的考察，但从目前流行的趋势及其具有一定的积极的表达效果来看，是很值得语言工作者给予关注的。

虽然该组合的存在可以称其为“修辞现象”，但是学术界对它的主要研究却不在修辞学领域，很多研究者都是从语法角度对其进行分析，而对其进行的修辞学研究也主要集中在言语技巧领域(下节将作详细介绍)。

对于修辞学而言，其研究的范围不应只局限于言语技巧领域。“修辞的最终目的是认知，是促使人类更好地了解自然、社会及人本身”(鞠玉梅，2003)，修辞活动的产生、发展都有认知层面的因素在起作用，要对修辞现象做出合理的解释，需要修辞学在认知维度上延伸。王寅(2010)也因此提出了建设认知修辞学的构想。“科学有一个中心，那就是围绕着人和社会的需要。”(朱晓农，2008:16)既然修辞学是以语言层面为研究依托的，因此，它需要关注语言在社会环境中的运用，关注修辞现象在社会活动中的价值。这又需要修辞学在社会维度上延伸，在社会的组织活动中发挥作用。

从本质上讲，“程度副词＋名词”组合本身与其他修辞现象相比并无特殊之处，都有属于自己的交际价值，但本书将试图以修辞学的视角，从认知、社会两个维度上对“程度副词＋名词”组合进行剖析，探究该组合在言语技巧领域以外的修辞活动规律，以此来扩大修辞学的研究视野。更为重要的是，本书试图以小见大，探求类似于“程度副词＋名词”组合之类的超常规语言现象的认知、话语运作规律，以图借此进一步促进修辞学理论的深入发展，为学术界一直关注的语言规范提供某些新的原则和方法。

0.2 研究现状及其分析

在研究的前期阶段，学术界对“程度副词＋名词”组合的讨论主要在于它合不合乎既定的语言规范。根据施春宏(2005:195-198)的论述，人们对该组合的认识大体经历了“不规范说”“活用说”“转化说”“条件说”等阶段，经过长期讨论，大部分学者认可了其存在的合理性，认为这是一种名词的活用。于是，近年来学术界的关注点转向了“程度副词＋名词”组合如何产生等一系列相关问题上。

0.2.1 修辞学界对“程度副词＋名词”组合的研究

对于“程度副词＋名词”组合的产生，修辞学界对它研究得并不深入，多局限在其言语表达效果上，这些研究多认为人们对于言语效果的需求促成了“程度副词＋名词”组合的产生。如，原新梅(1997)认为“程度副词＋名词”组合具有言简义丰、幽默诙谐、创造语言节奏、表达复杂情感，以及亲切自然、口语色彩浓等功效。关春芳(2003)认为“程度副词＋名词”组合这种语言形式在于追求一个永远不确定的意义，具有言简意丰的特点，符合语言运用中简省的原则，具有很强的生命力；社会发展和人文因素干预，使语言更具文化内涵，令“程度副词＋名词”组合的语用频率增加；在表达效果上具有补偿性、模糊性、灵活性和新异性。刘红曦(2005)认为该组合能使表达更加简便、直接、含蓄、幽默。刘慧丽(2008)则认为该组合的修辞价值是“形式简洁、经济凝练”,“描写形象、内涵丰富”,“表达新颖、诙谐幽默”。

研究者对这些表达效果的界定缺乏一个客观具体标准，而且通过这种研究方式得到的“成因”只是基于研究者对该组合使用的外部观察，不可能深刻地揭示其产生、运行的规律。例如：

(1)我一般就看**很大众**的电影，什么口碑好，什么比较火就去看看。我不喜欢主题特别沉重、深刻的电影，因为生活已经够疲惫了。(《八月年轻人一起玩电影 70后80后与90后00后有代沟》，人民网，2015-08-07，http://media.people.com.cn/n/2015/0807/c40606-27424216.html)

(2)赵宝刚在接受《重庆晚报》记者采访时表示,之所以拍摄青年医生为主角的医疗剧,是想把改善医患矛盾的希望寄托在年轻一代的医生身上,“题材看上去很沉重,但我们拍得很欢乐**很喜剧**,希望传递出正能量”。(《赵宝刚新剧52案例展现医疗问题 行业剧还是偶像剧》,人民网,2014-11-17,http://media.people.com.cn/n/2014/1117/c40606-26035896.html)

(3)“农活忙完,也要补充精神粮食,宣讲谈现代农业产业体系,**很乡土**很带劲,过瘾!”社员李中元竖起大拇指。(《农民夜校成十九大精神宣讲重要课堂》,人民网,2017-11-02,http://cpc.people.com.cn/n1/2017/1102/c415067-29623431.html)

(4)别看刘亦菲外表看起来**很仙女**,但睡觉的姿势真是有够奇葩的。图上是录歌间隙趴在椅子上就睡。(《小S刘亦菲佟丽娅 男神女神睡姿曝光呆萌搞怪》,人民网,2014-04-10,http://ent.people.com.cn/n—0410/c1012-24875495.html)

我们可以说上述四例中,因为形式简洁、内涵丰富、风趣幽默等因素促成了相关的“程度副词+名词”组合,但这些因素只是必要条件,不是充分条件,人们也可以变动上述语句中的其他词语来达到相关的修辞效果。而且,在这些表达效果因素中,哪种因素占据主导地位,也是难以判断的。

当然,也有研究者试图突破言语技巧的局限,运用新的修辞学理论对该组合产生的原因进行解释。如,邱凌(2002)运用了潜显理论来探究“程度副词+名词”组合。他认为“程度副词+名词”组合原本是在语言中客观存在的潜性语言现象,现在正逐步变成显性语言现象。作者进而从“潜词义的显性化”“潜性功能的显性化”“潜性效果的显性化”三方面论述了该组合由潜入显的表现。不过,从作者认为该组合的实现“满足了作者追求含蓄、朦胧、新颖、别致的表达方式的要求”这一表述中可以看出,其最终的落脚点依然未能脱离言语技巧领域,未能从更深的层面揭示该组合产生的原因。

0.2.2 其他语言学科对“程度副词+名词”组合的研究

修辞学属于语言学,但同时也是边缘性的学科,它与语言学的诸学科有着密切的联系。因此,研究者们在语义、语法、认知等领域对“程度副词+名词”组合进行的探究可以为修辞学的研究提供理论支持。他们的研究大致可以分为以下三方面。

第一，对“程度副词＋名词”组合产生原因的研究。

研究者主要运用认知语言学的理论，从语言使用者的认知层面来探讨“程度副词＋名词”组合产生的根本动因。

刘正光、崔刚(2005)运用非范畴化理论解释“程度副词＋名词”组合。他们认为概念结构的二元性为名词提供了描述性意义的来源与基础，为名词指称和陈述的相互转化提供了可能。在认知框架当中，语言实体可能有许多不同的成分或意义，但在一定的语境下，被提取的只有一个。承担该提取功能的则是孤立抽象机制或转喻中的视角化。这篇论文表明了任何“程度副词＋名词”组合的成立都是转喻机制在起作用。此外，他们认为非范畴化的连续体特征能有效解释不同结构中名词表示描述性意义时可接受性差异的问题。因此，他们提出不应仅仅将“程度副词＋名词”组合看成是“修辞现象、特殊现象、不规范用法”，而应视为认知系统和语言系统不断创新的过程。

丁加勇、戴玮(2007)根据理想认知模型理论，认为名词是由多个模型组成的复杂的模型集合体。在不同语境中，名词的不同认知模型会相应地得到凸显，所以“程度副词＋名词”组合在不同的句子中可能会有不同的意义。丁、戴的论文更加清楚地展示了名词中各种意义成分是如何有机组合在一起的，更能让人们判定转喻中是哪种语义成分被提取了。

王寅(2009)认为“程度副词＋名词”组合的产生是“词汇压制”和“惯性压制”的体现。在词汇压制方面，该构造中名词在副词的压制下大大衰减其指称功能，以突显其表“典型特征、异常感觉、语气时髦”等语用意义。在惯性压制方面，该组合从多个其他构造中传承了相关信息，如副形构造、主谓构造、动名构造等。作者还认为单靠组合原则难以获得该构造丰富的整体含意，必须运用完形理论和整合原则对其作通盘处理。

蔡飞(2009)认为“程度副词＋名词”组合在认知上符合“中心—边缘图式”。在“程度副词＋名词”组合中，名词必然还需要以其词汇意义为基础，在其词汇意义与程度副词相匹配的基础上与程度副词进行组合。名词与受程度副词修饰的形容词、动词一样存在着语义模糊性或者在使用中原本明晰的语义模糊化。然而名词的语义模糊只是边界模糊，其中心却是明确的，也就是说名词具有原型性。正因为名词在语言使用者的认知心理中存在着预设的原型，故而可受不同程度的副词修饰。

第二，对“程度副词＋名词”组合生成方式的研究。

一些研究者对“程度副词＋名词”组合的语义构成进行了较为细致的分

析与描写，以期探明程度副词和名词是通过何种语言手段结合到一起的内部规律。

张谊生（1996、1997）认为“程度副词＋名词”组合大致有三个方面的特点。一是从结构形式看，这类组合都是以前加程度副词作为语法手段和形式标志来促使名词性状化的。也就是说，如果不与副词相结合，这些名词的语法功能就不能转化，无法表示内涵义。二是从语义表达看，这种组合一方面必须以名词的理性意义作为表义的基础和前提，另一方面实际所表示的又都是一些没有明确义域的内涵义。因此，这种表达方式存在着允许读者和听话者根据自身主观的知识积累而做出不同联想和想象的随意性和模糊性。也就是说，内涵义的确定，除了名词本身固有的理性义之外，还必须取决于一定的语言环境，甚至包括读者和听话人本人的生活阅历和背景知识。三是从语言规范看，这种搭配方式出现时间不长，尚处在探索、发展的过程中。判断该语言现象规范与否，不宜简单从事，而是应该接受实践的检验。从某种意义上讲，这一表达方式多少弥补了汉语名词缺乏性状化手段的缺陷，满足了作者追求含蓄、朦胧、新颖、别致的表达方式的要求，它的存在还是有积极意义的。

施春宏（2001、2005）把名词的语义结构分成了关涉性语义成分和描述性语义成分，认为凡能成功提取描述性语义成分的名词就能进入“程度副词＋名词”组合。名词的描述性语义成分可以在各种类型的语境中提取出来。作者列举了提取描述性语义成分的种种方式，包括语义断取、阐释性提取、语义浸染和语义场的赋性。作者还指出，“程度副词＋名词”组合能够进行类推的前提是名词的描述性语义成分是否具有统一性。

邵敬敏、吴立红（2005）运用语义的双向选择性原则对“程度副词＋名词”组合进行了解释。他们认为“程度副词＋名词”组合是程度副词和名词双向选择的结果，两者在[＋程度量][＋属性]之间存在必然联系。进而，他们详细论述了程度副词唤醒名词属性特征时采取的五种途径，即“语义斜指法”“语义内指法”“语义偏指法”“语义深指法”“语义外指法”。虽然可能没有穷尽所有的类型，分类之间或许也有交叉，但是这种研究表明了途径不同，相关组合产生的难易程度也不同，深化了产生机制的研究。他们还对所有的名词进行了考察，用统计的方法佐证了抽象名词进入“程度副词＋名词”组合的可能性要大于具体名词这一论断。此外，他们还从社会、文化等角度对“程度副词＋名词”组合的成因做了一定的论述。

黄洁（2009）认为名词丰富的内涵义是“程度副词＋名词”组合的概念基

础，名词发生功能游移的动因是副名结构的构式义对名词的词汇义进行压制，使与名词相关的可主观量度的属性被凸显，而范畴转指属性的概念转喻则是语义压制实现的途径。

此外，邢福义(2003)从句法功能角度对“程度副词＋名词”组合的生成方式进行了探讨。他研究了“副＋名”组合的代表“很＋名”组合，认为“很＋名”是形容词性的，只能有限地接纳名词。典型名词进入“很＋名”结构槽，是名词活用为形容词，属于“词性活用”现象。进入该结构的名词，使用频率提高后，临时的“异感”意义就会转向固定的特征意义，使一个形式在原来名词性的基础上裂变出形容词性。

第三，对“程度副词＋名词”组合内部差异性的研究。

学界现已普遍认识到，“程度副词＋名词”组合的内部是有差异性的，而不能简单地将其作为一个整体进行研究。因此，研究者将“程度副词＋名词”组合按照名词的不同进行了分类，以期对其产生和使用的状况有个更为清晰的认识，也有助于为规范这种语言现象制定相应的策略。

张谊生(1996、1997)认为“程度副词＋名词”结构有的凸显了名词的度量义，有的使名词性状化。对于前者，相应的名词有三类，即：(1)语素包含类，就是指一些名词的前一构成语素本身就含有一定的量度义；(2)语义蕴涵类，就是指一些名词的词义中本身就蕴涵着一定的量度义；(3)语境赋予类，就是指该名词本身并不含有量度义，只是在一定的语言环境中，尤其是受到程度副词修饰后，才获得了临时的量度义。对于后者，作者认为这样的名词有四种，即：(1)内涵凸现式性状化名词，大都是指人名词，基本上都是一些表示不同的社会阶层和社会角色的名词；(2)特征概括式性状化名词，大都是地域名词，主要是指一些比较有名的、具有独特个性特征的、能够引起某种联想和共鸣的国别和区域的专有名称；(3)概念状化式性状化名词，大都是抽象名词；(4)形象比喻式性状化名词，大都是一些指物名词，也有少数专有名词。这样的划分非常详尽，有着不同的大类和小类，可以帮助人们观察组合的不同功用，但是概括性稍差，毕竟人们对于内涵义的理解角度不同，而且作为临时的修辞现象，语境因素可能随时改变组合中名词所凸显的语义。

刘晓峰(2002)根据名词的不同类型把“程度副词＋名词”组合分成了三类，即“程度副词＋抽象名词”“程度副词＋具体名词”“程度副词＋专有名词”。作者认为，就稳定性而言，“程度副词＋抽象名词”＞“程度副词＋具体名词”＞“程度副词＋专有名词”。这种名词类型划分和稳定性之间的对应非常整齐，能反映大部分语言运用的实际情况，但是也有很多例外不能用文章总结的规律概括。所以，作者也强调在规范“程度副词＋名词”组合时，要针对其不同的类型区别对待，不能一刀切。

杨海明、李振中(2004)以网络与期刊文本为基础，把“程度副词＋名词”组合中的名词分成指人名词、物质名词、处所名词和抽象名词四类，并且分析了“程度副词＋名词”组合提取这四类名词性状因子的方式。他们认为“程度副词＋名词”组合的表达是表达者的经济动因造成的，接受者提取名词的何种性状因子则是由象似动因驱动的，因此“程度副词＋名词”组合的确立是经济动因与象似动因竞争与避让的结果，文章很好地将名词分类与语言运用的心理机制结合了起来。

张伟(2005)通过调查发现，人们对以“很＋名”为代表的“程度副词＋名词”组合认可度有这样一个大致的倾向：“很”＋抽象名词＞“很”＋个体名词＞“很”＋专有名词。这一结论佐证了能受副词修饰的大多是抽象名词的论断，因为这些名词“较容易分离出描述性语义特征”。作者还发现，随着时代的变迁，“程度副词＋名词”组合已呈现逐渐增多的趋势。作者认为“程度副词＋名词”组合的主要来源是方言和作家的创作。作者从被试的个人背景中发现，个人的阅读量跟“程度副词＋名词”组合的认可度正相关，方言因素对该组合的认可度也有很大的影响。

王云昀(2006)把“程度副词＋名词”组合中的名词分为抽象名词和具体名词。作者指出抽象名词的内涵义丰富，比具体名词更有资格进入“程度副词＋名词”组合。不过，具体名词可以通过添加“气、味、腔、调”等后缀，转化为抽象名词。

刘茁(2009)发现了名词在接受程度副词修饰时从易到难的规律：从抽象名词到指人名词、指物名词，再到专有名词。根据范畴理论，作者认为越是处于边缘的、越是具有内涵意义的非典型名词，就越容易进入副名结构。因此，作者建议在运用“程度副词＋名词”组合时，要尽可能使用抽象名词，之后使用指人名词和指物名词，而使用专有名词时要有充足的语境支持。

罗建平、黄伶燕(2010)在探讨“程度副词＋名词”组合中名词的非范畴化与聚合关系时，通过对专有名词、兼类名词、个体名词等的历时语料的观察和分析，认为专有名词聚合于该组合主要取决名词的内涵意义，或其指称的典型事件的特征意义，其适用性与语境有关；兼类名词由于非范畴程度高，名词高度形容词化，所以可聚合于该组合；普通个体名词聚合于该组合主要受先前非范畴化现象的影响，取决于交际意义。

滕沁芳(2013)对《现代汉语常用词》中,目前被普遍接受的、能够进入"程度副词+名词"结构的267个名词进行了分类,得到五大类别。第一类是具体名词,包括表人名词和表物名词,其中表人名词又分为群体名词与专有名词;第二类是特殊名词,包括方位名词、处所名词、时间名词;第三类是抽象名词,包括名词当中含有形容词性语素、具有感情色彩义和含有度量义等三种情况;第四类是名形兼类词;第五类是网络新词。这种划分覆盖面广,但是有些地方需要商榷。作者所谓的"特殊名词"有方位名词、处所名词、时间名词,它们一般被归入名词的附类之中,其语法功能与常规名词有很大不同,即便它们与程度副词结合,也有可能是邵桂珍(2000)所说的语法的"副+名"。对于组合中的名形兼类词而言,人们在使用时究竟将其作为名词还是形容词,缺乏心理上的依据,不同学者之间的认识也各不相同。而所谓网络新词则是语体上的划分,虽然具有一定新意,但是与前面的划分类别不是同一个层次,存在很大的交叉性。

以上研究者的划分角度各不相同,总体上看基本是从两个维度展开的,一个是从客观世界分类角度区分名词词类,有指人名词、指物名词、抽象名词、时间名词和处所名词;另一个是从认知语义的角度展开的,有特征义、联想义、色彩义,等等。我们选取的名词要把这两个维度结合起来。

朱小丽(2008)将名词划分为抽象名词、表人名词、表物名词、时间名词、处所名词和方位名词,另外从语义特征方面将其划分为蕴涵"性状"义、蕴涵"量度"义和蕴涵"比喻"义这三种情况。

林荣钦、胡荣英(2011)将相关名词分为定中结构的名词(名词中含有表示性质的形容词性语素,形语素+名语素)、词义中含有极量义的名词、语义内涵丰富的名词、有"气、味、腔、调"等后缀的名词、含临时性的比喻义、具有为人熟知特征的名词。这个分类涵盖范围广,但缺点是将语法和语义特点混在一起,所分类别彼此有交叉。

名词类别不同会对"程度副词+名词"组合造成不同影响,这个理论设想也得到了神经语言学方面的支持。蔡辉、孙莹、张辉(2013)认为"程度副词+名词"组合是浮现中的一种熟语性构式,他们用事件相关(脑)电位(ERP)技术对这一构式的在线加工进行了个案研究。实验语料为四类,"程度副词+X"短语构式,X分别代表形容词、兼类词、可搭配名词和不可搭配名词。实验结果表明:N400振幅在四类构式上呈现从字面表达到错误表达依次递增的梯度分布,两类转喻表达位于中间,没有差异。据此文章认为,N400在"程度副词+名词"构式和"程度副词+兼类词"构式上的梯度振幅可归因于转喻度的不同，指出“范畴指代属性”转喻度的差异是几种“程度副词＋名词”构式接受度不同的主要原因。

除此之外，鄢柏龄、张道俊(2019)还指出体词性代词也可以进入“程度副词＋名词”组合，因为体词性代词与名词在语法性质上有一定的共通性，会构成“很那个”“很自我”等表述。

当然，以上所说的三个方面只是对研究文献的大致划分。事实上，对“程度副词＋名词”组合的剖析不是运用单一理论就能完成的。一种理论只是代表一种视角，而要全面认识一种语言现象，必然要通过其他视角进行辅助观察。比如，上述运用认知语言学理论对“程度副词＋名词”组合进行研究的理论中，也积极借助了语法、语义等理论知识。总之，组合中名词的划分目前还有很多问题，但它又是非常重要的一个研究领域，如何做出最好的分类，还需要学者继续探索。

0.2.3 关于程度副词的相关研究

“程度副词＋名词”组合自然也涉及程度副词，一般来说程度副词只是在其中体现程度量的不同。不过，在组合的演化中，程度副词的相关语法性质对其也有一定的制约作用。因此，我们要需要系统了解程度副词的相关研究。

程度副词在汉语语法草创时期就已经进入了研究者的视野。马建忠(1998[1898]:236)在《马氏文通·实字卷之六》中将状字分为六类，其中第四类是“以度事成之有如许者”，“如许者，言事成而有多少、浅深、厚薄、偏全之各别也”，浅深、厚薄就相当于程度，不过从书中所举例子来看马氏并没有对这些表浅深、厚薄的状字划出明确的范围。

吕叔湘《中国文法要略》(1956[1942]:17)在词类中划分出限制词(副词)，其中表示程度限制的有：“颇、甚、略、仅、极、太”等。

高名凯(1957[1947]:252)在其语法体系中划分出了“量词”，并认为其下有“比词”，即“比较程度的”，如“最”“更”等；还有“渐词”，即“说明度量在变化历程中之深浅”，如“渐”“颇”等。

王力在《中国现代语法》中明确提出了程度副词的概念，认为：“当描写词描写人物的状态时，并未同时描写此种状态的程度。若要描写它的程度，还得加一个末品在此描写词(或仂语)的前面，而此种末品又往往是由副词构成的。……有时候，叙述语也可以受程度副词的修饰。”(王力，1985[1943]:131)王力对程度副词的论述可以简单概括为“表示程度”，这是从语义角度进行的定义。

受王力研究的影响，很多现代汉语的教科书都是从语义角度对程度副词进行简单的定义，对其内部成员进行一般性的列举。例如，胡裕树（1981：290）、林祥楣（1991：219）、张斌（1988：244）等。

语义角度的定义并不能彻底揭示程度副词的语法性质，因此也有学者从形式角度入手，就程度副词的搭配对象进行了探讨。

赵元任（1979：348）指出“程度副词修饰形容词，但一般不修饰动词”。朱德熙（1982：196-197）指出“程度副词的语法功能是修饰形容词以及少数动词和述宾结构”，并列举了常见的程度副词有：“很、挺、怪、更、最、太、忒、好、真、较、比较、非常、十分、特别、尤其、稍微、不大”，等等。

随着语法研究的深入，人们更多地从形式与意义相结合的角度对程度副词做出界定。比如，黄国营、石毓智（1993）认为汉语程度副词是形容词量性特征的标记。蔺璜（2003）认为，程度副词是形容词量性特征的标记，有别于其他副词的特点是：黏着性强、定位性强、语义指向单一。当然，这两篇论文只是从与形容词搭配的角度定义了程度副词。

杨荣祥（1999）虽然研究的是近代汉语，但他指出“程度副词表示的是性质状态的程度或某些动作行为的程度”，这对研究现代汉语程度副词也具有指导意义。孟艳红（2004）更是概括地指出程度副词是从程度上对性质状态或某些动作行为进行修饰的副词。

大多数研究只是单纯地对程度副词进行定义，较少地考虑其与副词体系中其他成分之间的关系。而张谊生（2000b）在这方面做出了一定的研究。根据张谊生（2000b）的相关划分和描述，程度副词应有[＋功能义、＋客观性、＋语义功能、＋表概念、＋空间义、＋度量]的特征。尽管描述未必完全准确，但是这给我们界定程度副词与其他词类之间的区别与联系提供了参考。

此外，就程度副词的功能而言，人们通常认为它们只作状语，但是不少学者已经开始关注程度副词作补语的用法，张谊生（2000c）从多个角度考察了程度副词作补语的问题，后来张谊生（2008、2013、2015）又做出了多个个案研究，进一步提供了相应的证据。唐贤清、罗主宾（2014）更是从类型学角度，论证了汉语各方言、少数民族语言里都存在程度副词后置于谓词作补语的现象。

因为界定的方法不尽相同，各家对于程度副词的范围划分大小不一，根据全丹丹（2005）的统计，吕叔湘《现代汉语八百词》中列出程度副词 33 个，张谊生《现代汉语副词研究》中列出程度副词 89 个，张斌《现代汉语虚词》中列出程度副词 39 个，李泉《汉语语法考察与分析》中列出程度副词 75 个。而张道俊、石艳(2015)梳理现代汉语程度副词的基本范围，得到基本程度副词 99 个，非基本程度副词 21 个。基本程度副词中，显性相对的 42 个，隐性相对的 8 个，一般绝对的 43 个，感叹绝对的 6 个。非基本程度副词中，带有明显方言色彩的 12 个，带有明显文言色彩的 9 个，现代汉语程度副词的基本范围在 120 个左右。可见，程度副词从 30 多个到上百个，各家认识悬殊。另外，学者在不同的研究阶段，对于程度副词数量的认识也是不一样的。比如张谊生(2000d:22)在《现代汉语副词研究》中列出了 89 个程度副词，而张谊生(2014:22)在《现代汉语副词研究(修订本)》中则将程度副词数量增加至 99 个①。

程度副词的划分问题一直是程度副词研究的重点。王力(1985[1943]:131、132)最早将程度副词分为绝对程度副词和相对程度副词，认为“凡无所比较，但泛言程度者，叫做绝对的程度副词”，“凡有所比较者，叫做相对的程度副词”。

王力的划分是从有无比较对象角度进行的，后来的学者从形式验证给予了一定的补充和完善。

例如，马真(1988)考察了程度副词在六种句式中的分布，即“相比之下，X＋F＋AP”“比较起来，X＋F＋AP”“跟 Y 相比，X＋F＋AP”“比起 Y 来，X＋F＋AP”“在……中/上，X＋F＋AP”“X＋比 Y＋F＋AP”。这为程度副词的细分提供了参考。

张亚军(2003:142-156)将程度副词分为甲、乙、丙三类，认为甲类程度副词都能出现在“X 比 Y[　]Z”中，如“更、越发、远”“稍微”等；乙类程度副词出现在含特指疑问代词的真性特指疑问句“W＋[　]＋A?”中，如“最、比较”；除此之外便是丙类程度副词，如“过于、太”“非常、很”等。

也有学者单从量的角度对程度副词进行了划分。例如，李宇明(1994)从研究形容词分类的需要入手，将可与形容词搭配的程度副词分为最级(“最、透顶”等)、挺级(“很、挺、十分”等)、相当级(“相当”等)、较级(“比较、较为”等)和点级(“有点、有些”等)。

现在对于程度副词的分类研究更多的是将比较对象和量级结合起来划分，为程度副词划分出有序的层级。

---

① 张谊生(2014:22)主要增加了作补语的程度副词。

马真(2004:141)先将程度副词分为“程度深”与“程度浅”两大类,每类又分三小类。其中,表程度深的程度副词中,可通过“比”字句进行比较的有“过于、更、越”三系,用于比较但不使用“比”字句的有“最、尤其”二系,不能用于比较的有“大力、很、极、太”系;表程度深的程度副词中,可通过“比”字句进行比较的有“稍微”系,用于比较但不使用“比”字句的有“比较”系,不能用于比较的有“有点儿”系。

与马真的思路相反,张斌(2010:152、153)则是先从比较对象入手,认为“从句法功能的角度看,凡是可以进入具有明确的比较项句法环境的程度副词都是相对程度副词,反之,则是绝对程度副词”。在此基础上,又给相对程度副词内部划分出最高级(“最”“最为”“无比”“绝顶”等)、较高级(“更”“更加”“格外”“愈益”等)、比较级(“较”“比较”“较为”“较比”等)和较低级(“稍”“稍微”“略微”“稍许”等),给绝对程度副词内部划分出了超量级(“太1”“过”“过于”“过分”等)、极量级(“极”“极端”“极其”“透顶”等)、高量级(“很”“非常”“十分”“相当”等)和低量级(“些”“有点儿”“有些”“一点儿”等)。

除了比较对象和量级,张谊生(2000e:25-27)根据搭配功能、所含情态和所表语气的不同,将程度副词分为客观程度副词和主观程度副词。

还有的学者注意到程度副词内部小类之间的模糊性,如季薇(2011:192、193)将程度副词划分为“比较程度副词”和“观念程度副词”两个次类。前者包含“更”组、“稍微”组和“越发”组程度副词,后者包含“最”组、“很”组程度副词。作者进一步指出,“最”组程度副词既有客观化的比较参照,又有主观化的观念表达,所以处在两个词类的过渡地带。张谊生(2017a)通过个案研究,进一步证明了相对程度副词“最”正逐步绝对化的倾向。

需要注意的是,我们对于“程度副词+名词”组合的修辞研究都要在语句中进行,因此,关于程度副词入句的相关研究需要涉及。

这里指的并不单单是程度副词在句子中的研究,而是程度副词与相关中心语搭配后,在各种语法环境中所体现的作用。

程度副词与程度范畴密切相关,但是单独的程度副词难以独立完成程度范畴的表达。吴立红(2006)指出,“程度并不是由某个词来表现的,单独的一个副词‘很’,或者单独的一个形容词‘漂亮’,都无法表示程度,它必须通过一定的句法组合来体现,比如‘很’和‘漂亮’结合成为‘很漂亮’或者‘漂亮得很’,这才实现了程度范畴的表述”。因此,与程度副词相关的结构研究一直是值得关注的领域。

当前关于程度副词结构的研究大量集中在个案研究上,尤其是常用的程度副词“太”“很”等的相关结构，而集中讨论的主要有程度副词的否定结构，以及“程度副词＋名词”结构。

刘平(2011)在总结了大量含有程度副词结构的基础上，从语形上把程度副词结构“FX”概括为五种组合类型：F∅X、F的X、F地X、X得F、XF( )[①]，其下各分为肯定式、否定式和叠用式。根据程度副词的量性特征和程度副词结构组合之间的关系，文章认为“连续性、模糊性、层次性”是程度副词结构组合的重要语义根据。同时，文章还指出，程度副词及其被修饰成分的语音、语体、语篇、比较、情感、定量等六个方面的特征，会影响到含有程度副词的结构组配的合法性。

不过，含有程度副词的结构在入句之前依然是静态的短语，“在使用上，短语的具体组合为造句的具体需要所决定”(邢福义，1995)。石毓智(2010)在批判构式语法的弊端时，指出“关于结构整体语法功能的研究目前尚没有得到足够的重视，它应该是一个很有发展前景的领域”。

当前研究对于程度副词结构在句中的整体句法功能及其内部差异所做的刻画也进行了一定的研究。高宁(2013)在研究程度副词与否定副词的共现时，对其共现规律做出了详尽的解释，但对其整体的句法功能，只是简单提及它们可充当状语、补语、谓语、定语，至于充当各种成分有无性质差异，则没有明确提及。

李俊玲(2007)从主观性的角度出发，考察了含有程度副词“太”“真”“最”的短语在句法位置的制约，认为状语和定语对于时间稳定性的要求强，即状语和定语具有某种恒定性，“太”和“真”都有很强的主观性，是不适合表现恒定性的，因此由它们构成的相关短语不能自由地出现于状语和定语位置；谓语的稳定性较弱，随意性较大，即具有一种临时性，由它们构成的相关短语能出现在谓语位置；而“最”有着主观性和客观性的双重性质，没有成为完全表现主观性的程度副词，因此在句法位置上还没有严格的限制，“最”修饰形容词可以处于定语位置和谓语位置。

季薇(2011)通过大规模的语料，统计了多个程度副词与中心语构成的“程度副词＋X”结构在不同句位上出现的比例，认为“程度副词本身所具有的语法特征，对由其组成的‘状中结构’的整体性质具有相当的影响”(季薇，2011:172)。

---

① 在原文中，F表示程度副词，X表示中心语，∅表示不出现结构助词，()表示可以出现语气助词。

刘平(2011)提出程度副词结构入句需遵循的主要规则有五条:(1)句子信息焦点的适配规则;(2)句子信息结构的适配与补偿规则;(3)句子主观性(包括主观情感、主观量和主观语气)的适配规则;(4)比较对象的适配规则;(5)语用和认知的补偿规则。文章较为概括地解释了程度副词结构在句中产生功能差异的原因,是今后进一步研究的基础。

张谊生(2013)提出了"句法层面的语序"和"句子层面的语序"的概念,认为:"句法成分序与句子成分序的差异在于:前者是静态的,后者是动态的;前者具有客观性,构成的语言单位是短语,后者具有主观性,构成的语言单位是句子。"文中进一步结合例证,回答了为什么有些"副+AP/VP"还可以充当定、状语,而有些"副+AP/VP"却基本上只能充当谓、补语的问题。

在此基础上,张谊生(2014)又进一步论证,认为主观性差异制约了程度表达式"副+A"的句法功能,副词主观性越高,该"副+A"充当陈述性谓、补语及感叹句定语的频率就越高。另外,作者还指出副词结构在句中的分布还受到句类的影响,结合张谊生(2013)指出的感叹句中定语属于句子成分,而在陈述句中属于句法成分的论断,可以发现主观性强的副词结构在陈述句中倾向于充当谓语、状语,在感叹句中倾向于充当定语。根据句子成分和句法成分的差别,可以通过程度副词结构入句之后的差异,来判定典型程度副词与边缘成员之间的不同。比如"真""可"一般归入语气副词,张谊生(2014)根据"副+A"在句中搭配对象和充当的句法成分的不同,认为表程度义的"好、多"与典型的程度副词"很、挺、怪、太"存在诸多不同,而与语气副词"真、可"倒存在很多共性。所以,对于程度副词,只有将其放入各种结构、句式当中才能认清其相关特征,同样的道理,对于含有程度副词的结构依然如此。

0.2.4 当前研究所取得的成绩及其问题

通过上述分析,可以看出目前学界对"程度副词+名词"组合研究所取得的成绩:

第一,语言学界对"程度副词+名词"组合的分析越来越具体,有的进行了实证研究,根据不同的标准为该组合划分出了不同的类型,便于今后深入研究。

第二,研究者对"程度副词+名词"组合的产生动因和生成方式论述比较充分,认为该结构的产生是表达者独特的认知体验并且对该组合语言层面的表现方式作了较为细致的描写。

第三，人们在研究该组合的生成和运用时充分考虑了社会、语境等因素。

第四，认识到了该组合在不同的语体和人群中的运用有所不同，在规范时要避免“一刀切”。

当然，上述研究还存在一些尚未解决的问题：

第一，既然该结构的产生是表达者独特的认知体验，那么不同表达者的个人认知与约定俗成的公众认知之间的关系是否一致？如不一致，不同类型的“程度副词＋名词”组合是否对应不同类型的个体认知体验。

第二，研究侧重于该组合的生成方面，对于该组合的具体接受过程研究研究不够深入。接受者的认知状况各不相同，理解该结构的过程是否相同？当接受者面对不同类型的“程度副词＋名词”组合时，其理解过程是否相同？

第三，对该组合在社会层面上产生的作用论述不足。既然不同人群对该结构的接受度不同，那么接受度不同，形成的话语群体是否也不尽相同？这对于社会语言生活有何影响，又该如何规范？

对于这些问题，我们需要站在修辞学的角度进行剖析。既然修辞学的研究涉及认知、社会两个维度，那么它就可以解释表达者的修辞动机和接受者的理解过程，也能够依据表达者和接受者之间的互动，在社会层面上探讨该组合对社会的影响。当然，在认知、社会维度中进行研究，需要结合认知语言学、社会语言学和话语学等方面的研究成果。

0.3　本书的研究内容及意义

0.3.1　研究内容

本书分成两个部分，即对“程度副词＋名词”组合的修辞学阐释和对语言规范问题的新探究。

“修辞行为涉及三个宏观层面的问题：修辞者、听众和话语”（邓志勇，2011：66），修辞是立足于交际的活动，交际活动是由表达方和接受方共同参与的，而且成功的交际活动必须是“由具有约束力的经双方认可的规范所支配，这些经双方认可的规范规定了对行为的相互期望，并至少必须得到两个行为主体的理解和承认”（哈贝马斯，1998：7），也就是需要表达方和接受方实现互动。因此，本书的研究内容主要也分成三个部分，即从表达方、接受方以及两者的互动这三方面来对“程度副词＋名词”组合进行修辞学阐释。

从表达方角度所进行的研究，主要是针对修辞动机进行的剖析；从接受方角度进行的研究，主要是探讨人们在理解“程度副词＋名词”组合时具体的接受过程；而根据表达者和接受者之间的互动，我们可以发现“程度副词＋名词”组合在社会话语层面的运作规律，并尝试为这种语言现象的规范提供建议。

在具体规范“程度副词＋名词”组合的基础上，结合其他语言现象，我们还要从一般意义上对语言规范问题进行思考，重新认识语言规范活动的本质。这便是本书的另一研究内容。

就具体章节来说，本章是引言部分，综论“程度副词＋名词”组合的研究现状与问题，指出修辞学阐释的必要性，以及由此产生的新的语言规范思想。

在第一章，我们探讨表达视角下的“程度副词＋名词”组合，根据公共认知和个体认知之间的关系，通过一定的形式手段，划分不同的修辞幻象，进而发掘组合背后的表达动因。

在第二章，我们在接受视角下分析“程度副词＋名词”组合，剖析接受语境的组成和层次，展示组合的修辞接受过程，进而判别哪种类型的“程度副词＋名词”组合是最佳接受对象。

在第三章，把握了交际的表达方和接受方以后，我们将从社会话语的角度，分析体现不同修辞幻象的“程度副词＋名词”组合的社会功能，思考其在社会语言生活中的不同定位。

语法与修辞不能截然分开，修辞也是语法演化的重要因素。在第四章，我们将要分析“程度副词＋名词”组合的句法功能不平衡性，分析造成“程度副词＋名词”组合由句子成分向句法成分演变的修辞动因。

在对“程度副词＋名词”组合进行修辞学阐释的同时，本书还进行量化的尝试，特殊语言现象在话语中运用时会产生相应的特殊修辞效果，对这些修辞效果的准确把握，是语用能力的一个重要表现。以“程度副词＋名词”组合为例，人们对于其特殊修辞效果往往只能作定性评判，很难对各语用效果之间的差异作量化处理。因此，在第五章我们分析影响“程度副词＋名词”组合特殊语用效果的子因素，根据这些子因素的相互关系，尝试得出一个判断修辞效果的算式，为人机对话、机器翻译等应用领域提供一定的参考。

除了语言生活中常见的“程度副词＋名词”组合外，现代汉语中存在修饰性状化名词性成分的“很是”，构成“很是＋名词”的组合。我们在第六章对其进行探究，认定“很”可以提取名词性成分的性状义，“是”是兼有判断和强调的知域成分。“很是”是一个介于词和短语之间的词法词，“很”为核心，“是”为附缀。正是由于“很是”的主观性因素，其他程度副词性成分难以与“很”替换。新兴“很是”修饰形容词化名词性成分产生的动因在于主观化的表现；就其产生机制而言，它的形成与加词性“很是”和线性序列“很是”的性质都有联系，是糅合生成的产物。

在第七章，我们探讨新兴构式“不要太 X”与“程度副词＋名词”组合的结合，两者结合会形成构式“不要太 N”，表极度义。它由表劝阻义的常规构式“不要太 X”发展而来，有典型变体和非典型变体两种类型，两者之间有若干特征相互区别。非典型变体与常规构式之间有模糊之处，所以存在歧义。在网络环境中，这种歧义往往得不到语境的消解，所以典型变体可能继续存在，而非典型变体可能会逐步消失。

在第八章，结合前面对“程度副词＋名词”组合的分析，我们将语言规范问题纳入话语领域中研究，除了“程度副词＋名词”组合，在本章中还提及其他新兴语言现象，在理性原则和习性原则之外，为语言规范问题探索更加合理的指导原则。

最后是结语，对本书的基本观点与主要创获进行总结，并进一步反思研究中的局限与进一步的研究方向。

0.3.2 研究意义

本书在理论和实践上都有一定的意义。

在理论上，本书以“程度副词＋名词”组合的探究为依托，力求从认知和社会层面展开进一步深入的修辞学研究，从微观与宏观相结合的角度探明“程度副词＋名词”组合的产生、发展规律，并试图为修辞学研究提供一种新的研究模式。同时，本书的研究成果也能为修辞学的理论体系建设提供一些帮助。

在实践上，本书通过分析“程度副词＋名词”组合在社会话语层面的运作规律，为人们对该组合的规范使用提出了具体明确的建议。同时，本书的研究也为语言规范化的研究提供新的原则和方法，促进社会语言生活的繁荣与有序。

0.4 本书研究的具体方法和步骤

0.4.1 本书的研究方法

本书主要采取三种研究方法。

1.现象描写与理论解释的结合。我们依据修辞幻象理论，以及句子成分与句法成分的划分，描写相关语言现象之间类属的差别。根据不同种类的现象，我们将利用共时语法化、主观性与主观化、隐喻和转喻的相关理论，此外还会结合认知语言学、构式语法、语用学、修辞学的相关理论对现象所隐含的规律进行解释。

2.定性研究与量化统计的配合。“程度副词＋名词”组合的产生有着独特的表达功能，通过对表达功能进行研究，才能发现其背后的动因与机制，这决定了本书以定性研究为主。同时，语言发展是渐进的，需要通过大量观察发展倾向，频率也是语法知识的一部分，所以借助语料库辅之以相关的量化统计，才能为语法规范和预测提供客观依据。

3.个性研究与比较方法的融合。“程度副词＋名词”组合是新兴语言现象，其内部流行度不同，外部的可接受程度差异也是巨大的。因此要注重对于它们的个性研究，运用比较的方法。我们通过新与旧、新与新、有与无等方面的比较，为类型划分、策略落实等提供依据。

0.4.2 本书的研究步骤

具体的研究步骤如下：

1.修辞活动由表达方和接受方组成，而表达者与接受者的互动形成了社会交际。据此，本书分成表达方、接受方和话语交际平台三个部分。

2.根据公共认知与个体认知的辩证统一关系，分析表达者不同的修辞动机，区分不同的表达者。

3.根据接受语境中现实因素和可能因素的不同状况，分析接受者的接受过程，划分出不同的接受类型。

4.根据不同表达者与不同接受者之间的交际状况，从话语层面划分不同的社会话语群体，通过研究这些群体在社会中的话语活动来分析“程度副词＋名词”组合的运用状况，进而为该组合在社会中的合理使用提出建议。

5.依据对“程度副词＋名词”组合进行研究的结果，我们将视野扩大到其他非规范的语言现象上，以此从普遍意义上对语言规范问题的实质和规范语言的方式进行新的探讨。

总之，本书试图建立以“程度副词＋名词”组合的言语现象为依托，从表达方、接受方和社会话语三个角度切入展开研究的一种模式。当然，在分析过程中伴随着视角的切换，分析模式也将相应改变，多种理论综合应用。谭学纯(2009)认为，“不同研究模式的使用是否合理，能够接受审视的，只是研究成果，而不是研究模式本身”。美国修辞学界的实践也表明，“美国修辞学研究的繁荣还在于研究方法的灵活，不拘泥某一个权威或一家之说。譬如，其修辞批评研究倾向于采取兼容并蓄，只要对修辞现象有解释力的就拿来使用，不管是古典的，还是现代的，甚至不管学科领域，似乎很少从头到尾完全按照一个人的修辞理论、或按照固定的模式程序去做修辞分析的，批评者往往使用古今修辞学中的元理论、核心术语等去阐释和评价修辞行为”(邓志勇，2010)。表达方、接受方和社会话语是三个不同的领域，必然各有其自身的独特性，客观上需要不同理论的融合；就方法论上说，这也是对陈望道先生所倡导的“古今中外法”的践行。因此，笔者甘愿冒失败的风险也要尽力为中国修辞学的理论建设奉献出绵薄之力。

1 表达视角下的“程度副词＋名词”组合探究

如前所述，研究者对“程度副词＋名词”组合产生的原因在认知方面多有论述，如刘正光、崔刚(2005)，丁加勇、戴玮(2007)，刘茁(2009)，王寅(2009)，蔡飞(2009)等人运用不同的认知语言学理论对“程度副词＋名词”组合做了剖析，意识到该组合的产生源于表达者自身独特的认知体验。不过，认知语言学主要关注的是人类的认知共性与约定俗成的语言之间的关系，而修辞话语具有临时性，突破了既定的语言规范，在认知共性的基础上体现着表达者独特的认知个性。表达者的认知个性与人类的认知共性既相互联系，又相互区别，而且认知个性之间也有着极大的差异性。因此，我们对“程度副词＋名词”组合的研究需要建立在修辞学与认知语言学相交叉的视野之内，探究表达者个体所拥有的不同修辞动机。

1.1 语法现象与修辞现象

在论述之前，我们首先要对“程度副词＋名词”组合为何属于修辞现象做一番界定。在传统的修辞学理论中有一种“转类格”，即“把某一类词转化作别一类词来用”(陈望道，1997：190)。对于“程度副词＋名词”组合来说，最为简单的理解，就是组合中的名词转用为形容词。不过，基于“程度副词＋名词”组合大量出现的事实，有人认为从个案到类型发生了类推，“程度副词＋名词”组合是一种语法现象。

我们并不否认“程度副词＋名词”组合存在相应的语法性质，但转类需要区分历时和共时两种不同情况(王希杰，2007)，即语法的转类和修辞的转类。方梅(2011)认为修辞上的转类有两个特点，“第一是句法特征的不充分性，第二是较弱的可类推性”，而“程度副词＋名词”组合就具有这两个特点。

首先，“程度副词＋名词”组合中的名词只有在组合中才能发挥形容词的作用，失去程度副词的配合有时会难以明确表义，对于具体名词来说尤其如此。如：

(1)a 他这个人**很山东**。

b＊他这个人**山东**。

(2)a 这种做法**相当男人**。

b＊这种做法**男人**。

其实正如张谊生(2010)所言，有的程度副词“在长期使用中，本身原有的程度义已逐渐磨损而消退”，人们使用它们“有时并不在于强调状况”。例(1)和例(2)中，程度副词“很”和“相当”也不是仅仅表示程度的差异，还起到一种标记作用，表明其所修饰名词“山东”和“男人”的“转类”身份。

其次，并不是所有的名词都能与程度副词结合。关于这一点，本书后面会进行详细论述，此间不赘。

当然，随着语言的不断发展，修辞现象会向语法现象转化。“修辞向语法转化……开始出现时与一般的语法规律相比，总是显得很特殊，但这些特殊用法或格式，一旦为多数人接受，就变成了语法通则。”(范晓，1998)或许“程度副词＋名词”组合以后会演变成为真正的语法现象，但就目前而言，其性质似还应属于修辞现象的范畴之内。至于该修辞现象产生的原因，那就要涉及语言与认知的关系了。

1.2 语言与认知模式

人们通过语言来了解世界，通过语言在自身的心理层面构建了一个认知世界。从语言习得阶段开始，“语言规定了我们去看什么和该怎样去看，语言也规定我们去思想什么和该怎样思想”(张维鼎，2007：145)。语言促成了公共认知模式的定型，影响了人们观察世界、处理事物的方式。

认知模式是“人们组织知识的特定方式，是在与客观世界反复互动的基础上形成的特定文化背景当中的认知经验的心理表征”(陈忠，2005：105)。根据这个定义，公共认知模式，就是人们建立起的相对统一的处理外部世界的方式。

个人对世界的认知离不开公共认知模式,但公共认知模式又制约了个体认知的自由发展。每个人所处的环境、生活经历等都有所不同,在某些情况下,公共认知模式无法应对个体面临的复杂多变的现实。因此,个人要在必要的时候突破公共认知模式对自身认识的限制,发展出属于自己的个体认知模式。这种个体认知模式,就是个体依据自身特有的经验来处理外部世界的认知模式。

当个人通过个体认知模式对某事物产生个性化的解读时,一种个性化的认知结果便在心理层面产生了。但是,这种解读跳出了公共认知模式,在现成的语言中没有合适的约定俗成的词语表达,就产生了"言不尽意"的问题。因此,表达者需要在语言层面进行创新,临时创造出某些变异的语言形式来表现自己的认知结果。例如:

(3)今天电梯全是 chanelcoco 系列香水味,这种老野香水系列浓到我要醉了!不过不是烟味就**很阿弥陀佛**了。(微博语料,BCC[①])

(4)我因公务恰巧此时也来到了人事科,一进门就看到一个黝黑的脸,不高的身材,发型也**很学生**的青年,当我们四目以对时,我眼前的他先是很拘谨,随即又笑了起来,很腼腆的样子。(《冯思刚:铁骨书艺写人生》,人民网,2010-07-26,http://wf. people. com. cn/GB/70093/12248539. html)

可以说,上述两例的"很阿弥陀佛"和"很学生"都是表达者在言不尽意的压力下产生的。我们可以用相应的常规语言形式进行解释,比如"很阿弥陀佛"可以理解为"谢天谢地",但是前者明显语意较轻,并有调侃意味,两者不能完全替换。对于"很学生"来说,它的内涵就更为复杂,而"很学生的发型"则更难用简单的词语概括,甚至每个人的理解也不相同。所以,相关的非常规语言形式都体现了独特的认知。

1.3 意象与修辞幻象

在公共认知模式的引导下,人们为了更好地认识世界而对主客观事物进行了分类,形成了相应的范畴。每一个特定范畴都是由大量具有家族相

① BCC 为北京语言大学语料库中心,网址为 http://bcc. blcu. edu. cn/,下文凡是从该语料库检索的例句均用"BCC"标出。

似性的意象构成的，所谓的“意象”就是一种心理印象，是“主观经验性的认知加工的产物，在意象里包含着我们对某事物的理解”(张维鼎，2007：69)。既然范畴体现了公众对于世界的统一认识，那么意象也就是约定俗成的了。因为只有人们对某事物的理解趋于一致，彼此间的交流才能成为可能。所以，意象存在于公共认知模式之中，可以通过约定的语言形式表现出来，词、短语、句子乃至篇章都会指向某个意象。

临时创造的变异语言形式指示的这种认知结果就不是意象，因为它不是人们共同拥有的心理印象。这种个体认知模式中产生的心理印象应将其界定为“修辞幻象”。谭学纯、朱玲(2001：150)认为修辞幻象指向语言重构的世界，它通过语言在人们的心理层面重建一种“象征性的现实”。修辞幻象也需要通过语言形式反映出来，才能真正展现个体认知模式的认知成果，成为“(个体的)人去除遮蔽，追问自身真实‘在场’的理性认证”(谭学纯、朱玲，2001：161)。

通过上文表述，我们可以发现意象与修辞幻象的区别：

意象——公共认知模式的产物，相对固定；

修辞幻象——个体认知模式的产物，临时产生。

试比较：

(5)a. 别看胡萌名字很萌，其实是个声音**很大叔**、身材很魁梧的壮汉……(《〈鹿鼎记〉经验从天而降 畅游网福利多》，人民网，2012-07-25，http://game.people.com.cn/GB/n/2012/0725/c48661-18596008.html)

b. 别看胡萌名字很萌，其实是个声音**很厚重**、身材很魁梧的壮汉……

在例(5)的两句对比中，b句中“很厚重”所反映的就是意象，任何一个母语者都能确切知道其内涵。而a句中的“很大叔”就属于修辞幻象，它首先源于表达者对大叔的相关认识，这些是属于表达者基于自己日常经历建立起来的，这就是个体认知模式的体现；其次，表达者在表述相关对象时，参照“魁梧”“壮汉”这些因素，才能以此为照应，引入“大叔”的表述，这就体现了临时产生的特性。

1.4 修辞幻象在"程度副词＋名词"组合中的生成

在语言中，不同的词类反映了不同的认知范畴，比如名词反映实体范畴，形容词反映性质范畴，动词反映动作范畴，等等。不过，不同的个体在独立地观察世界、表达思想时，他可能会发现某种新的性质，或对某种性质有了新的理解。任芝锳(2003)、施春宏(2004)、刘茁(2009)、王寅(2009)等人在语义和认知方面的研究成果表明，表达者会在程度副词和语境的制约下，通过隐喻、转喻等认知手段，将某些名词语义中表示性质的描述性语义成分提取出来，用以表达新的认知成果，从而形成"程度副词＋名词"组合。

不过，即便不使用"程度副词＋名词"组合，表达者似乎也可以通过创造某些新的形容词来表现对于某种性质的理解，但是这样的新词似乎很难出现。表达者之所以通常不选择创造新形容词这条道路，是因为立足于交际活动的修辞行为是由表达方和接受方共同参与的。只有接受者产生认可，表达者的修辞活动才有价值。表达者展示自己的认知成果时必须考虑接受者相应的认可情况。这体现了公共认知模式和个体认知模式并不是非此即彼地存在于人的心理世界中，个体认知成果要被他人认可，彰显个体认知活动的价值，就必须通过公共认知模式的帮助。所以，表达者就对约定的语言形式"副＋形"(程度副词修饰形容词)组合进行改造，创造出"程度副词＋名词"组合，使"程度副词＋名词"组合成为"副＋形"组合的一个引申，用来描述"一定程度的属性"(牛然明，2009)。

可见，对表达者而言，"程度副词＋名词"组合产生的修辞动机由两方面构成：一是表达者为了表现自身对于某些性质的个性化认识；二是表达者为了自身认知结果能在交际活动中被人认可，需要在约定的语言形式"副＋形"的基础上进行引申。例如：

(6)这种珊瑚橘的颜色**很元气**！适合肤色比较白的女生……(《这一招比口红更让直男难以抗拒！太心机》，人民网，2017-03-08，http://fashion.people.com.cn/n1/2017/0308/c1014-29130848.html)

(7)那天先下了一场大雨，我们讲完蛋了，我们希望办一个很有气氛的营火晚会，下了一场大雨，不知道怎么办。还好**很奇迹**，正在我们要举办晚会的当下就停止了。(《张平宜回忆大营盘小学第一届毕业典礼：兴奋又感动》，人民网，2012-01-17，http://tw.people.com.cn/GB/

16901417. html)

(8)中国人倘要成就一事，必先讲求所谓天时地利人和，这是很文明、**很哲理**的评判标准。(《普洱——一个让人来了不想走的地方》，人民网，2013-02-16，http://unn. people. com. cn/GB/n/2013/0216/c350292-20496941. html)

(9)根据名单，我开始考虑挂电话。怎么开这个口？我又费了一番脑筋。固然，先寒暄一下，然后慢慢引入借钱的话题，虽然委婉一些，却让人觉得假，**很小人**，要人家掏钱包了，就好话一堆。(《借钱的故事》，人民网，2013-02-07，http://finance. people. com. cn/money/GB/n/2013/0207/c218900-20458257. html)

从例(6)至例(9)可以看出，“很元气”“很奇迹”“很哲理”“很小人”都是表达者的个性化认识，但这些组合也可以近似地理解为“很饱满”“很神奇”“很精深”“很虚伪”，通过这种“副＋形”基础上的引申，接受者面对这些“程度副词＋名词”组合才会有理解的可能。

这两方面的修辞动机缺一不可，前者是个体认知活动的要求，后者是公共认知活动的制约，这体现了公共认知模式与个体认知模式之间的对立统一，也决定了“程度副词＋名词”组合成为修辞幻象的表现形式。

认识了这两种修辞动机以后，根据公共认知模式与个体认知模式之间的相互关系，修辞幻象可以分为三种类型，即“修辞幻象 1”“修辞幻象 2”“修辞幻象 3”[①]。

在这三种修辞幻象中，修辞幻象 1 的个体认知性是最强的，相应的公共认知性最弱；修辞幻象 3 的个体认知性展现得最少，更多地具有公共认知性；修辞幻象 2 则居两者之间。当然，公共认知与个体认知之间是一个渐变的过程，所以意象与修辞幻象之间的界线是模糊的，三种修辞幻象之间的界线也不是泾渭分明的，而是存在逐步过渡的可能。如图 1-1。

人们交际的主要方式是语言，而“运用语言交谈，其实就是用语言交流语义”(贾彦德，1999:29)。因此，这三种修辞幻象在语言中的生成也要借助语义条件。既然“程度副词＋名词”组合成立的条件是将某些名词词义中表示性质的描述性语义成分提取出来，使名词具有形容词性，那么“程度副词

① 原本笔者将这三种修辞幻象命名为“自我幻象”“群体幻象”“大众幻象”，但是存在交叉命名的问题。在谭学纯老师的建议下，笔者将其改为“修辞幻象 1”“修辞幻象 2”和“修辞幻象 3”，因为三者彼此间没有质的差别，只是个体认知性的程度不同。

修辞幻象 1	修辞幻象 2	修辞幻象 3	意象

图 1-1 三种修辞幻象与意象

＋名词”组合中修辞幻象的生成必然要利用这些语义成分。

不过，人们对于描述性语义成分的提取是分层次的，名词中的各语义成分归属不同的语义类型。对于任何一个名词而言，它都拥有词典释义，这是它的理性义，这种意义的社会约定性程度最高，它是名词意义的核心部分。联想义处于外围，某些联想义是人们所共知的，但未被词典收录，而某些联想义则只局限于一部分人知晓。联想义的社会约定性程度比理性义相对要低。处于最外围的是言语义，它的社会约定性程度是最低的。值得一提的是，这里的言语义不同于王占馥所定义的“言语义”。王占馥(2000:81)认为“言语义是指在语言境况影响下形成的语义”，此处的言语义则是指个人面对名词时产生的一些特有联想，与个人的生活环境、遭遇等有关，其他人的知识背景中并没有类似的联想。也就是说，联想义属于群体，而言语义仅仅属于个体。这三种语义类型的关系如图 1-2 所示。

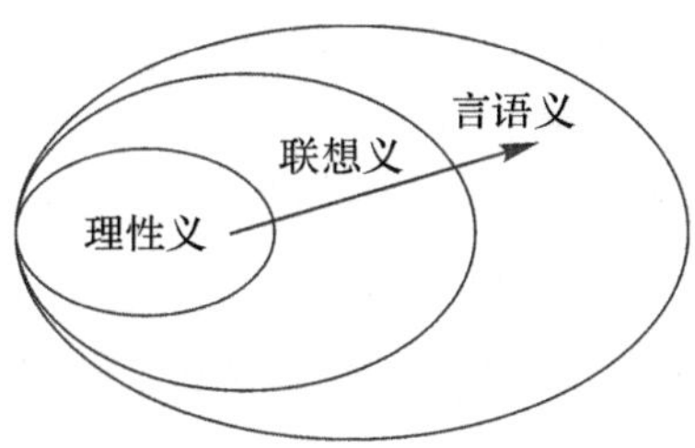

图 1-2 名词拥有的三种语义类型

“程度副词＋名词”组合中的修辞幻象就是在提取名词的这些语义类型中的描述性语义成分的基础上生成的。当表达者仅仅在名词的言语义中提取描述性语义成分，那么所形成的“程度副词＋名词”组合的个体认知性最强，其修辞幻象属于修辞幻象 1；当表达者在联想义中提取描述性语义成分时，其修辞幻象属于修辞幻象 2；当表达者在理性义中进行提取时，由于理性义的公共认知性最强，所以其修辞幻象属于修辞幻象 3。当然，表达者在保持一定程度的公共认知性的同时，也可以最大限度地展现个体认知性。因此，表达者可以同时在联想义和言语义中提取描述性语义成分，生成修辞幻象 2；也可以同时在这三种语义类型中，或者在理性义、联想义中，或者在理性义、言语义中提取描述性语义成分，生成修辞幻象3。

综上所述，三种修辞幻象所依赖的名词语义类型如下所示（括号意为非该修辞幻象生成所必需的成分）：

修辞幻象1——言语义；

修辞幻象2——联想义＋（言语义）；

修辞幻象3——理性义＋（联想义）＋（言语义）。

1.5 修辞幻象与“程度副词＋名词”组合的对应

刘晓峰（2002）、王云昀（2006）等人的研究发现，名词的类型不同，其进入“程度副词＋名词”组合的可能性也就不同。粗略地说，抽象名词的可能性最大，具体名词次之，专有名词最少。可是，名词小类的划分是句法层面上的问题，修辞幻象的划分是修辞层面的问题。不同层面之间虽然有联系，但是不同层面有不同的规律起作用，当某种层面的类别投射到另一层面时，必然会产生分化、合并、交错、换位等复杂结果。

对于三个名词的小类与修辞幻象之间的对应，必须有形式的表现，才能有一个可验证的标准。“词的这种语义特征都是结合具体句式概括得到的，而不是离开具体句式作单纯的语义分析所概括得到的。”（陆俭明，1991）

从语法上看，“词类的本质是表述功能”（郭锐，2002：83）。属于修辞幻象3的名词更靠近形容词，其陈述、修饰功能较强；其他类型的名词则指称功能较强。因此，我们可以先把属于修辞幻象3的名词区分出来。如：

(10)a 组

很鲁迅的风格　　鲁迅的风格

很美国的做法　　美国的做法

很学者的举止　　学者的举止

很女人的着装　　女人的着装

很城市的生活　　城市的生活

b 组

很奶油的男生　　奶油的男生

很大丈夫的品质　　大丈夫的品质

很喜剧的人生　　喜剧的人生

很铁杆的球迷　　铁杆的球迷

很官僚的作风　　官僚的作风

c 组

很诗意的品质　　诗意的品质

很高潮的时刻　　高潮的时刻

很智慧的人生　　智慧的人生

很苦情的岁月　　苦情的岁月

很军事的训练　　军事的训练

在例(10)中，每组前一列为"很＋名词 1＋的＋名词 2"格式，后一列为"名词 1＋的＋名词 2"格式。其中，a 组的名词 1 为专有名词和具体名词，b 组的名词 1 为具体名词，c 组的名词 1 为抽象名词。

我们可以看出，从前一列的格式变换为后一列的格式后，a 组的名词 1 都表示领属，而 b 组和 c 组的名词 1 都是表属性的。凡是表属性的名词，因为其在表述功能上更接近形容词，它们就对应于修辞幻象 3；凡是表领属的，就不属于修辞幻象 3 的范畴。通过例(10)可以看出，修辞幻象 3 与全体抽象名词和部分具体名词相对应。

下面我们再从不属于修辞幻象 3 的名词中分离属于修辞幻象 2 的名词。除去已经分离出的名词，名词中还有具体名词和专有名词，我们可以分别对两者进行观察。对于具体名词，我们可以通过下面的办法分析，如：

(11)a 组

他很棉线　　*他(不)像棉线

他很床单　　*他(不)像被子

他很板凳　　*他(不)像板凳

他很油画　　*他(不)像油画

他很头发　　*他(不)像头发

b 组

他很老虎　　他(不)像老虎

他很面条　　他(不)像面条

他很爷们　　他(不)像爷们

他很电脑　　他(不)像电脑

他很宝石　　他(不)像宝石

他很战斗机　　他(不)像战斗机

例(11)把不属于修辞幻象3的具体名词分成了两组，并分别将其代入"像"字句中。因为修辞幻象2陈述功能比修辞幻象1强，所以通过例(11)，我们可以发现，凡是能在"像"字句中自足地构成比喻句的名词，我们就可将其归属于修辞幻象2；不能自足地构成比喻句的，即在句子后面必须有补充说明的成分，如"他像头发，又硬又黑"，可将其视为修辞幻象1。当然，能不能自足地构成比喻句有时也是因人而异的，这也表明了不同修辞幻象之间界限的相对模糊性。

对于专有名词而言，它主要分为人名和地名。我们先来分析人名的情况，如：

(12)a组

他很张三	他(不)像张三
他很李四	他(不)像李四

b组

他很张爱玲	他(不)像张爱玲
他很诸葛亮	他(不)像诸葛亮
他很希特勒	他(不)像希特勒

对于人名而言，进入"像"字句后，能够构成比喻的，就属于修辞幻象2；进入"像"字句以后只能构成比较的，我们可以将其归入修辞幻象1。因此，a组的人名属于修辞幻象1，b组的人名属于修辞幻象2。

至于地名，本书尚未发现一种有效的区分方法。它们属于修辞幻象1还是修辞幻象2目前还是主要依靠人们对其的熟悉度来判定。熟悉度高的地名，就归入修辞幻象2；熟悉度低的地名，就归入修辞幻象1。之所以找不到形式标准，恐怕也是与修辞幻象之间的过渡性有关。

因此，三种修辞幻象与名词的"实际"对应关系如图1-3所示。

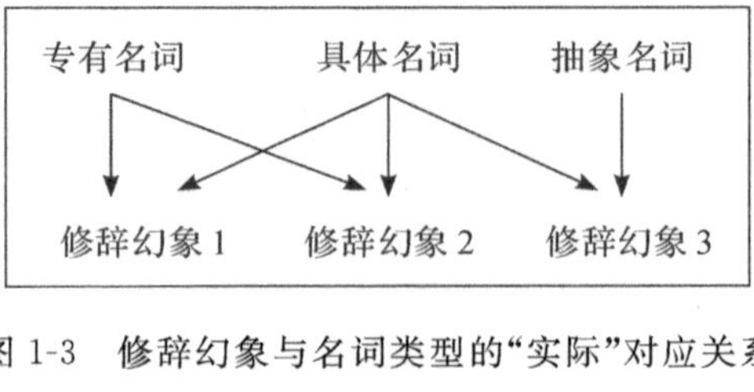

图1-3 修辞幻象与名词类型的"实际"对应关系

需要注意的是，这里的"实际"并不是完全客观的实际，而只是本书在一定程度上所揭示的实际。另外，根据对"程度副词＋名词"组合生成原因的描述，"理应"属于修辞幻象2、修辞幻象3的名词不一定会在实际话语活动中完全显现，它们只是在表达者产生修辞动机时才会称为某种修辞幻象的一部分。也就是说，这里所提及的对应关系是为了表现名词归属于某种修辞幻象的"潜质"，而诸如构词长度、语体色彩、词语流通度等则会成为制约名词"潜质"的外部因素。

当然，这里归纳出的对应关系只是一个初步、笼统的结果。比如，究竟有哪些专有名词属于修辞幻象1，哪些专有名词属于修辞幻象2，它们的百分比是多少，现在还难以得出结论，需要以后进一步研究。

1.6 "程度副词＋名词"组合在表达中的具体体现

在本节中，我们就来探究表达者是如何利用这三种修辞幻象，来制造不同的"程度副词＋名词"组合，展现自身认知状况的。

1.6.1 属于修辞幻象1的组合

表达者如果过度展示自己的个体认知成果，只能在约定性最小的言语义上生成修辞幻象1。"程度副词＋名词"所使用的名词为具体名词和专有名词。

在具体名词中，"桌子""窗户""街道""树"等词的理性义指起指示作用，而缺少描述性的语义成分。在人们的日常经验中，"桌子"的语义就是"一种家具"，"窗户"的语义为"房屋外墙的装置"，"街道"的语义就是"城市中的道路"，"树"的语义是"一种植物"。在人们的公共认识背景中，这些名词并没有相应的联想义。所以，这些组合生成的修辞幻象，如"很桌子""特窗户""挺街道""相当树"等，就很难得到他人的认同。

对于专有名词而言，大部分专有名词属于"言语专名"(张维鼎，2007：33)，它们没有社会化的内涵。因此，"很张三""太李四""相当幸福桥""特别马市街"等"程度副词＋名词"组合的可接受性程度也相当低。

所以，利用言语义生成的修辞幻象1如果要在交际中被他人认识，就必须借助篇章语境。例如，如果"很张三"能在交际中被人们理解，就必须先描述一个场景：

(13)在一个单位中，有个叫张三的人经常干损人利己的事情，惹得大家相当不满。他的恶名在单位也是尽人皆知。某天，单位里的李四做出了有损王五利益的行为。王五气愤地说:“李四这个人也**很张三**。”

因此,文学作品中营造的场景可以为修辞幻象1的产生提供便利条件。例如:

(14)你经常说王四海为人奸诈,不讲义气,你看看你做的这些事,**更王四海**。(汪曾祺《王四海的黄昏》)

汪曾祺的这部作品能够让读者了解“王四海”为人,为“更王四海”的产生提供了适合的篇章语境。

在交际中,描述一个场景作为对某个词语理解的铺垫是不太现实的。所以,这种类型的修辞幻象很难进入交际领域,它只属于表达者个人。

1.6.2 属于修辞幻象2的组合

表达者如果对公共认知有所让步,那么就会利用名词的联想义生成修辞幻象2,而“程度副词＋名词”组合所使用的名词主要是某些具体名词和专有名词。

受共同的社会文化环境和知识背景的影响,人们对某些具体名词和专有名词有着大致相同的联想义。例如,对于“绵羊”,人们会联想到“温顺、胆小”等描述性语义成分;对于“雷锋”,人们会联想到“热心的、助人为乐的”等语义成分;对于“葛朗台”,人们则会联想到“吝啬”等语义成分。

所以,下列各句的可理解性就比上文中的例(13)和例(14)要强得多:

(15)她这个人**特绵羊**。

(16)操场上,大家一起追逐打闹,阿扎觉得自己能给别人带来欢乐,“这**很雷锋**”。(《华中师大:洋雷锋志愿队的雷锋故事》,人民网,2017-03-20,http://gongyi.people.com.cn/n1/2017/0320/c151132-29155935.html)

(17)买鞋送的二月兰,我懒到现在才开始种。**很葛朗台**地放自己桌上,可惜没阳光。(微博语料,BCC)

例(15)中,“特绵羊”生成的修辞幻象类似于“极其温顺”的性质。例(16)的“很雷锋”则能构建一个类似于“积极的、助人为乐的”性质的修辞幻象。例(17)的“很葛朗台”的意义则相当于“有葛朗台那样的吝啬”。

不过,面对上述三例,人们对“绵羊”和“雷锋”的认识能够做到大致相同,而对巴尔扎克小说《欧也妮·葛朗台》中的主人公“葛朗台”,平时对文学作品缺乏关注和了解的人恐怕就不太清楚他的独特性格了。

下面这句话的可理解性也比例(15)和例(16)要小：

(18)他说话**很曾志伟**。(邱凌,2002)

对娱乐圈有所了解的人可能会很清楚曾志伟在圈内的言行和别人对他的态度、评价，所以，对于他们来说，“很曾志伟”意指什么是很清楚的；而对于平时并不关注娱乐圈的人而言，因为不了解曾志伟的性格，故对“很曾志伟”的理解自然也就要打折扣了。

可见，同样是修辞幻象 2，但其内部成员的可理解度是不一样的：“特绵羊”“很雷锋”等的可理解度高，接近于修辞幻象 3；“很葛朗台”“很曾志伟”等的可理解度低，与修辞幻象 1 较为接近。所以，修辞幻象 2 是修辞幻象 1 和修辞幻象 3 之间的过渡。

当然，表达者在创造修辞幻象 2 时，也不会完全放弃名词的言语义。他们往往会在维持公共认知的前提下充分利用其言语义，从而使其中的个体认知更为突出。

例如，人们对于“男人”会有大致相同的联想，诸如“强壮的”“有力的”“进取心强的”“勇敢的”等等。但是，不同的表达者往往会利用特定的篇章语境，结合“男人”的联想义和言语义，制造出不同的修辞幻象 2。如：

(19)我的祖父是个军人，**很男人**，不会说一些贴心的话，却是祖母一生最大的支柱。(中国娱乐网，2010-4-16，http://news.yule.com.cn/html/201004/69167_2.html)

(20)他称自己查阅典籍、翻阅旧照片后了解到，太监不一定是女声女气的，更多的是接近童音；外形上也并非雌性激素越来越多，而是因雄性激素越来越少，导致看上去不是**很男人**。(《长江商报》，2010-4-13，http://www.changjiangtimes.com/2010/04/262984.html)

(21)拳击，一项让人感觉很暴力、**很男人**的运动，你可能会想到拳王阿里、“野兽”泰森。(搜狐体育，2009-4-19，https://sports.sohu.com/20090414/n263368514.shtml)

(22)背面的金属拉丝纹质感浓厚，下半部则是仿人工皮革的材质搭配，**很男人**的一款手机。(网易，2009-11-04，https://mobile.pconline.com.cn/market/hb/0910/1878438_1.html)

(23)在场上不要标榜自己多能喝，**很男人**地与人划拳喝酒了，真正在乎你的人是不会看着你喝到醉醺醺的。(搜狐网，2015-02-13，

https://www.sohu.com/a/2220264_111453)

通过对篇章内语境的理解,可以看出例(19)的修辞幻象类似于“不善于表达的、值得人依赖的”性质;例(20)的修辞幻象类似于“具有男人外貌的”性质;例(21)的修辞幻象类似于“激烈对抗的”性质;例(22)的修辞幻象类似于“厚重的”性质;例(23)的修辞幻象类似于“自我标榜式的”性质。

再比如,“中国”也有不同的联想义和言语义,尤其是随着中国国际影响力的加大,在各种话语中“很中国”的修辞幻象2不断产生。

(24)他是一个横空出世的、天才型的创作人。我觉得他最大的一个特点就是他**很中国**。他所有的作品都是看似风平浪静,实则波涛汹涌。这就很符合中国人的性格,卧虎藏龙。(《〈中国好声音〉李荣浩加盟 年轻创作人导师蓄势待发》,人民网,2019-06-08,http://culture.people.com.cn/n1/2019/0608/c1013-31125461.html)

(25)在全世界的目光下,新申重新定义着中国亚麻时尚:它以中国文化为根,以极包容的姿态融合着现代时尚设计与国际流行趋势,形成一种底蕴深厚、高贵脱俗又非常容易被人们接受的亚麻时尚。在中国人眼中,新申亚麻面料“很世界”;在外国人眼中,新申亚麻面料“**很中国**”。(《新申亚麻村,有什么“布”一样?》,人民网,2018-11-07,http://fashion.people.com.cn/n1/2018/1107/c1014-30387612.html)

(26)在悉尼唐人街一家奶茶店,三名中国游客同时使用支付宝,这场景“**很中国**”。有游客开玩笑称,这一刻,仿佛又游回到了中国。(《探访澳洲移动支付:支付宝无处不在 游客畅行无阻》(2018.8.29)海外版12版,人民网,2018-08-31,http://picchina.people.com.cn/n1/2018/0831/c364818-30264389.html)

(27)不要让祖先蒙羞,这种想法**很中国**。(《访台湾政论节目主持人黄智贤:“名嘴”是这样炼成的》,人民网,2017-06-08,http://tw.people.com.cn/n1-0608/c14657-29325118.html)

(28)得知消息后,海外网新西兰频道及时展开报道,引来许多网友互动留言:“祖国力量,这**很中国**!”“‘满天’都是中国救援飞机,无比骄傲。”10余篇追踪报道,多角度呈现了危急时刻祖国的“全力”救援。(《海外网联动海外华媒 做传播中国声音的权威“麦霸”》,人民网,2017-01-18,http://media.people.com.cn/n1/2017/0118/c40606-29030954.html)

对这 5 个例子中"很中国"的理解，也需要结合上下文的语境进行。例(24)的"很中国"是与后文"中国人的性格，卧虎藏龙"紧密联系的；例(25)的"很中国"则是涉及文中表述的相关设计元素；例(26)的"很中国"是针对使用支付宝的场景来说的，其内涵就是涉及了当前中国的生活方式；例(27)中的"不要让祖先蒙羞"，表明了"很中国"展现的人们对祖先的观念；例(28)通过对于语篇中海外救援的解读，可以发现"很中国"体现的是祖国对于人民的关爱。

1.6.3 属于修辞幻象 3 的组合

表达者如果进一步向公共认知让步，那么需要在社会约定性程度最高的理性义基础上生成修辞幻象 3。这样的"程度副词＋名词"组合所使用的名词主要是抽象名词和某些具体名词。

与具体名词和专有名词不同，抽象名词指称抽象事物。由于抽象事物是人们内心的概念，不具有可见性，人们在释义时不免要对其拥有的性质进行描述，所以抽象名词的理性义中拥有丰富的描述性语义成分。

例如，根据《现代汉语规范词典》(2004 版)，"暴力""激情""青春"等抽象名词的释义如下：

暴力：①政治斗争中使用的强制力量。②侵犯他人人身、财产等权利的强暴行为。(第 48 页)

激情：强烈而难以抑制的感情。(第 607 页)

青春：①原指草木青葱的春季。比喻青年时期或充满生机的时期。②指青年人的年龄。(第 1058 页)

根据其理性义，人们可以从这 3 个名词中提取出相应的描述性语义成分，形成下列修辞幻象：

(29)今年 1 月就任总统后，特朗普 15 日首次返回他在纽约的住所。他在回答媒体记者提问时说："这一边的团体很糟糕，那一边的团体也**很暴力**。"(《特朗普三度就弗州骚乱表态：这边糟糕那边暴力》，人民网，2017-08-16，http://world.people.com.cn/n1/2017/0816/c1002-29475366.html)

(30)1984 年她与万梓良合作的《唐朝豪放女》轰动一时，**相当激情**，并由此迅速走红。(《忆昔日金庸绝色侠女 今时现状大不同》，人民网，2014-02-27，http://ent.people.com.cn/n/2014/0227/c1012-24486419.

html)

(31)上深下浅的配色方案不但将其彰显得更加端庄大方,同时还会显得**很青春**很恬静。(《一汽丰田威驰最高优惠1万 最低仅6.58万》,人民网,2015-07-28,http://auto.people.com.cn/n-0728/c1005-27373951.html)

例(29)的修辞幻象类似于“凶狠的”性质,例(30)类似于“气势强烈的”性质,例(31)的修辞幻象类似于“蓬勃向上的”性质。

当然,有时为了在修辞幻象3中最大幅度地凸显个体认知,表达者也会利用联想义或言语义,如:

(32)推选**最品质**的杭州都市圈(浙江在线,2010-03-01,http://zjnews.zjol.com.cn/system/2010/03/01/016365021.shtml)

“品质”的词义是“①人在社会实践中表现出来的思想、认识、人品等的本质;②产品的质量”(《现代汉语规范词典》,1009页)。该词的理性义涵盖了本质或质量从好到坏的一切层次,可是人们在使用中往往只选取其中“高档”“优良”等联想义,以致后来甚至产生了“生活品质之城”之类的宣传口号①。显然,例(32)中的“最品质”就是结合了“品质”的理性义和联想义产生的,其修辞幻象类似于“最优越”之类的性质。

再如:

(33)我的新领导是一个**很野心**的人,得罪他的人都会被他修理到服从他。(爱问知识人,2005-09-25,https://iask.sina.com.cn/b/2474076.html)

“野心”的词义是“对领土、权位、名利等的强烈的非分欲望”(《现代汉语规范词典》,1536页)。在例(33)中,“得罪他的人都会被他修理到服从他”能给人强烈的畏惧感,故句中的“很野心”也就表现出了类似于“(因为争夺权力)令人畏惧”的意思,而这,正是结合理性义和言语义所产生的效果。

除了抽象名词,某些具体名词在人们的使用过程中,也会产生一些比喻义,这使得具体名词的联想义升格为理性义。比如“悲剧”,它除了指称一种戏剧形式之外,还有另一个义项,即“比喻悲惨的遭遇”(《现代汉语规范词

① 详见《王国平:把杭州打造成共建共享的“生活品质之城”》,搜狐网,2017-10-21,http://news.sohu.com/20071021/n252769414.shtml。

典》,51 页)。

当“悲剧”用在“程度副词＋名词”组合中时,“悲剧”的描述性语义成分就可以在这种升格的理性义中提取。例如:

(34)还有,上海人也**挺悲剧**的。关心“半夜睡不着数绵羊”、“便便通畅是至高享受”标签的人中,上海人的比例均列第二,也就是说不少上海人既失眠又便秘。(《“双 12”消费报告出炉:上海男人偏爱“把妹利器”》,人民网,2012-12-13,http://house. people. com. cn/GB/n/2012/1213/c194441-19889945. html)

“悲剧”能产生隐喻义,指称抽象事物。只是“悲剧”的比喻义不是其基本义,所以它更多的还是被当作具体名词使用。

再如,“禽兽”除了是对各种飞禽走兽的指称以外,还“比喻道德败坏、没有人性的人”(《现代汉语规范词典》,1064 页)。当“禽兽”进入“程度副词＋名词”组合之后,其比喻义中的描述性语义成分就成了被提取的对象。例如:

(35)林子大了什么鸟都有,我们的教师队伍中,有感动亿万人的舍身保护学生的“最美女教师”张丽莉,也有屡屡对女学生下手的“**最禽兽**教师”,这回又添了个面斥学生“三无”的“最势利教师”。教师队伍也需激浊扬清。(《漫画:骂学生是“三无”人员的“最势利教师”》,人民网,2012-05-31,http://comic. people. com. cn/GB/144727/18043414. html)

显然,例(35)中的“最禽兽”就是表示“残忍、狠毒”性质的修辞幻象 3。

又如,“白痴”的词义是“①一种疾病。②患白痴病的人;常用来贬损能力低下或不会办事的人”(《现代汉语规范词典》,21 页)。显然,通过第二个义项可以看出“白痴”也具有比喻义,下面这两句里的“太白痴”也就属于修辞幻象 3:

(36)网上交流尤其麻烦的是,无法沟通的原因,传者不知如何解读:也许对方不在乎,也许觉得你**太白痴**,也许对方版本不够内存太低,也许刚好肚子疼……(《小众媒体崛起与大众媒体新定位》,人民网,2013-01-09,http://media. people. com. cn/GB/n/2013/0109/c81026-20140124. html)

(37)搞笑图片,**太白痴**了,太可爱了。(百度贴吧,2011-02-04,https://tieba. baidu. com/p/992515248? red_tag＝1010702303)

例(36)的“太白痴”是利用了“白痴”理性义中的比喻义，而例(37)不仅利用了理性义，还结合了言语义。

由于修辞幻象3能够被大多数的人们所理解，它就有了被人们认可的可能。一旦被人们认可，个性化的认知结果就会被公众的认知世界所接纳，修辞幻象就有可能转化成为意象，个性化的认知结果也就成了新的公众既定的认知结果。比如，“很科学”“很传统”等组合，其身份已由修辞幻象3“进化”成了意象，“科学”“传统”也被视为兼类词。

1.7 小　结

表达者自造新的形容词也能表现修辞幻象1，所以“程度副词＋名词”组合只包含了部分表示性质的修辞幻象1。修辞幻象2和修辞幻象3的交际功能强，所以这两种幻象表性质的都在“程度副词＋名词”组合的范围内。作为兼类词，“科学”“传统”等也可以被视为“程度副词＋名词”组合中的名词，所以该组合还体现部分意象。因此，表性质的意象和三种修辞幻象与“程度副词＋名词”组合的关系可用图1-4表示①：

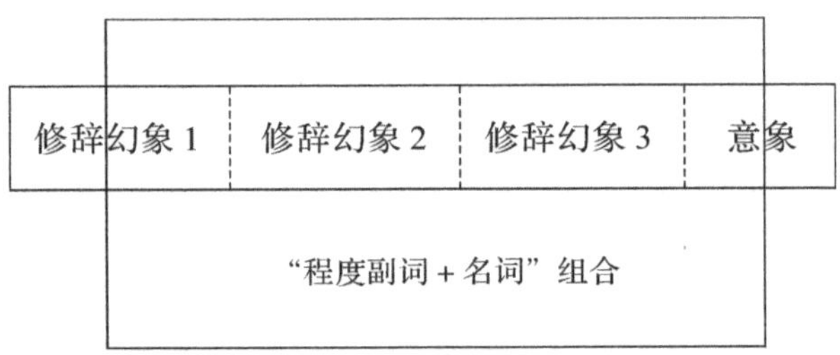

图1-4　表性质的意象及三种修辞幻象在“程度副词＋名词”组合中的分布

修辞幻象源于个人对世界的个性化认识，修辞幻象要被他人认识，就必须进入交际领域，因此它只有通过语言形式的反映才能最终生成。“程度副词＋名词”组合就属于体现修辞幻象的一种语言形式，通过组合中名词的不同语义类型生成了三种修辞幻象②。通过对三种类型的修辞幻象的分析，表

①　因为我们主要的研究点在于修辞性和个体认知性，所以对于含有意象的“程度副词＋名词”组合本书不做过多探讨。

②　Milroy & Milroy (1985:347)指出个人的词汇变体一旦于会话场景中出现，即会存在三种“命运”，也与三种修辞幻象的划分有相合之处。

明修辞幻象3极有可能转化为意象。修辞幻象1、修辞幻象2也会向修辞幻象3转换，进而产生变化为意象的可能。如果修辞幻象转化为了意象，那么表达者又进入了修辞幻象产生前的状态，会努力制造新的修辞幻象，这从一个侧面表明了修辞活动不断产生的动力。

至于归属哪一种修辞幻象的“程度副词＋名词”组合才是交际中的最佳类型，我们将在下一章作进一步的论述。

2 接受视角下的“程度副词＋名词”组合

对于“程度副词＋名词”组合，学者们对它的研究多侧重在表达方。对于接受方，人们往往侧重于描述和分析其对于该组合的不同认可度的问题，如张伟(2005)等，而很少关注接受者理解该组合的具体过程和步骤。

“程度副词＋名词”组合在当今社会的使用频率越来越高，其中肯定存在着被接受者理解和认可的原因。因此，加强对“程度副词＋名词”组合接受活动的研究，不仅可以更深刻地解释该组合产生的动因及运行机制，同时也可将其成果进一步推广到各种超常规语言现象的研究中。

作为修辞现象，“程度副词＋名词”组合的运用和理解需要在话语活动中进行。该组合的运用，“突破了接受者心理所固有常式语法表达的定型模式，这就易于引发接受者文本接受过程中的‘不随意注意’，进而加深对表达者所构建的修辞文本的印象与理解”(吴礼权，2001：122)。因此，接受者若要理解包含“程度副词＋名词”组合的话语，必然会把该组合作为话语理解的起点和要点。若不理解它在话语中的意义，接受者对话语的阐释往往会以失败告终。

话语的理解不仅仅是对其字面意义进行简单的解读，更重要的是我们要在接受语境中对其进行深入挖掘。下文将要探讨的就是接受者在理解“程度副词＋名词”组合时其接受语境的相关构成，以及在不同接受语境的影响下接受者对该组合认识程度的变化。

2.1 接受活动的定义

接受语境是在接受活动中产生和发生作用的。在对接受语境进行分析之前，我们首先要探明接受活动的实质。

尽管表达、接受相互对应，但接受活动不是表达活动的逆向操作。"诚然，语言是一种编码，能够匹配句子的语音表征和语义表征。但是，句子的语义表征和语句实际传递的思想之间还存在着空阙。填补这个空阙的方式在于推理，而不是更多的编码。"(斯珀波、威尔逊，2008：10)所以，如果忽视"推理"在接受活动中的作用，接受者是不可能真正还原表达者意图的，尤其不能解决修辞话语因何存在、有何作用的问题。"程度副词＋名词"组合作为超常规的修辞现象，打破了语言的一些既定"规则"，接受者在对其进行理解时更需要在主观上作出努力，而不能只是追求其字面意义的解释。

因此，本书所涉及的接受活动**侧重于对超常规修辞现象的接受活动，它是接受者在对话语解码的同时，发挥主观能动性对修辞话语的存在理据和修辞作用进行探究的过程。**

当然，在对"程度副词＋名词"组合进行接受活动前，接受者的认知状态并不是一块"白板"，而是存在一定认知经验的。根据语言认知的"激活抑制模式"(张维鼎，2007：357-359)，人们理解词语时首先在意识深层引起一种扩散性激活，使与词语相关的语义信息都进入激活程度；然后以文本作为语义期待，使符合语义期待的语义信息得以凸显。例如：

(1)装修最花钱的是厨房和卫生间，但小户型的厨房和卫生间一点也省不了，相反因为需要更多的收纳空间导致成本上升，从成本角度来说是个**很鸡肋**的产品。(《小户型装修不受待见 其实小空间也有大生意》，人民网，2017-10-13，http://jiaju.people.com.cn/n1/2017/1013/c151264-29585205.html)

接受者在接触例(1)中的"很鸡肋"后，会在脑海中联想起各种不同的相关信息，比如鸡身上的肋骨、吃到鸡肋的感受，再比如接受者可能联想到人们对于鸡肋"食之无味，弃之可惜"的评价，甚至还会将鸡肋比喻为身体瘦弱的人，等等。有了这些语义信息，接受者根据文本中关于"装修""产品""成本"等的表述，可以将"食之无味，弃之可惜"的评价显现出来。

由于扩散性激活处于"心理意识相当深层"(张维鼎，2007：358)，不是接受者自己能够随意控制的，所以接受者能够发挥主观能动性的接受活动，即修辞的接受活动，便从以“文本作为语义期待”开始。

当接受者开始利用文本因素的时候，他们也就进入了接受语境之中。但是，如同接受活动不仅仅是一个理解词语意义的过程一样，接受语境也是一个分层面、多结构的复合体。

2.2 接受语境构成的剖析

尽管接受活动涉及很多我们目前难以认识的认知、神经因素，但是结合实际的接受效果，接受语境的内部还是可以剖析的，孙长彦(2009:74)认为，“言语交际环境的构成涉及两个问题：一是它的可能因素，二是它的现实结构。二者的关系是，可能因素是现实结构的材料来源，而现实结构是言语交际行为与可能因素发生相关作用而产生的结果”。由此可见，理解“程度副词＋名词”组合的接受语境也由诸多可能因素构成，根据接受者自身认知状况的不同，会相应形成不同的现实结构。

2.2.1 接受语境中的可能因素

接受语境的涵盖范围极广，几乎涉及语言内、语言外的一切领域，因此它所包含的可能因素无法完全列出。但是，根据上文对“接受活动”的界定，我们认为，接受者在理解独特的修辞现象时，至少要涉及三个方面的内容，即辨别它们的意义，寻找其存在的理据，以及感受其修辞、语用作用。因此，在接受语境之中，某些可能因素与这三方面密切相关，它们可促使接受者对“程度副词＋名词”组合的理解达到不同的程度。把握这些可能因素，对分析该组合的接受语境至关重要。

“程度副词＋名词”组合作为话语中的组成单位，处在一定的上下文中，所以，文本因素(包括书面语和口语)显然是其接受语境中的一个要素，而且是确定该组合意义的一个基本的依据。例如：

(2)对于这一问题乐视网方面显然是有所准备，他们只是**很官方**地回应称：“股价走势受到多重因素的影响，公司无法对复牌后的股价进行判断。公司提请投资者注意投资风险，特别是融资融券、股权质押等方式下的投资风险。”(《停牌9个月 乐视网今复牌》，人民网，2018-01-24，http://house.people.com.cn/n1/2018/0124/c164220-29783870.html)

(3)林远不觉得自己是一个**很物质**的人,可他确实越来越在乎稿费和收入。(《新闻出版行业青年:常加班 挣钱不多 整体“满意”》,人民网,2015-05-07,http://zgbx. people. com. cn/n-0507/c347609-26963407. html)

接受者要想理解例(2)中的“很官方”,就需要结合后面回应的具体话语;要理解例(3)的“很物质”,也需要依据后文的“越来越在乎稿费和收入”。

由于“程度副词+名词”组合本身是一种语言现象,接受者理解它的时候必然要运用自己的语言知识①,所以语言知识因素也是其语境中必不可少的组成部分。例如:

(4)V领的设计在多数千篇一律的黑色毛衣中也算是**很特色**的,粉色大衣玩反差的视觉用其他颜色也是打破黑压压的视觉。(《突破黑色冬季女装 穿这样今年衣Q进阶》,人民网,2015-11-11,http://lady. people. com. cn/n/2015/1111/c1014-27801652. html)

(5)沿着大洋路继续骑,景点一个接一个。站在这个沙滩上,望着前方的岩石,感觉**很梦幻**。(《UCI格兰芬多澳大利亚大洋路骑行游记(中)》,人民网,2018-12-13,http://health. people. com. cn/n1/2018/1213/c408571-30465505. html)

上述两例的“特色”“梦幻”是抽象名词,反映了相关的概念。接受者需要运用语言知识将概念中体现性状的语义特征提取出来,再与程度副词进行匹配。如果接受者不知道“特色”“梦幻”的基本语义,那么也就很难理解“很特色”和“很梦幻”。

由于“程度副词+名词”组合偏离了语言常规,它们的意义不能完全通过词典释义来理解,其产生的原因也不能用常规的语法规律去探寻,接受者要理解它们可能需要运用自身的百科知识,因此接受语境中也要有百科知识的因素。例如:

(6)“老年人觉得很怀旧、年轻人觉得很时尚、华侨觉得很乡土、外地人觉得**很闽南**。”红砖古厝、出砖入石、飞檐翘角的五店市,已成为晋江新的文化地标和城市会客厅。(《晋江市委书记刘文儒:让“闽南晋

---

① 当然,对于普通人而言他们的语言知识不如语言研究者那样清晰,这里更多的是指母语人所拥有的语感。

江”成为“世界晋江”》，人民网，2018-11-09，http://dangjian. people. com. cn/n1/2018/1109/c117092-30391545. html)

(7)显然，中国游客是受到了浪漫、历史感、奢华、高品质这些“**很法国**”的元素的吸引。(《巴黎为中国游客铺上红地毯》，人民网，2012-01-21，http://world. people. com. cn/GB/157278/16937328. html)

虽然例(6)和例(7)的文本语境有利于人们理解“很闽南”和“很法国”，但是，接受者只有真正大体了解“闽南”和“法国”所具备的历史、地理、人文等方面的特征，才能与文本语境建立起顺畅的关联。而这些特征自然是词典释义不能涵盖的，只能从接受者自身的百科知识中提取。

理解“程度副词＋名词”组合往往需要一定的情景，该组合出现的情景、场合不同，所描述的对象不同，会给人以不同的感受，其修辞价值也就不同。所以，情景因素也是接受语境的可能因素。例如：

(8)导师**很毒舌**，要求很严格，竞争很激烈，选手们在层层的重压之下，求生存，求胜利。不看《爱上超模》，很难感受背后的惊心动魄与心惊胆战。(《爱奇艺〈爱上超模〉第三季完美收官 网综 IP 国际化成标杆》，人民网，2017-01-03，http://ent. people. com. cn/n1/2017/0103/c1012-28995639. html)

(9)之前看美剧以为她会**很毒舌**，没想到她人很好，真的很专业。(《〈横冲直撞好莱坞〉首映 佟大为男扮女装“豁出去”》，人民网，2015-06-23，http://msn. people. com. cn/n/2015/0623/c242548-27191303. html)

例(8)的情景是一种竞争选拔的场合，“很毒舌”的情感色彩偏向褒义；例(9)的情景是人际交往场合的，“很毒舌”的情感色彩在这里就偏向贬义。

该组合的修辞、语用作用总是在特定的社会文化条件下产生的，接受者只有把握住该组合使用的社会文化环境，才能真正对该组合产生认可，因此，该组合的接受语境中包含了特定的社会文化因素。例如：

(10)大家常常批评某部戏**很狗血**，往往意味着它有强烈的戏剧冲突，当冲突到了一定程度，就会让你怀疑，这是真的吗？现实中有可能发生吗？(《〈我的前半生〉大结局 明知是套路为啥还是爱看?》，人民网，2017-07-27，http://pic. people. com. cn/n1/2017/0727/c1016-29432399. html)

(11)我看似很正常，其实也**很奇葩**。所以我们的感情戏就是两个奇葩遇到一起了。(《〈幕后之王〉周冬雨：我经常不自信，但我喜欢演我挺自信》，人民网，2019-01-05，http://ent.people.com.cn/n1/2019/0105/c1012-30505441.html)

上述两例中，"狗血""奇葩"都是在娱乐领域流行的词语，其语义本身就已经偏离了大众生活的常规语域，而它们受到程度副词修饰后，其新颖度更高。因此，接受者只有接纳了娱乐语体，融入相应的社会文化环境，才能真正接受它们。

接受活动是接受者主观能动性的体现，其接受动机的强弱直接关系到接受者对该组合的理解程度。这种动机就是接受者对陌生语言现象的探究意愿，它在一定程度上决定着接受者理解的最终水平。所以，心理因素也是一个重要的因素。例如：

(12)确实在职场我有强势的一面，那是我觉得有些东西我需要坚持自己的主张，但私下关起门来，和身边的人在一起，我也有很温柔**很女人**的一面。(《刘嘉玲透露将当制片人筹拍电影 欲请梁朝伟当导演》，人民网，2016-04-28，http://hm.people.com.cn/n1/2016/0428/c42272-28311677.html)

(13)我希望演很不一样的角色，最想演的可能是黑道女人，或者东方不败，就是那种集男生的刚强跟女生的美于一体的，我外形给人感觉**很女生**，但其实我内心住着一个男人的心，比较坚强。(《黄晓明称 baby 女神 baby 甜蜜回应：他对我很细心》，人民网，2013-10-12，http://ent.people.com.cn/n/2013/1012/c1012-23176883.html)

例(12)和例(13)的"女人"和"女生"可以归入同一个语义场中，这两例的"很女人"和"很女生"的语义也大体相当。但是，相对来说，"很女人"的出现频率要比"很女生"高很多，也就是说"很女生"用得更少，这就更能引起接受者探究的兴趣。

可见，对于包括"程度副词＋名词"组合在内的一切超常规的修辞现象而言，接受语境中的可能因素大致可包含以下六种，即文本因素、语言知识因素、百科知识因素、情景因素、社会文化因素和心理因素。

2.2.2 接受语境中的现实构成

修辞活动是一个动态的过程，相应的接受语境也不应只是由相关因素构成的静态结构，而是也具有动态、认知的特性。

接受语境具有认知性，“认知语境不是听话人在话语理解之前预先确定的，而是在话语理解过程中不断选择的结果”(何自然，2006:177)。接受者在理解“程度副词＋名词”组合时，理解的侧重面各不相同，被激活的可能因素也就多种多样，接受语境的现实结构因而也就会有差异。现实结构不同，接受活动所获得的现实结果也不同。根据其现实结果的不同，接受语境可以分为三个层次，即“意义语境”“理据语境”“审美语境”。意义语境为低层次，审美语境为高层次，理据语境的层次居中。

在意义语境层次，接受者为理解“程度副词＋名词”组合的语义，需要激活文本因素、百科知识因素；在理据语境层次中，接受者要探求该组合存在的理据，需要激活语言知识因素、百科知识因素；在审美语境层次中，接受者想要体验和感知其审美价值，便要激活社会文化因素、情境因素。

一般来说，接受者理解了“程度副词＋名词”组合的语义才能更好地探寻其存在理据，掌握了存在理据，才能更好地发现其修辞价值。因此，理据语境层次是审美语境层次的基础，而意义语境层次又是其他两个层次的基础。我们可视意义语境为低层次接受语境，审美语境处于高层次，理据语境居中。只有在低层次的接受活动完成之后，接受者才能进入高一层次的接受语境之中。接受者在解读“程度副词＋名词”组合时，随着解读的深入，其所依赖的接受语境必然存在由低层次向高层次发展的可能。例如：

> (14)黛珂一贯的包装可以说是**很贵妇**了，不过今年秋季和法国插画家 Marie Assenat 推出的秋季限定舞轻妆柔光亮妍蜜粉却是满满的少女心哦。(《〈小美好〉大结局了，但高甜的“剧情”还在持续！》，人民网，2017-12-14，http://fashion. people. com. cn/n1/2017/1214/c1014-29705767. html)

在例(14)中，接受者首先进入意义语境层次，通过自身百科知识中对“贵妇”的理解和与后文“满满的少女心”进行对比，对“很贵妇”有了初步的理解；然后，接受者进入理据语境层次，运用语言知识等要素，寻找近似的形容词，为“很”与“贵妇”的匹配找寻可能；最后，接受者进入审美语境层次，感受“很贵妇”在句中产生的修辞效果。

那么，什么情况下静态中的各种可能因素才会转化为现实结构？接受活动怎样从低层次进入高层次？答案的关键就在于接受者的主观意愿。接受心理是语境的主导因素(张春泉、张艳玲，2004)，作为接受者一种主观能动性的活动，言语接受的质量和程度，显然受制于行为者的主观意愿。因此，如果接受者具有强烈的探究动机，则相关的语境便会伴随着接受活动从意义语境层次一直跃升至审美语境层次。(如图 2-1)所以，心理因素贯穿整个接受活动，是每一个语境层次的组成部分。如果接受者的探究意愿足够强烈，接受活动便会从意义语境层次一直跃升至审美语境层次。如果相应的动机不具备，那么接受活动可能会在低层次的接受语境中终止，失去向高层次跃升的条件。

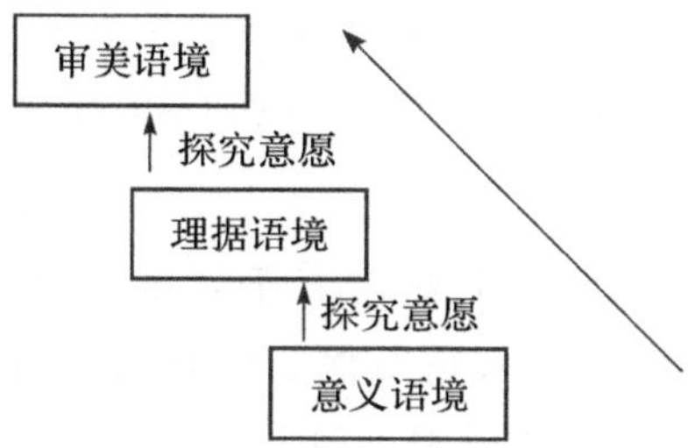

图 2-1 “程度副词＋名词”组合的接受活动在接受语境层次上的跳跃

2.3 对“程度副词＋名词”组合接受活动的具体分析

接受者要经历意义语境、理据语境和审美语境三个层次，才能最终获得对“程度副词＋名词”组合的完整理解。不过，由于“程度副词＋名词”组合隶属三种修辞幻象，所以其具体接受过程会具有一定的复杂性。

2.3.1 意义语境下的接受活动

接受者面对“程度副词＋名词”组合这一陌生的结构时，必然要通过上下文寻找其与篇章相契合的语义。语言具有自反性，“当词处在一个语言结构中时，结构中的其他部分就会因为对该词的结构关系而对该词施加一种语义上的结构压力，也就是在语义上对该词进行限制，给它增加一定的可能特征”(刘大为，2001:16)。所以，接受者在一开始理解该组合时，必然需要上下文为理解“程度副词＋名词”组合的意义提供一定的线索。与此同时，接受者再结合其自身的百科知识因素和情景因素，对“程度副词＋名词”组合的语义进行解读。

比如，下面各句中“很中国”的语义都要结合文本因素和百科知识因素才能理解。

(15)大家都认为我的长相**很中国**，脸上刻着五千年的沧桑……(原新梅，1997)

(16)巩俐很明白这种欣赏。“也许吧，相对于世界来讲，我是属于中国的，其实我是一个**很中国**很北方很沈阳的女人。”(邵敬敏，吴立红，2005)

(17)来北京建言，老外“**很中国**”。(全景网，2011-03-23，http://www.p5w.net/news/gncj/201103/t3510825.htm)

(18)夏天最受欢迎的意大利面吃法：今天就用**很中国**的方式做。(新浪博客，2009-07-10，http://blog.sina.com.cn/s/blog_405f58e80100egkl.html)

例(15)中，结合后面的“脸上刻着五千年的沧桑”，我们可以确定“很中国”的语义是指“很苍老，饱经风霜”；例(16)涉及巩俐对自己所具有的国际性和民族性气质的对比，那么“很中国”的语义是“有明显的中国传统的”；例(17)的“来北京建言”是中国两会的特有现象，所以这个“很中国”是指“相当熟悉中国国情的”；例(18)是讨论用中国人熟悉的方法来做西餐，所以“很中国”是指“中餐化的”。

当然，有时上下文不能提供明确的线索，接受者就只能凭借百科知识因素来进行解读。例如，

(19)“你的品质怎么样？”

“我的品质**很中国**。”

这是一则自拟的对话，但现实中很有可能发生。“很中国”在这里就需要接受者动用自己的百科知识因素，搜索与“中国”有关的文化、历史方面的性状特征，进而可能得出“很中国”是指“谦虚、简朴”的意思。

虽然接受者停留在意义语境层次能够了解“程度副词＋名词”组合的语义，但是“知其然而不知其所以然”，不足以确定该组合存在的相应理据。若接受者自己的主观探究意愿不够强，那么接受活动也就到此为止了。因为不掌握“程度副词＋名词”组合因何而生的理据，接受者即便了解该组合的语义，也可能会斥该组合为“不符合规范”。

2.3.2 理据语境下的接受活动

有些接受者在一定程度上理解了“程度副词＋名词”组合在文本中的意义后，就会对该组合存在的合理性问题发生兴趣，从而引发进一步的思考，

而相关的语言知识因素和百科知识因素就会在这种思考中发挥积极的作用。

接受者首先要利用语言知识因素，制订一个判断该组合是否“有理”的标准。从句法上来说，“程度副词+名词”组合是形容词性短语，它的形成是传承了“副形构造”等多种构造特征的结果。（王寅，2009）也就是说，接受者在面对“程度副词+名词”组合时，会在形容词性短语与该组合之间建立起联系。这样的话，组合中的名词就会在接受者的认知中向形容词靠拢。如果接受者认为名词中含有明显的性状特征，那么该名词就会被视为形容词的活用。

在此基础上，百科知识因素就成了具体评判某个组合所需的关键要素。一方面，百科知识因素对接受者判定该组合的合理性起重要作用。

接受者面对具体的“程度副词+名词”组合，着眼点就是该名词当中到底含有哪些性状特征。接受者自身拥有的百科知识，直接决定着名词性状特征提取的成功与否。在上面提到的四例含有“很中国”的语句中，由于名词“中国”所指称的既是一个地理、政治实体，又是一个历史、文化实体，所以人们对“中国”所提取的性状特征“主要集中在人文性以及相关的政治性和社会评价”（杨海明、李振中，2004）。因此，如果接受者的百科知识中关于“中国”的人文性、政治性、社会性的内容过少，仅仅是一些地理方面的知识，那么他们就无法理解例(15)至例(18)中的“很中国”是如何产生的。

人们的认知具有共性，对于属于修辞幻象3的“程度副词+名词”组合而言，由于名词的性状特征主要与其理性义相关，人们对于理性义的掌握和理解基本一致，所以不同的接受者大都可以从名词中提取出大致相同的性状特征。如：

(20)在秦火火和立二拆四制造的谣言里，有**相当低端**，错漏百出的。如此“低端”的谣言，为何能轻易传播，让那么多人相信和转发？一个只有高中文化程度的“秦火火”，是靠什么忽悠网民的？（《警方将查“秦火火”背后推手 微博大V或涉案》，人民网，2013-08-26，http://opinion.people.com.cn/n/2013/0826/c368412-22695427.html）

(21)蔡昉委员也认为，电子商务三方中**最弱势**的是消费者，其次是电商经营者，平台经营者最强势，立法应多保护消费者。（《十三届全国人大常委会第五次会议审议多部法律草案》，人民网，2018-08-30，http://legal.people.com.cn/n1/2018/0830/c42510-30260323.html）

(22)签书会是到一个地方去跟你的读者见面,说一声“谢谢”,是一个**很人情**的事情。(《蔡康永变身小说家:希望做一些笨事情》,人民网,2013-01-05,http://book. people. com. cn/GB/n/2013/0105/c69360-20095593. html)

(23)但如果你所在的车次及线路**非常热门**,怎么抢都抢不到票的话,那么建议你预订机票或客运车票多手准备。(《网上加价抢票套路有多深:交钱成 VIP 也没抢到票》,人民网,2017-01-05,http://finance. people. com. cn/n1/2017/0105/c1004-29000081. html)

根据《现代汉语规范词典》(第二版)的释义,“低端”指“低的一头;指低的层次、档次等”;“弱势”指“①消减或变弱的势头;②弱小的势力”;“人情”指“①人的感情;人之常情;②情分;情面;③恩惠;情谊;④一个地方特有的人际交往等习俗”;“热门”是指“比喻一时风行,受到众人关注的事物”。因此,在例(20)至例(23)中,“低端”拥有的性状特征是“幼稚”“肤浅”;“弱势”的性状特征就是“弱小”;“人情”的性状特征是“充满情感的”;“热门”的性状特征是“受欢迎的”。

对于属于修辞幻象 2 的“程度副词＋名词”组合而言,名词的性状特征主要与其联想义相关。因为每一个人的具体经历不同,所以接受者的经验中也有不一致的地方,这就使人们对某些组合理据的理解不一致。以专有词语、常用词语和流行词语为例,如:

(24)对比一下才发现,四代机的座舱“**很 F-22**”。(铁血军事,2011-11-24,https://bbs. tiexue. net/post2_4793511_1. html)

(25)她,是天秤座的女生很内向,被我这个外表**很鸣人**内在**很佐助**的人喜欢上了。(网易博客,2011-5-13)

(26)令人无法理解的日本现象级问题,可以,这**很日本人**。(知乎,2018-09-26,https://zhuanlan. zhihu. com/p/45416367)

(27)史上**最菜鸟**最无能的警察(铁血社区,2010-08-24,https://bbs. tiexue. net/post2_4441760_1. html)

例(24)中,F-22 是美国的新一代战斗机,如果接受者不了解军事领域的相关进展,就无法真正理解“很 F-22”的意义,也就无法发现它存在的理据。

例(25)中,“鸣人”“佐助”是日本动漫《火影忍者》中的主要人物,鸣人的性格相当开朗、豁达,而佐助的性格有些忧郁、偏激。接受者如不了解这部动漫作品,也就无法知晓“鸣人”“佐助”所具有的性状特征了。

例(26)中，如果接受者对日本的相关社会文化不了解，也就无法从“日本人”中提取相关的性状特征。

例(27)中，“菜鸟”是网络词语，其包含的性状特征主要是“无能、幼稚”，不懂网络语言的人显然也就无法意识到这些性状特征。

另一方面，当某个“程度副词＋名词”组合多次出现之后，它的文本语境意义多次展现，那么就有可能会改变接受者自身的百科知识因素。接受者会将文本语境所展示的意义化为性状特征赋予名词之中。如，

(28)做人不能**太 CNN**。

(29)一个集装箱算小户型，两个重叠在一起就算跃层，大家都**很柜族**，还有什么不妥的呢？（360 个人图书馆，2011-02-14，http://www.360doc.com/content/11/0214/11/5255346_92895987.shtml）

例(28)中，“太 CNN”(可以把 CNN 看作名词)这个组合刚产生时不可能马上就被大多数接受者认可，因为人们对时政的关注度不同，也就不清楚这个句子的文本意义是如何产生的。但是，由于这句话高频率出现，以至于成为 2008 年的网络流行语①，那么就会使有探究意愿的接受者去了解这句话产生的背景，改变了自己百科知识的构成，就可能会认可“太 CNN”的理据性。

例(29)的情况与之相似，“柜族”也是 2010 年产生的一个新词②，指“迫于住房压力而租住在集装箱里的人”。伴随着当前的一些社会因素，该词的流行度会越来越高，接受者在生活中接触该词的机会也会增多。接受者了解该名词词义后，可以由此意识到该词含有“窘迫”“卑微”等性状特征。

若组合中的名词所包含的性状特征不在大多数人的经验当中存在，而这些名词与程度副词结合的发生频率只限于个例，那么接受者就不会认可其存在的“合法性”。绝大部分的专有名词，如“张三”“李四”等人名，“玻利维亚”“尼日尔”等国名，它们在组合中出现的频率极低，很难被认可。

可见，在这个层次上，“程度副词＋名词”组合要想被接受者认可，要么是名词所具有的性状特征符合接受者经验中百科知识的构成；要么是该名

① 参见 http://www.china.com.cn/review/txt/2008-03/28/content_13751562.htm 2008-3-28。

② 参见中国语言文字网，http://www.china-language.gov.cn/31/2011_3_7/1_31_4809_0_1299465782546.html，2011-5-19。

词以高频率出现，去改变接受者的经验构成。也就是说，只要该组合属于修辞幻象3，那么它就能够通过该层次。若该组合属于修辞幻象2，那么这种组合只有部分能够通过该层次。若该组合属于修辞幻象1，则无法通过该层次。

2.3.3 审美语境下的接受活动

接受者即便理解了“程度副词＋名词”组合的意义及其存在的理据，也不一定意味着认同它们存在的必要并加以使用。该组合若能够被接受者在其自身的语言运用体系中真正接纳，那么社会文化因素和情景因素就需要被接受者激活。

当今社会人们对个性的追求不断加强，“程度副词＋名词”组合的使用就是表达者“认知系统和语言系统的不断的创新过程”（刘正光、崔刚，2005）。“程度副词＋名词”组合虽在1949年前就存在，但真正大量涌现是在改革开放以后（储泽祥、刘街生，1997），这正说明求新求异、追求自由的社会文化环境是该组合产生的重要社会文化因素。若接受者激活了这样的社会文化因素，也就表明他不满足社会公共认知对自己语言表达的束缚，进而激起对这种“异样”语言现象的好感。

接受者在审美语境层次会探求“程度副词＋名词”组合的表达作用，探求表达者为何使用这种组合。“程度副词＋名词”组合作为一种修辞现象，蕴涵修辞信息。“修辞信息＝语义信息＋审美信息”（谭学纯、唐跃、朱玲，2000：7），语义信息的理解在前两个层次已经基本完成，因此对“程度副词＋名词”组合表达作用的探寻就是对其审美信息的增值接受。

审美活动带有很大的主观性，接受者对表达作用的探寻是建立在自己对相关情景因素感受的基础之上的。因此，无论是“言简义丰、幽默诙谐，创造语言节奏，表达复杂情感，以及亲切自然，口语色彩浓等功效”（原新梅，1997）；或是“简便、直接，含蓄、幽默”（刘红曦，2005）；还是“形式简洁、经济凝练，描写形象、内涵丰富，表达新颖、诙谐幽默”（刘慧丽，2008）等等，这些其实都是接受者自己的审美体验，每个接受者对同一个对象的感受可能并不一致，甚至有的很可能已超越了表达者的主观意图。但是，只要接受者自己在探究意愿的作用下感受到了该组合特有的作用，那么也就满足了他的探究意愿，该组合也就被正式纳入了接受者的语言运用体系之中。一旦他在此后的话语活动中主动运用了该组合，那么他就从接受者转变为了表达者。

当然，对于接受者而言，最大的审美收获还是意识到了“程度副词＋名词”组合较之于其他“合法”语言形式的不可替代性，这也正是使他们转化为表达者的关键。

正是因为这种不可替代性，人们对于语句当中“程度副词＋名词”组合的解释很难精确化，其真正的含义是难以用其他语言形式替代的。比如，我们可以这样描述一个人：

(30)他这个人对妻子**很绵羊**。

我们知道绵羊的最大特性是性情温顺，但是它还有其他的一些特征，例如胆小、不好动等等。接受者面对“很绵羊”时，会发现“绵羊”的多种性状特征往往会叠加在一起，取得了其他形容词所不能取代的表达效果。

具体而言，根据表达的需要，某一个性状特征会从多种性状特征凸现出来。对属于修辞幻象2的“程度副词＋名词”组合而言，根据情景因素的不同，它们在语句中就可以凸显不同的性状，实现“生动、贴切、幽默”等审美效果。就以“绵羊”被程度副词修饰为例：

(31)戴上眼镜的张艺兴真的**很绵羊**了！(重庆新闻网，2020-07-18，http://www.cqdejia.com/ent/3917.html)

(32)求女主角很凶，男主角**很绵羊**的玄幻小说。(百度知道，2010-02-13，https://zhidao.baidu.com/question/137610779.html)

(33)光阳劲丽起步没劲，尾速可以，起步**特别绵羊**，是怎么回事？(搜狗问问，2015-07-14，https://wenwen.sogou.com/z/q807090757.htm)

(34)果然**很绵羊**——曾轶可沈阳签唱会(新浪博客，2010-03-27，http://blog.sina.com.cn/s/blog_51514b000100iugh.html)

(35)皮质叫“绵羊皮”，我理解是比一般的羊皮要软，嗯，果然**很绵羊**！(看看十库，2010-04-08，http://kksk.org/tieku/r_24977_5.html)

例(31)的情景是表达者对张艺兴的评价，这里的“绵羊”凸显的就是其可爱、温和的性格。例(32)的情景是对人性格的描述，凸显的是“绵羊”胆小、懦弱的性情。例(33)的情景是某种汽车起步的状态，这里就凸显了“绵羊”在人们心目中因温顺而带来的力度小的印象。例(34)的情景是音乐演唱，由于曾轶可的歌声被人们比喻为“绵羊音”，因此这里凸显了“绵羊”声音柔软、发颤的特征。例(35)是对商品质地的评价，则凸显了“绵羊”皮毛柔软的性状特征。

而对属于修辞幻象 3 的“程度副词＋名词”组合而言，其表达的内容相对有限，审美效果也就相对单一。以“相当人性”为例：

(36)这一离婚条款，在张春生看来，贯彻了当时在世界上比较先进的“破裂主义”离婚原则，可以说离婚很自由，“相当现代，**相当人性**”。(《1980 年〈婚姻法〉修改：感情破裂条款和军婚引争议》，人民网，2012-08-28，http://legal.people.com.cn/GB/n/2012/0828/c188502-18856942.html)

(37)烟信这么好，光棍节还放假，**相当人性**啊！(百度贴吧，2010-12-15，https://tieba.baidu.com/p/1277881592? red_tag=0147111134)

(38)手机的安全性和数据清理从来都是非常棘手的问题，但 360 手机助手的这些服务做得**相当人性**、可靠。(《三大贴心服务 铸就 360 手机助手行业第一地位》，人民网，2015-12-28，http://game.people.com.cn/n1/2015/1228/c213917-27986079.html)

(39)**相当人性**的一本书。里面把人性的阴暗面描写的太完美了。(豆瓣，2013-12-10，https://m.douban.com/book/review/6455214/)

(40)再看我国社会现状，ZF(政府)**相当人性**，我国讲究中庸，以仁治国，而我国法律也在向着人性逐步迈进。(百度贴吧，2011-06-07，https://tieba.baidu.com/p/1102441692? pid=12618914554&cid=0#12618914554)

“人性”的词典释义是“人的本性；人所具有的正常的情感和理性”(《现代汉语规范词典(第二版)》，第 1106 页)。它所拥有的性状特征也与此相关。无论情景如何改变，例(36)—(40)中的“人性”都可以大致理解为“关注人的本性的”。

因而，在审美语境层次，属于修辞幻象 3 的“程度副词＋名词”组合，其不可替代程度低，表达内容相对单一；属于修辞幻象 2 的组合，其不可替代程度高，表达内容相对丰富。

接受者在“程度副词＋名词”组合中挖掘审美信息，得到审美效果，属于接受者自身发挥主观能动性的再创造，这个层次也就为实现由接受过程向表达过程的转换创造了条件。

2.4 接受视角下“程度副词＋名词”组合的最佳类型

对于接受者而言，使“程度副词＋名词”组合经历上述三个层次的接受活动才是完整的，这其实就是人们对该组合“认识—认可—认同”的过程。

“根据巴赫金的‘外位性’原则，理解具有两大任务：一是依照作者本人的理解来领会作品；二是把作品纳入到我们的语境（历史条件）中，在时间、空间、文化上保持自己的‘外位性’，对作品进行创造性的理解。”（肖净宇，2007：119）在意义语境层次，接受者就是依靠文本因素来确定其语义，其实就是确定表达者所表达的意义。在理据语境层次，接受者的接受活动是“两大任务”之间的过渡，接受者虽然在探寻表达者的理据，但其根据已经离开文本。而在审美语境层次，“外位性”倾向更加明显，接受者对审美信息的探寻，就是结合自己对于社会文化的理解，探求这种组合究竟有何特殊作用。因此，接受者处于审美语境层次，可获得属于自己的感受。例如：

(41)四岁姐姐训两岁弟弟“成熟一点！好好想想吧”一副大人训小孩的腔调，**很童趣**，也很亲情，超级萌到爆。据悉，这段视频是姐弟俩的父亲偷偷拍下，原想儿子长大时回看，却觉女儿训话有趣，放上网上，已有逾百万次点击率。（《董洁潘粤明被爆已离婚 超萌4岁姐姐训2岁弟弟》，人民网，2012-10-19，http://lady.people.com.cn/GB/n/2012/1019/c1014-19322796.html）

(42)尤其是开篇水下长镜头，看得快窒息了，太紧张了，还有非洲工厂坦克漂移的那场……很燃**很大片**，比第一部更好看！感受到了导演的认真劲和所有的付出。（《〈战狼2〉太个人英雄主义？吴京霸气回应：看不惯别看》，人民网，2017-08-07，http://media.people.com.cn/n1/2017/0807/c14677-29454225.html）

上述两例中，接受者如果达到了审美语境，那么不仅认识了“很童趣”“很大片”的基本语义，认可了这种超常搭配的可能性，在此基础上，接受者会依据自身的经验，感受童趣、大片的相关信息，体会自身以前在观察童趣、大片时的各种感受，这样就会产生对“很童趣”和“很大片”的审美欣赏。

“成功的修辞交流，是推倒阻隔表达者和接受者的修辞之墙，在走进表达者的同时，接受者也证明自己，开发自己。承认词典释义的理性概括，而又不受制于释义的隐形权威，是注重审美体验的接受策略，也是接受者走向审美自由的重要途径。”(谭学纯、朱玲，2001：244-245)接受者付出认知努力，对“程度副词＋名词”组合具有何种表达作用进行追问，便是修辞交流的开始。当接受者获得了审美自由，便会突破公共认知模式对自身的束缚。

对于“程度副词＋名词”组合来说，所有类型的组合都可以通过意义语境层次；属于修辞幻象 2 和修辞幻象 3 的组合可以通过理据语境层次；属于修辞幻象 3 的组合可以通过审美语境层次，但是其审美效果相对较弱；属于修辞幻象 2 的组合不一定全部能通过该层次，不过其审美效果相对较强。

接受者所付出的认知努力和获得的审美效果的不同，就是由“程度副词＋名词”组合中名词的不同而导致的，如表 2-1 所示：

表 2-1 “程度副词＋名词”组合所属修辞幻象类别的认知难度和审美效果

类别	认知难度	审美效果
修辞幻象 3	－	－
修辞幻象 2	＋	＋
修辞幻象 1	＋＋	－－

注：“－”表示程度减弱，“＋”表示程度增强。

接受者在理解“程度副词＋名词”组合时，只有付出一定的认知努力，才能真正获得对它的理解。对于“程度副词＋名词”组合而言，它们只有经过了理据语境层次，才有可能达到审美语境层次；只有在审美语境层次获得相应的审美价值，才能真正被接受者认同。若该组合属于修辞幻象 1，那么接受者即便付出再多的认知努力，获得的审美效果也极其微弱。而若该组合属于修辞幻象 3，则接受者在理解时无须付出太大的努力即可获得认知，但遗憾的是获得的审美效果也不强，满足不了突破社会公共认知模式束缚的渴求。因此，就接受者而言，他们即便要付出较大的认知努力，也乐意认同那些属于修辞幻象 2 的组合。

这里就给了表达者们一个有益的提示：如果他们在表达时考虑接受者的理解状况，那么就必须在认知努力与审美效果之间寻求平衡，既能让“程度副词＋名词”组合具有让接受者理解的理据性，又能具有接受者所渴望的审美效果。这样看来，属于修辞幻象 2 的“程度副词＋名词”组合就成了最佳的使用对象。

2.5 小 结

对“程度副词＋名词”组合的接受是由低到高三个层次完成的，接受者的接受活动达到的层次不同，标志着其对该组合的认识程度不同。只有达到审美语境层次的接受者才能真正认同该组合的价值，“程度副词＋名词”组合也只能在这些接受者当中产生真正的话语交际价值。而一旦“程度副词＋名词”组合进入审美语境层次，从整个社会范围来看，该组合的使用人群会不断扩大。

第一章和本章都是从个体的认知角度进行的剖析，正如本书引言所说，修辞研究要注重认知和社会两个维度。下一章，我们将从社会话语的角度对其进行探究。

3 社会话语视角下的“程度副词＋名词”组合

在前面两章分别研究表达端和接受端的基础上，本章将从社会话语角度对“程度副词＋名词”组合进行分析。对于“话语”，学术界对其存在两种认识。有的认识侧重于语言在社会环境中的运用，如“话语是指在特定的社会、文化、历史环境下，人们运用语言进行交际的事件或这样一类现象”（施旭，2010:3）；有的认识侧重于语句在篇章中的组织，如“话语语言学是一门研究连贯性话语结构及其内部构成规律的科学”（王福祥，1994:3）。本书所理解的“话语”与前者相似，又因为修辞活动根植于人与人之间的交往，本书注重话语在人与人关系中的作用，故有时将其称为“社会话语”。

3.1 社会话语研究的重要性

依照通行的语法规则，程度副词一般不能修饰名词。不过，“程度副词＋名词”组合的大量出现，引起了人们对固有语法理论的重新审视。“也许错误的语法反而更重要，因为它直接证实引起语言变化的动态力量，而有时候正确话语的语法可能只是一堆化石。”（Haiman，1985:259 转引自威廉·克罗夫特，2009:347）这里所说的“错误的语法”，也就是“不规范”的语言现象，语言研究不仅要关注规范的语法现象，也要关注诸如“程度副词＋名词”组合这种看似不规范的现象。

当然，对于“程度副词＋名词”组合的研究不应该仅仅局限于语言本体，因为语言绝非一个不与外界联系的孤立系统。“我们用语言与他人交往，建立和维系我们的人际关系和社会秩序。”（麦蒂森、韩礼德，2009:108）“程度副词＋名词”组合的产生不仅仅是语言系统和人们自身认知规律的作用，它必然有社会层面的动因。

把“程度副词＋名词”组合放到社会层面上研究，其实就是研究该组合在话语中的运用，因为社会层面的种种变化会投射到话语层面上，因此，从话语的视角观察“程度副词＋名词”组合，不失为研究该组合发展变化的社会动因的一个有效途径。

3.2 “程度副词＋名词”组合的社会话语分布

一种语言现象是不是规范，不仅要考察其内部的理据性，还要看其在实际使用时的可接受性。不过，某种语言现象的出现频率高，也不一定代表其全社会的可接受程度高，还要观察其在不同话语运用领域中的分布。对于一种正规的语言现象而言，它在话语活动中的分布具有普遍性；对于“不规范”的语言现象而言，其分布就受到相应语用域的限制。

某种语言现象如果能够在运用标准的书面语和口语进行交际的环境中大量出现，那么就可将其视为合乎规范的。如果某种语言现象仅仅是在网络、口头交际等非正式的环境中大量出现，其是否规范就颇值得怀疑。对于“程度副词＋名词”组合而言，同样如此。

笔者以 2010 年全年为时间跨度，在“中国重要报纸全文数据库”(http://acad.cnki.net/Kns55/brief/result.aspx? dbPrefix＝CCND)中的《人民日报》和“有声媒体语言资源网”的文本语料库检索系统(http://ling.cuc.edu.cn/RawPub/)中的“中央电视台”的语料中对“程度副词＋名词”组合进行了相应的考察。由于“很”比较常用，所以我们以“很”作为程度副词的代表，对含有“很”的短语进行了搜索。结果发现：在含有“很”的短语中，“很＋名”组合只是其中的一小部分。《人民日报》中检索出 6428 条，其中“很＋名”组合只有 10 条。“中央电视台”中检索出 26852 条，其中“很＋名”的组合只有 70 条。

从上述考察结果中可以看出，尽管“程度副词＋名词”组合在网络等环境中大为流行，但是在正规的话语使用环境中，人们并没有从根本上吸纳其为正规的语言现象。

通过对语料分析，我们可以看出，对于“程度副词＋名词”组合而言，修辞幻象 3 的出现频率远远高于修辞幻象 2。表 3-1 便是属于修辞幻象 2 和修辞幻象 3 的个例及其出现次数：

表 3-1 修辞幻象在所调查语料中出现的个例及其次数

类型	个例(次数)
修辞幻象 2	很年轻人(1)、很渣(1)、很胶汁(1)、很男人(1)、很病痛(1)、很绅士(1)、很台湾(1)、很平民(1)、很网友(1)
修辞幻象 3	很美味(10)、很强势(7)、很现代(5)、很热门(3)、很基层(2)、很远处(2)、很少数(2)、很前面(2)、很高科技(1)、很铁杆(1)、很特色(1)、很高度(1)、很原汁原味(1)、很盛名(1)、很刺激性(1)、很主流(1)、很礼貌(1)、很长期(1)、很观点(1)、很暴力(1)、很军事(1)、很细节(1)、很高调(1)、很负面(1)、很局面(1)、很家庭式(1)、很冷血(1)、很全方位(1)、很异类(1)、很核心(1)、很术语(1)、很悲剧(1)、很地区(1)、很迹象(1)、很大头(1)、很科学性(1)、很底层(1)、很功利(1)、很成人(1)、很喜剧(1)、很 ABC(1)

造成这种状况的原因本书在第二章和第三章已经提及,因为修辞幻象 3 比起修辞幻象 2 更多地具有公共认知性,接受者对其理解所需的认知努力也相对较少,所以属于修辞幻象 3 的“程度副词+名词”组合更容易“混入”正规的话语使用环境中。也就是说,从规范度上来看,修辞幻象 3 相对于其他修辞幻象来说最为规范,修辞幻象 2 规范度较低,而修辞幻象 1 没能在语料中出现,可见其规范度最低。

3.3 “程度副词+名词”组合的社会话语功能

社会存在于交际之中,它的形成并不是无数个体的简单聚合,而是要通过符号的作用,使人们在心理上达到同一的基础上才能存在。

屠友祥(2011:196-197)认为,符号意指实在,或者说指意指物。物经由指,方显示物之为物,也就是其固有特性被揭发了出来,但符号(指)也有其自身独立的存在本质,与其要表现的实在物一样,也是一种实在物,一种经由思维的抽象的实在物,因而符号具有充实性。这种充实性与符号(指)要意指的实在物共生,且正由于其充实性,反而遮蔽了要经由它而意指的实在物。因此,符号(指)需要空洞化。空洞化的途径是扬弃或隐退符号(指)自身的存在,经历“指非指”的转换,或者说将“指”本身含具的“非指”特性抉发出来,这时意指功能得以充分展现,充实性从符号(指)向进行指谓的行为本身转移。而这种“指”却“非指”,指谓无法另外用指谓来指谓,我们说“什么是什么”,那么“是”(典型的“指”)又是什么呢?为了说明“是”,还得另外用“是”,这就陷入指谓不已的困境。因此,指(符号)只能当下呈现,但这进行指谓的行为恰恰展现了指(符号)之为指(符号)的存在本性,展现了指(符号)的充实性。充实性又返回到了空洞化后的符号(指),因而符号的自性或充实性的实现首先在于“非指”,在于将其自性扬弃或者说空洞化。

肯尼斯·伯克认为“人通过象征或符号的使用是能够达到同一目的的”(邓志勇,2011:28),因此,作为符号的修辞幻象可以促使人们,至少是部分人达成同一。

修辞幻象是“能够将一大群人带入一个象征性现实的综合戏剧”(欧内斯特·鲍曼,1998:81)。如第二章所述,修辞幻象反映个体认知模式,在社会话语活动中,修辞幻象因其相对的新颖性会成为人们思考的中心,人们会将自身的生活经验与修辞幻象进行联系。当修辞幻象与经验之间的联系成功时,人们就会认同这个修辞幻象;当某个社会范围内的每一个人都认同该修辞幻象时,该范围内的人们才会成为一个真正的社会群体。人与人的接触可能是临时发生的,人与人之间过去也可能彼此根本不认识,但是通过对修辞幻象进行认同,人们就由此为纽带建立起了某种程度的默契关系。

就“程度副词＋名词”组合而言,表达者通过对名词进行词义变异,制造修辞幻象,表达自己对词语所反映的事物的独特见解;与此同时,这些发生词义变异的词语能够引起接受者的注意,接受者会努力对这些词语进行阐释,摆脱词典释义对理解的束缚,使认知、审美能力获得个性化发展。如图 3-1所示:

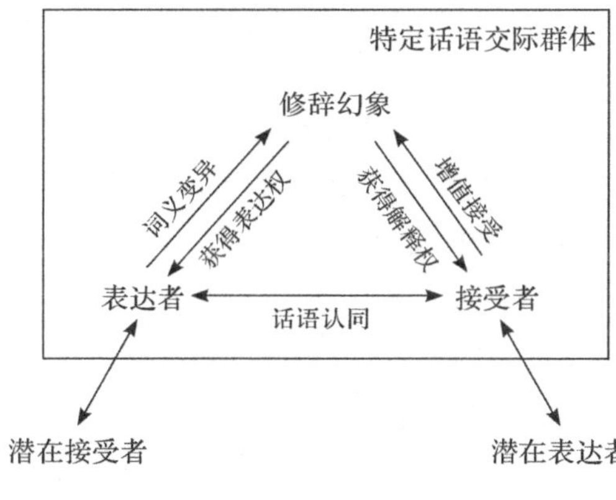

图 3-1 话语交际群体中诸要素的关联

通过修辞幻象,表达者获得表达权,接受者获得解释权,形成一个特定的交际群体,人们在这个群体中获得交际的自由。例如:

(1)麦莉·塞勒斯连演了四部《汉娜·蒙塔纳》,在四部剧里面她的形象也一直不停地在变。小姑娘长大以后,渐渐地变得会打扮,会经历一段**很公主**的时候，这个时候也是她最漂亮最可爱的时候。(《杨丞琳林依晨郭采洁韩庚 揭 80 后明星 72 变》，人民网，2013-07-24，http://pic.people.com.cn/n/2013/0724/c1016-22305314.html)

(2)我承认我就是个吃货，千里迢迢从上海来到吴江“和园”，就为了他家的美食。和园**很田园**，鸡鸭鹅都是自己养的。你看看它们的待遇，平日里就是介么自由，阳光下随意奔跑，小草小花就是它的佳肴。(《爱无疆 就要赖在吴江的“温柔乡”》，人民网，2016-05-16，http://travel.people.com.cn/n1‖0516/c402028-28353039.html)

在交际发生之前，每一个人都是潜在表达者和潜在接受者，当面对例(1)和例(2)所反映的场景，即表述女主人的装扮历程与“和园”的风光时，将其表述出来的人就成为现实的表达者。而表达者在遵循公共认知的同时，也会表现自己的个体认知。这样，改变某些名词的语义，形成“很公主”“很田园”的表述就成了可能的选择。而基于公共认知和个体认知相互制约产生的“很公主”“很田园”就形成了修辞幻象，修辞幻象的建构就体现出了表达者属于自己的表达权。在另一端，当含有“很公主”“很田园”的话语被他人接收到，那么他们就由潜在的接受者变为现实的接受者。有的接受者可能不认同，甚至不理解“很公主”“很田园”这样的表述，而有的接受者则可能依据自身的相关条件，产生增值接受，理解相关的修辞幻象，获得属于自己的解释权。尽管人与人不同，表达者和接受者的认知世界不可能完全一致，但是接受者不管从何种角度接纳了修辞幻象，那么表达者和接受者之间就建立了话语上的认同，至少立足于“很公主”和“很田园”形成了一个特定的话语交际群体，不认可“很公主”和“很田园”的人就被排除在交际群体之外。

图 3-1 可以简化为如下形式，如图 3-2：

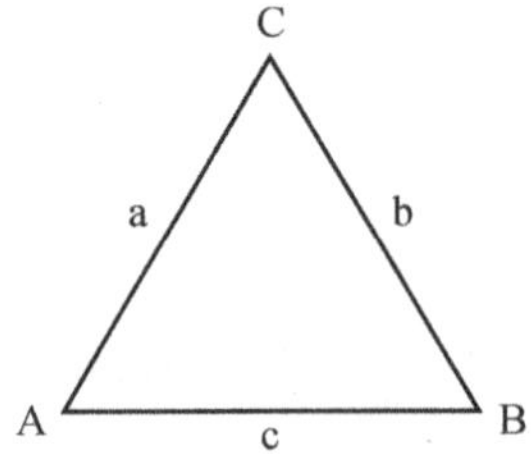

图 3-2 话语交际群体中诸要素的关联(简图)

在图中，A 表示表达者，B 表示接受者，C 表示修辞幻象。线段 a 表示表达者与修辞幻象之间的表达关系，线段 b 表示接受者与修辞幻象之间的接受关系，线段 c 表示表达者与接受者之间的认同关系。

3.4 “程度副词＋名词”组合的社会话语类型

“不规范”的语言现象能够用来交际，也反映了其自身存在某些理据性的一面。因为“不规范”程度和理据性程度存在差别，所以“不规范”的语法现象内部可以分成若干等级。根据“程度副词＋名词”组合所属的修辞幻象类型的不同，“程度副词＋名词”组合所构成话语的类型也就不同。因为修辞幻象有三种，所以话语类型也可以相应地分成三类。

3.4.1 个体性话语

个体性话语就是由修辞幻象 1 构成的话语。对于表达者而言，这种修辞幻象可以使自己获得表达权，但是对于接受者而言，他们无法理解这些构成修辞幻象 1 的组合的基本语义，更不能对其进行增值接受。所以，接受者和表达者之间也不可能建立起话语认同。如图 3-3 所示，在 C 为修辞幻象 1 的情况之下，线段 b 和 c 是不存在的。

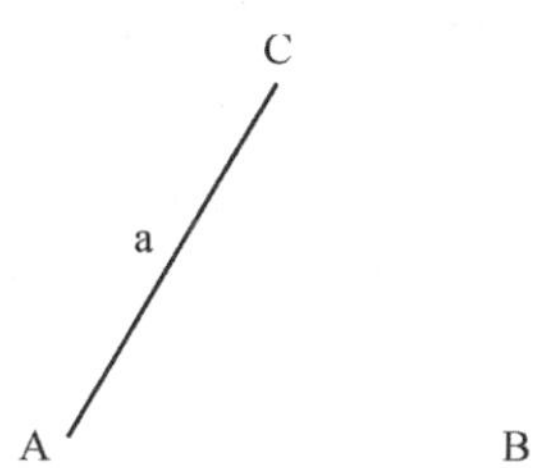

图 3-3 修辞幻象 1 及其所形成的话语交际群体

因此，由修辞幻象 1 所构成的个体性话语也只属于表达者，也无法通过修辞幻象 1 建立起真正的话语交际群体。

3.4.2 群体性话语

群体性话语是由修辞幻象 2 构成的。对于表达者来说，他们依然可以通过修辞幻象 2 使自己获得表达权；对于部分接受者来说，由于自身的生活经验与表达者相近，加之自身求新意愿较为强烈，所以他们可以对修辞幻象 2 产生增值接受，获得解释权，进而与表达者建立话语认同。因为能够真正接受修辞幻象 2 的只是一部分人，所以如图 3-4 所示，线段 b 和 c 只是虚线，表达者还无法与全部的接受者建立话语认同。

邵敬敏、吴立红(2005)发现“程度副词＋名词”组合的使用有如下现象：

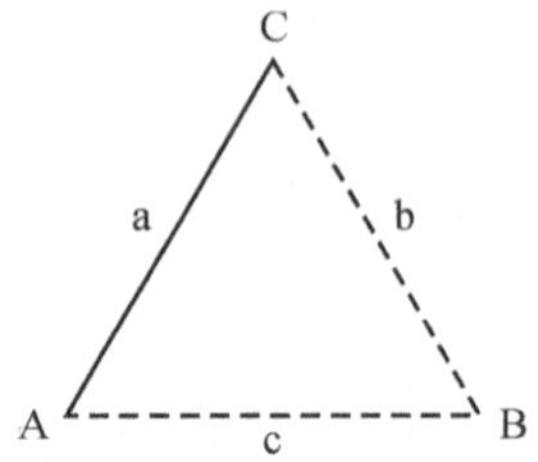

图 3-4 修辞幻象 2 及其所形成话语交际群体

经常使用，或者说热衷于使用这类组合的人群，主要有三种人：第一，青年作家，特别是流行文学的作家；第二，青年学生，特别是大学生们；第三；网络爱好者，特别是网络写手。这三类人共同的特点就是：年轻，有比较高的文化素养，追求个性、时髦和变化。

其实，这些使用者使用的是“程度副词＋名词”组合构成的群体性话语。利用群体性话语，人们形成相互认证的标签，利用外人对该类型“程度副词＋名词”组合语义的不了解，达到排外的目的。例如：

(3)这波动作是不是**很麦迪**？（百度贴吧，2018-06-13，https://tieba.baidu.com/p/5744414505? pid=120258388755&cid=0#120258388755）

(4)塔图姆节奏**很麦迪**呀。（百度贴吧，2018-05-28，https://tieba.baidu.com/p/5720421030? pid=119963518590&cid=0#119963518590）

(5)投篮**很麦蒂**的样子。（百度贴吧，2010-01-26，https://tieba.baidu.com/p/701603922? pid=7310001113&cid=0#7310001113）

麦蒂是 NBA 的一名球星，只有了解 NBA 的人才会知道关于麦蒂(麦迪)的各种情况，才有可能知道“很麦蒂(麦迪)”的语义。不关注球星基本情况的人自然无从知晓“很麦蒂(麦迪)”究竟是什么意思。通过“很麦蒂(麦迪)”这个词语，知晓该词语语义的人便能就这一话题形成一个交际群体。

当然，这种交际群体的大小也有程度的差别，这种就取自“程度副词＋名词”组合的可理解程度。例如：

(6)新交规，真的**很乌龟**！（百度贴吧，2013-01-05，https://tieba.baidu.com/p/2085589816? pid=27949950229&cid=0#27949950229）

(7)碰到**很乌龟**的人你们会怎么打？（百度贴吧，2013-01-05，https://tieba.baidu.com/p/2084940637? pid=27935219584&cid=0#27935219584）

(8)流星雨里面一个**很乌龟**的人,猜猜看。(百度贴吧,2010-08-19,https://tieba.baidu.com/p/864754982?pid=9428791736&cid=0#9428791736)

尽管人们对乌龟比较了解,知道作为生物的乌龟的一些基本习性和特征,作为母语者也大体了解乌龟的文化含义。“很乌龟”的理解难度也比“很麦蒂”要低,但是理解上面三例当中的“很乌龟”时还是有些费解。因此,形成的交际群体会比由“很麦蒂”形成的要大,但也不会在全社会的话语活动中通用。

通过这种类型的话语,表达者不仅得到了表达权,而且部分接受者也会获得解释权。当一定规模的话语群体形成之后,人们可以在这个群体中相对自由地交流。

3.4.3 普遍性话语

普遍性话语自然是由修辞幻象 3 构成的。根据第一章和第二章的分析,修辞幻象 3 能够被几乎所有的接受者所接受,因此在图 3-5 中,线段 b 和 c 就成为实线,表达者与接受者能够完全建立话语认同。不过,对于表达者来说,使用修辞幻象 3 就意味着自己的个体认知对公共认知作了较大程度的让步,所以其表达权的获得就不如在使用修辞幻象 1 和修辞幻象 2 的情况下完整了,所以图 3-5 中的线段 a 成为虚线。

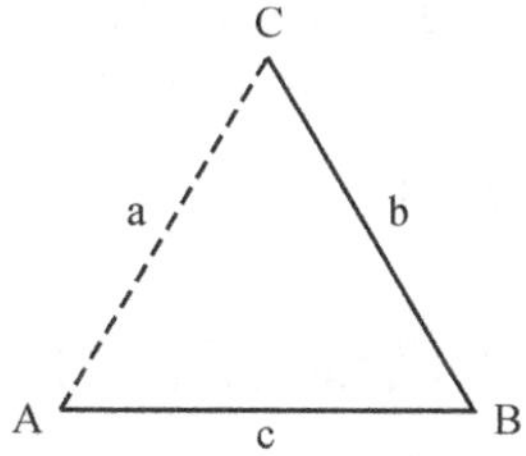

图 3-5 修辞幻象 3 及其所形成的话语交际群体

因为修辞幻象 3 能够被几乎所有的接受者所接受,所以话语 3 许多时候已经成为日常话语的组成部分了。以“极其智慧”为例:

(9)**极其智慧**的智能系统(爱阅小说网,2017-05-11,http://www.hybooks.cn/24915mws/83658118.html)

(10)“拖”着不做是一种**极其智慧**的工作方式。(人人文库网,2020-04-25,https://www.renrendoc.com/p-75771178.html)

(11)讲课风格造就了高满意率的课堂，以“极其实用、极其幽默、**极其智慧**”的授课风格深受学生喜爱。(金锄头文库，2018-07-22，https://www.jinchutou.com/p-49037676.html)

(12)狼圈是一种**极其智慧**的科学的社会组织，看完之后你有什么感受呢？(短美文网，2019-06-01，http://www.duanmeiwen.com/biji/54561.html)

(13)陈文令认为人生不必太多抱怨，极其简单、**极其智慧**的快乐生活就是他所坚持的朴素美学。(《陈文令回应作品质疑：用以毒攻毒方式表现社会庸俗》，人民网，2013-01-16，http://culture.people.com.cn/GB/n/2013/0116/c172318-20220382.html)

因为抽象名词与形容词相近，所以“智慧”容易与“聪明”相混。例(9)和例(10)就可以视作“极其聪明”，但是后面三个例子解释成“极其聪明”似乎说不通，转换成“极其具有智慧”显得啰唆，转换成“充满智慧”又显现不出“智慧”的程度，尤其是面对“不太智慧”“有点智慧”“很智慧”时更无法转化。

因而，在人们日常交际中，话语3这种类型的话语亲切自然，能够在大众中流行，成为日常话语的一部分。

通过以上分析我们也看出，个体认知和公共认知是对立统一的矛盾体，图3-3、图3-4和图3-5都不能与图3-2完全匹配，也就是说没有一种话语类型是绝对理想的。这也是这三种话语类型能够存在，尤其是群体性话语和普遍性话语不能彼此取代的原因。

3.5 对“程度副词＋名词”组合的规范建议

对于“程度副词＋名词”组合的规范，于根元(1991)、刘晓峰(2002)等提出了针对该组合的不同类型，要区别对待，对其规范不能作简单化处理。但是，如何区别对待，如何避免“一刀切”，学者们还没有一个清晰的解决方案。

曹德和、黎洪(2011)认为存在两种语言规范，即可变规范和不可变规范。他们将语码选择规范和语码组合规范归入可变规范的范畴，将语言地位规范、语言本体规范以及语用原则规范归入不可变规范的范畴。一般来说，语言地位规范和语言本体规范属于语言规划所研究的内容，但是话语活动与整个社会的运转息息相关，本书对“程度副词＋名词”组合规范所提出的建议也会涉及这两者。

话语活动是在社会中存在的，只有社会井然有序，话语活动才能正常进行。因此，从制度上来说，人们必须对“程度副词＋名词”组合有一个统一、固定的标准。

“人是语言的动物，更是修辞的动物”（谭学纯、朱玲，2001：42），所以话语活动又是团体、个人在社会中存在的基本表现方式。不管是修辞的最高原则被认为是“意图—实现”原则（陈佳璇，2007），还是说语用原则根本上是“目的—效应”原则（曹德和、黎洪，2011），都表明话语活动必须具有保证人们实现自己诉求的可能性。

在此基础上，我们将规范分成两大部分。一部分是在语言规划层面上确定一个明确而又强制的标准，一部分是根据语用原则，按照“程度副词＋名词”组合的不同类型，进行不同的处理。

1. 不可变规范

在正规的语法教材中，人们规定“程度副词主要用来修饰形容词，有时也修饰动词”（胡裕树，1995：290），没有被承认程度副词修饰名词的合法性。正因为如此，在前面对《人民日报》和中国中央电视台的语料所做的调查显示，“程度副词＋名词”组合所占的比重极低。

不过，完全按照常态、规范的语言形式进行话语活动，不能完全实现人们自身的语用需求。因此，我们还需要在语用原则的参照下，对“程度副词＋名词”组合进行可变规范。

2. 可变规范

可变规范是在语用原则的基础上，为适应人们在不同群体中的话语目的而设置的。可变规范实际上是一种动态的规范方式，它由“观察”“限制”“转化”三个方法构成，以此来对不同的话语类型“分而治之”。

(1)观察

这种策略是针对由“程度副词＋名词”组合构成的全部三种话语类型而言的。对于个体性话语，由于话语中的“程度副词＋名词”组合的可接受程度低，很难在人群中流行开来，所以可以“自生自灭”，不会对“系统”的正常话语运转构成影响，我们也就可以不用采取进一步的措施。

对于群体性话语和普遍性话语来说，由于它们都能吸引一定规模的接受者，会对常态的话语形式造成一定的冲击，所以我们要进一步采取下列措施。

(2)限制

“限制”就是允许人们在特定领域中使用自己的话语的一种策略，话语一旦跨出特定领域则这些话语的形式就会被判为“不合法”。这种策略主要针对群体性话语，人们将这种类型的组合限制在网络环境和日常会话之中。

例如，许多青少年喜爱使用“很男人”“特别娘”之类的词语。对于青少年的这些行为，不能不加区别地制止，而是要让青少年明白语言的使用与语言环境是密切相关的。青少年在网络和同龄人之间的谈话中使用这些词语，教师、家长可以不干涉；但是在正式场合交谈和写作活动中，教师、家长要指导他们按照这些活动的标准去组织自己的话语。这样做，一方面尊重了青少年的兴趣爱好和群体习惯，另一方面也加强了青少年对于不同语言环境的适应能力，提高了言语活动水平，避免在言语交际中造成混乱。

与此同时，面向特定人群、特定领域的传播媒体也可以使用这些组合，达到吸引相关读者的作用。媒体在讨论娱乐、体育、休闲等与人们日常生活较为相关的方面时，可以在必要时使用“程度副词＋名词”组合。比如：

(14)连衣裙与周迅和范文芳撞衫，去掉短夹克更显性感时尚，海蓝色**很夏天**。(《马苏心机 one piece 偷懒又显瘦》，人民网，2013-07-31，http://lady.people.com.cn/n/2013/0731/c1014-22394823.html)

(15)绿城赛程解析：四月**最魔鬼** 五月和七月恶战连连(搜狐体育，2011-03-30，https://sports.sohu.com/20110330/n280064471.shtml)

(16)为打好杭州运河旅游牌，从9月25日至10月22日，杭州隆重推出主题为“邂逅大运河，风情**最杭州**”京杭大运河杭州段旅游活动月。(《杭州第六次推出新运河 亮点纷呈齐盘点》，人民网，2011-09-30，http://zj.people.com.cn/GB/15797711.html)

在这三则新闻标题中，例(14)属于娱乐、时尚领域，例(15)属于体育领域，例(16)则与百姓生活有着密切联系。但是，这些词语一般不会出现在时政、党务等新闻中。

另外，正规的报纸刊物在运用“程度副词＋名词”组合时，也可以尽量体现互文性，表明自身并没有从根本上接受这种用法。

例如：

(17)该片出现了诸多“**很成人**”、“**很暴力**”的情节和场景。(百度文库，2020-03-29，https://wenku.baidu.com/view/30a6571a0266f5335a8102d276a20029bd6463e2.html)

(18)网友评价廖新波在网上的态度**很平民、很“网友”**。(环球网，2010-07-27，https://china.huanqiu.com/article/9CaKrnJo1Tw)

例(17)中的“很成人”“很暴力”添加了引号，表明文章只是暂时将其当作形容词性短语使用，没有将其视为正规的短语；例(18)中，虽然“平民”没有加上引号，但是这句话其实是在转述网友的评价，避免自身叙述时使用这些词语。

(3)转化

“转化”是指把“不规范”话语形式纳入规范的话语形式之列。不过，这只是针对普遍性话语而言的。即便“很男人”等流行度极高，因为它们属于群体性话语，所以我们也不能把它们纳入规范的话语形式之列。因为属于修辞幻象3的名词相比其他名词范畴的边缘成员，更容易“发展”成为形容词，这也是“理性原则”对该策略步骤的制约。

当然，我们并不是马上承认所有的普遍性话语形式是“合法”的，而只是把其中高频率出现的组合纳入规范的话语形式当中。张伟(2005)的研究证明人们对由抽象名词构成的“程度副词+名词”组合的认可度并不一致，有极大的差异，有的抽象名词的认可度甚至不及具体名词。而正如本书第二章第五节所述，名词只具有归属于某种修辞幻象的“潜质”，真正“由潜入显”的动力是交际的需要。所以，我们只是把出现频率比较高的修辞幻象3转化到正规话语活动的场合中，如“很功利”“很美味”“很本质”“很魅力”：

(19)我们对文学作品揭示的人类精神生活以及文学作品包含的思想和文化价值依然理解得很机械、**很功利**。(新浪博客，2015-01-03，http://blog.sina.com.cn/zhishiminggong)

(20)这是肚，里面是一只鸡，这个猪肚和鸡平时就是两种**很美味**的东西，两种烹饪在一起，不是单一食品能做出的味道。(央视网，2010-10-25，http://www.cctv.com/program/xy/20101025/100522.shtml)

(21)二十世纪初，一战之后，华洋杂处，中国人在心理和行动上发生巨大的变化，与世界的联系显得荒谬、真实、有趣，也**很本质**，影响了每个人的生活、爱情，尤其是身份认同。(《〈一步之遥〉柏林首映引关注 姜文详解“北洋东国”》，人民网，2015-02-10，http://ent.people.com.cn/n-0210/c1012-26542573.html)

(22)粉绿色针织开衫搭配白色打底衫，个性印花短裙，是不是**很魅力**呢？简单单品的组合一样可以穿出不同的视觉感受来。(《街拍：开衫配短裤 or 短裙 出游清爽美搭》，人民网，2013-07-24，http://lady.people.com.cn/n/2013/0724/c1014-22312237.html）

当今社会物质文明迅速发展，精神文明相对缺失，对于急功近利现象的表述和评价很多，所以“很功利”会大量出现。人们在品尝食物时会经常谈论它们的味道，所以“很美味”也会大量出现。而人们在谈论事物的相关特点时，“很本质”和“很魅力”也开始不断显现。因此，这些词语可以进入正规话语活动的领域，出现在人民网和央视网等的话语活动之中。

上面举的例子还只是一种默认转化，也就是说它在实际使用，但是辞书中却还没有承认其形容词的地位。但是有的修辞幻象3的出现频率过高，其组合中的抽象名词就被人们正式确定为形容词，这就是正式转化。正如邵敬敏、吴立红（2005）所言，“许多所谓的名形兼类词，最早本来就是名词，只是由于跟程度副词结合次数多了，甚至于频率超过了名词的一般用法，这才变成兼类词。例如‘铁、油、毒、牛’以及‘内行、传统、科学、理想、困难’等”。

不过，正如本书在第一章第五节中所说，属于修辞幻象2、修辞幻象3的名词不一定在会在实际话语活动中完全显现。那些暂时不能高频率出现的修辞幻象2、修辞幻象3，尚未成为真正的群体性话语和普遍性话语。因此，我们将其也做“限制”处理。例如：

(23)各地高考作文题面世 于丹：题目很社会很当下**很思维**（中国新闻网，2010-06-07，http://www.chinanews.com/edu/edu-zkzx/news/2010/06-07/2327564.shtml）

“思维”是抽象名词，其中也含有“（思路）明晰的”等描述性语义成分，但是“很思维”的出现频率过低，除了本例，该短语就几乎没有在网络中显现，所以就不对其进行“转化”。

3.6 对修辞最高原则的进一步思考

通过社会话语视角对“程度副词＋名词”组合的探究，也使我们对修辞最高原则有了新的认识。

对于修辞的最高原则，王希杰（2000）一直以来坚持“得体原则”。但这个说法招来不少质疑，人们认为得体的标准难以判定，所以有学者提出修辞的最高原则应该是“意图—实现”原则（陈佳璇，2007）。

修辞研究的对象是言语行为，而言语行为的最终归宿是要达到交际目的。这种观点来源于修辞学近年来的“语用学转向”。有学者更进一步认为，“语用学就是我们所追求的修辞学，修辞学应该就是语用学”。(胡范铸，2003)

我们并不反对修辞学的语用学转向，引入语用学的理论和方法，将极大地拓宽修辞学的视野。但是，语用学真的能够等同于修辞学吗？如果以“意图—实现”原则作为修辞的最高原则，那么，修辞和语用的区别究竟在哪里呢？修辞的本质究竟又是什么呢？

显然，尽管关于修辞的最高原则问题一直来广受学界的关注，其间也不乏学者们提出的各种真知灼见，但时到今日，这仍是一个需要我们认真、深入研究的问题。因为，只有真正弄清了什么是修辞的最高原则，我们的修辞活动才能焕发出更加夺目的光彩，才能表现出更加强大的生命力。

在社会之中，人是由多重身份构成的复合体。根据所处环境的不同，人自身的社会身份的凸显就不同。一个人在家庭之中的身份可以是父亲，在学校之中的身份可以是教师，而在购物活动中则是顾客……一个人要在社会中生存，就需要自己的身份与周围人的身份相契合。

当然，人与人之间不仅有合作，还有冲突。但是，合作与冲突是相辅相成的。一个人与某些发生冲突，就可能意味着他与另外的某些人存在合作。一个人的某种身份与外人的身份发生冲突，可能意味着能与外人的其他身份产生契合。因此，合作是个程度问题。人既可以与整个社会群体合作，也可以与部分人群合作；某种身份可以在社会中如鱼得水，另一种身份又有可能使自己隔绝于世。

人与人的社会合作其实也包括了撒谎、欺骗等行为。因为人的社会身份是多重的，身份可以随环境的不同而切换。撒谎、欺骗便是暂时取得合作的一种行为。

不论是合作还是冲突，这些都需要通过运用语言来体现。即便出现“默不作声”“只做不说”之类的情况，那也是与有声语言密切相关的体态语。而如何成功地运用语言，正是修辞领域关心的主要话题。

人们要进行合作，必须通过修辞活动，首先在心理层面达到某种同一性。

这种心理层面的同一性便是形成意象和修辞幻象。意象与修辞幻象由表达者产生，接受者通过理解活动在自己的心理层面建立类似结构，人们在心理层面上产生认同，进而实现社会合作。

修辞幻象是个人认知模式的产物，但为了交际的需要，也会受到公共认知的制约。所以，依据个体认知与公共认知的关系，修辞幻象可分成三种，即修辞幻象 1、修辞幻象 2 和修辞幻象 3。这三种不同的修辞幻象反映了不同的话语交际范围。

其中，修辞幻象 1 的个体认知性最高，该修辞幻象只属于表达者个人；修辞幻象 2 的个体认知性次之，该修辞幻象属于一定范围的话语群体；修辞幻象 3 的个体认知性最弱，它属于全社会范围的话语群体。

那么，意象与修辞幻象 3 的区别在哪里呢？

前文已经提到，人是由诸多社会身份组成的复合体。哈贝马斯将社会分为“系统”和“生活世界”，（艾四林，1995）“系统”指现代的政治与经济关系，它们对社会的运转具有不可或缺的作用，需要高度统一的公众认知；而“生活世界”则是人们在交流中实现自我认同的话语环境，允许个体认知自由存在。徐国珍、朱磊（2012）在此基础上提出人同时具有两种话语身份集，表现“系统”的话语身份集可称为“强势话语身份集”（简称“强势方”），表现“生活世界”的可称为“弱势话语身份集”（简称“弱势方”）。所以，表现强势方的便是意象，表示弱势方整体的便是修辞幻象 3。

这样，在强势方主导下身份之间的合作便通过构建意象实现；弱势方主导下身份之间的合作便通过构建各类型的修辞幻象来实现。至于强势方的身份与弱势方身份之间的关系，则体现为“系统”与“生活世界”的对抗。这就是为什么人与人交际时需要转换身份、换位思考的原因，只有通过身份的转换，才能跨越“系统”与“生活世界”的界限。换言之，强势方与弱势方不能直接交流，这也符合意象与修辞幻象因为认知类型不同，而不能达到心理趋同的原因。

简而言之，修辞的实质就是建构意象或修辞幻象以达到心理趋同的过程。

“意图—实现”原则的着眼点很明显是语言行为所取得的效果。

在社会活动中，由于“系统”占据统治地位，个人是社会行为的执行者，不管你自己的意愿是否与活动相契合。言语行为其实是社会活动的载体，支持言语行为成功的因素，不仅仅来源于言语本身，更多的时候是来自“系统”所赋予的权势关系。

修辞活动有时确实要依赖权势关系，但是把“意图—实现”原则作为最高原则，会使权势关系很大程度上“包办”了应由言语行为本身所达到的效果。具体来看，以此原则为最高层次的标准，有三大弊端。

第一，从修辞哲学层面来说，该原则体现了“系统”对“生活世界”的压制。哈贝马斯提出“生活世界殖民化”的概念，认为“生活世界”受到“系统”的入侵，社会活动越来越权力化、金钱化，人们在交际中丧失了自身个性。(艾四林，1995)修辞追求的是多样化，如果以“意图—实现”原则作为最高原则只能满足“系统”的要求，对于“生活世界”来说该原则阻碍了修辞幻象的建构，湮灭了人们的语言个性，不利于不同话语群体的形成。

第二，从修辞活动层面来说，该原则忽略了接受者对修辞行为的解读。修辞活动不仅有表达过程，还有接受过程。按照“意图—实现”原则，人们注意的焦点会放在言语行为的结果上，这样在不自觉中会把接受过程视为“黑箱”，忽略了修辞活动所产生的因人而异的感受。这样，我们的修辞研究还是会走上不重视修辞接受的老路。

第三，从修辞实践层面来说，该原则降低了修辞主体自身修辞能力的提高。比如，现在政府部门要求职能转变，便是对其修辞能力的要求。若按照“意图—实现”原则的要求，采取行政命令式的话语方式，也可以解决一些复杂的经济社会问题。就短期来看，这样的修辞活动也是“成功”的。但就长期来看，这造成人民群众的对立情绪，造成政府的公信力下降。

可见，“意图—实现”原则不能是修辞的最高原则。言语行为的实现只能说是满足了修辞效果形成的最低要求，该原则其实是真正的修辞最高原则实现的基础。

由于以“意图—实现”原则作为修辞最高原则存在上述三种弊端，所以得体原则重新进入了我们考虑的范围。

有人认为得体原则不好判别，在甲看来得体的效果，乙或许看来不得体。其实，得体原则本身就具有异质性。它直接反映了意象、修辞幻象3、修辞幻象2、修辞幻象1之间认知的公共性和个体性此消彼长的关系。正是这种此消彼长，使人感觉得体有程度的划分，也有见仁见智的评判。“由于得体性原则存在着相对性、综合性等特征，加上修辞话语本身和接受主体的原因，对修辞话语得出不同甚至是相反的评价结论是正常的”，“问题不在于消除分歧的存在，而在于不断地完善、丰富得体性原则”(孟建安，2013:235—236)。

对于“意图—实现”原则来说，它是同质的，因为言语行为的实施与否是客观现象，不以个人的认知状况为转移。异质标准的判定自然要比同质标准的判定困难。但是，我们只要把握好与异质标准实现相关的各个因素，还是能够在每次修辞实践中，动态地判定得体的程度。

把握得体原则，就要注意三个维度。

第一，保障语用目的的体现。

语用体现的是符号与人的关系，它展示了符号的使用对人所产生的各种可能性，诸如合作原则、礼貌原则、面子理论、霍恩定理等，都是这种可能性的规律总结。修辞则是在这些可能性的基础上所做的选择，因此语用是修辞的基础。所以，修辞并不排斥“意图—实现”原则，而是以该原则作为修辞原则中低一层次的原则。如果低层次原则没有实现，那么高层次原则也就没有了现实性。

要实现语用目的，人们必然顾及到言语行为发生时的语境。但是，在各种语境因素中，接受者的情况是最复杂的，需要我们把接受者作为独立的维度加以把握。

第二，注意接受者的状况。

对于修辞效果而言，“接受者完成由可能性向现实性的转化”（谭学纯、唐跃、朱玲，2000：4）。因此，得体与否要看接受者的具体情况，而且我们也不需要额外关注第三方的评价。因为修辞活动如果建构的是意象，就不存在第三方的问题；如果构建的是修辞幻象，那么修辞幻象的个体认知性就决定了修辞活动是排除第三方的。

何自然（2011）转述过一个例子：“在布达佩斯的一个音乐厅里，幕间休息时，一位美籍女士以为正用荷兰语交谈的 JV 夫妇不擅长英语，但她又想向他们打听幕间休息多长时间，于是故意用简单的‘结巴英语’询问 JV。而这时，JV 也以为对方是只懂几个简单英语单词的当地人，也故意地以同样缓慢的发音加手势来回答了她的询问。后来，当 JV 发觉那位女士竟然操起流利的得克萨斯英语同她的丈夫交谈时，他不禁冲着他们说了一声：Oh，you are American!”

在这个例子中，“结巴英语”与熟练英语的切换，就是表达者根据自己对接受者状况的判断，所采取的相应的得体形式。如果说例子中的某个接受者真的不精通英语，那么“结巴英语”就是得体的表达。

第三，发掘表达者自身的语言能力。

当我们清楚了修辞接受者的状况，就要利用自身的语言能力进行应对。只有不断地提升自己的语言能力，更为得体的修辞效果才会显现。可以说，得体原则的要求也是人们不断追求修辞效果的原动力之一。

当然，这三个维度的具体操作过程需要我们在大量修辞实践的基础上进行探寻。这方面的内容就要另文撰述。

可以看出，把握好这三个维度，已经超出语言学的范围了。这不难理解。修辞本身就具有多重属性，因而人们也把修辞学定位为交叉学科。得体原则通过上述三个维度呈现，这三个维度也至少体现出了修辞的三重意义。

(1)修辞需要完成言语行为，达到交际目的，这是修辞的语用学意义；

(2)修辞需要注重接受者的实际情况，达到平等交流，这是修辞的心理学意义；

(3)修辞活动更需要人们不断改进，使其效果臻于至善，这是修辞的美学意义。

当然，修辞不止这三重属性。但是，以这三重意义为核心，人们在实现这些意义时，必然会探索与之相关的各方面属性。若只以“意图—实现”原则为指导，人们就单纯以语用学意义为核心，只会把修辞局限在语言学领域之内。

就具体落实得体原则的实施层面来说，我们可以借鉴优选论的思路。

在是否得体的具体判断中，我们需要考虑辞篇、情景、心理、文化等多种因素。无论是相关的修辞理论研究，还是人们的言语实践，我们都可以感觉到在特定的语境中，某些因素需要我们必须去顺应，而有些因素则可以在一定条件下忽视或违反。换句话说，语境的动态性决定了各个语境要素间存在着不断变化的主次关系。如果我们能够将特定语境下的主要因素罗列出来，排出了主次顺序，就可以看到同义的话语对于语境中各因素的顺应和违反情况。比如——

例句	首要因素	次首要因素	次要因素	其他因素	…	评价
A句	顺应	顺应	顺应	顺应	…	佳句
B句	顺应	顺应	违反	违反	…	佳句
C句	顺应	违反	违反	违反	…	常规句
D句	违反	顺应	顺应	顺应	…	病句
E句	违反	违反	违反	违反	…	病句

这只是笔者粗略的设想，现实情况肯定要比这个简表复杂得多。如果我们做好了这种评价表，从实践上讲，人们可以直观地感受到佳句、常规句、病句之间的实质区别(A、C、E)，也可以对佳句与佳句进行程度上的鉴别(A与B)，使自己在交际中做到精益求精；从理论上讲，我们可以明确特定语境中修辞话语转化的路径，克服以往修辞评价中“仁者见仁，智者见智”所带来的模糊与困惑，甚至可以总结出修辞转化更为细致的程序性操作规则。

这种评价表的构建也不是一朝一夕就可以完成的，但我们相信，按着这样的思路进行下去，有助于修辞学研究摆脱过去的“原子主义”，是走向科学化、系统化的极有意义的一步。

3.7 小 结

作为语言学关注的重要问题，语言规范问题也是一个社会问题。对于“不规范”语言现象，语言学界不应当仅仅是从语言本体的角度去“纠错”，而是要因势利导，在使人们认识到这是“不规范”语言现象的基础上，更够让人们合理地利用它们展现自己的语言个性，这对社会语言生活的和谐发展关系巨大。

因此，对于“程度副词＋名词”组合，我们既不能任其发展，也不能完全封杀，而是在对其话语活动规律充分研究的基础上，通过上述措施，使之成为表现特殊语用价值的话语工具。

4 “程度副词＋名词”组合共时演化的修辞动因

“程度副词＋名词”组合虽然是修辞现象，但是毕竟涉及语言符号的聚合与组合关系，也需要我们从语法的视角对其进行分析。

我们要搞清四个概念——语法现象、语法视角、修辞现象、修辞视角。

语法现象和修辞现象是从语言本身的角度提出的。根据第一章所属，具有类推性的常规语言现象，都可以是语法现象；而“程度副词＋名词”组合这种还不能完全类推的非常规语言现象可以归入修辞现象。

语法视角和修辞视角是从研究者的角度提出的。单就“程度副词＋名词”组合而言，其内部可以类推的部分会体现相应的语法性质，不能类推的部分又会体现另外的语法性质。研究这些语法性质，才会对相关修辞现象的产生、发展有更为深刻的认识。

在前面几章的论述中，我们与学术界以往的研究重心一样，放在了“程度副词＋名词”组合是否成立及其形成的原因等方面，对其句法分布的具体状况关注较少。语言的整体性、系统性，依据修辞话语的动态性，“程度副词＋名词”组合不同的句法分布肯定会造成不同的修辞后果。

一般认为，“程度副词＋名词”组合作谓语时可视为陈述性短语，作定语时可视为修饰性短语。其充当谓语时，成分不可删除，否则无法成句；充当定语时成分可以删除，句子依然成立。这种不同的差异必然导致其在充当谓语和定语时产生一定的不平衡性。

4.1 共时演化

“程度副词＋名词”组合随着使用频率的不断增长，必然会向着常规的语法现象转变。其中，从“程度副词＋名词”组合的句法功能角度来说，就是要经历从句子成分到句法成分的演变。

4.1.1 句子成分与句法成分

谓语是一种句子成分，定语是一种句法成分。张谊生(2013)认为“汉语成分之间的线性排列语序，可以分为两个大类：句法序和句子序，前者构成短语，后者构成句子；句法序可以自由进入句子，句子序不能随意转化为短语”。

“程度副词＋名词”组合作为一种新兴的语言现象，必然在进入句子序时是自由的；进入句法序时是不自由的。

在本书中，我们首先选取有代表性的程度副词和名词，组成相应的“程度副词＋名词”组合。

第二，我们通过人民网查找该组合的用例，进而发现该组合作谓语和定语时总体的不平衡状况。

第三，我们着重对“程度副词＋名词”组合作定语时的表达功能进行考察。

最后，我们根据其句法特征，通过主观化等理论对不平衡性的成因进行解释。

“程度副词＋名词”组合作状语、补语时与动词关系更为密切，我们将另文撰述。

在一般的语言学论述中，句子成分与句法成分似乎是同义词。但是，我们有必要将两者的不同划分出来，这既有它们本身性质上的差别，又有语言演变研究上的价值。

语言成分根据其在句中功能的不同，大体可以分为主语、谓语、宾语、定语、状语和补语等六大成分。这些相应成分的位置上可以有词、短语来充当，根据语法的递归性，从句也可以出现在相应的位置上。从理想化的角度上来讲，任何能够单独成句的语言结构都可以作为从句出现在句中的任何位置。但是，在排除表达内容制约的前提下，某些结构并不一定能作为从句出现在句子的相应成分当中。

石毓智(2010:31—33)划分了有标记结构和无标记结构,其中无标记结构是可以作为从句充当句子中的相应成分的,而有标记结构,包括话题结构、受事主语结构、被动结构、“把”字结构等,是不能作为从句进入句子当中的。石毓智(2010:31)认为从句属于一个句子内部的构造成分,不受上下文等语境因素干扰,而这些有标记结构都包含了很大的语境因素,所以与从句的性质不符。不过,值得注意的是,石毓智只是将这些结构代入定语从句位置进行检验,并没有涉及其他从句位置,文中也并没有给出相应的解释①。

就语言的实际情况来看,不能作定语从句的成分未必不能在句子其他位置上出现,这其实涉及的是小句和从句的区别。

储泽祥、王文格(2009)根据邢福义(1995)、陆镜光(2006)②等人关于小句的研究,提出了小句的定义,认为“小句是语法中具有一定形式和实在语义,并且带有语调的最小的表述单位”。文中给出了鉴别小句的方式,其中主要的方法是把带有疑问、祈使和感叹语气词的从句放在相应位置上,如果语气词还能保留,说明它还是小句;如果不能保留,则不是小句。通过鉴别,文中认为宾语、谓语、补语位置是小句,主语、定语、状语位置不是小句。

因为本书的研究涉及程度副词,按照储泽祥、王文格(2009)所提供的方法,我们可以用“很好+语气词”的方法来验证其在不同的位置是否具有小句身份③。如下所示:

(1)宾语位置

a.这件事我认为很好。

b.这件事我认为很好啊。

(2)谓语位置

a.这件事很好。

---

① 比如石毓智(2010:32)认为话题结构“他书看完了”不能成为从句,不能有“*这是他书看完的地方”。这个话题结构虽然不能当作定语从句,但它完全可以成为宾语从句,比如“我认为他书看完了”。

② 邢福义(1995)认为小句“主要指单句,也包括结构上相当于或大体相当于单句的分句”,文章还把充当句子成分的主谓短语排除在小句之外。陆镜光(2006)则明确指出小句是“以谓语为中心的主谓结构”,可以在句子中充当相应的成分。

③ “在汉语中,既缺少动词定式和非定式的差别,又存在主宾语省略都较自由的现象”(刘丹青,2005),所以“很好”也可以视为从句。

b. 这件事很好啊。

(3)补语位置

a. 这件事做得很好。

b. 这件事做得很好啊。

(4)主语位置

a. “很好”是不错的状态。

b. *“很好”啊是不错的状态。

(5)定语位置

a. 这是很好的事情。

b. *这是很好啊的事情。

(6)状语位置

a. 很好地去完成这件事。

b. *很好啊地去完成这件事。

语句的“表述性是靠语气来实现的,语气的表现形式是语调”(储泽祥、王文格,2009)。其实,这涉及信息结构的因素,宾语、谓语、补语等位置靠后,作为前景信息,体现说话人的表达重心,所以有语调,相应的语言形式就可以是小句;主语、定语、状语等在句子中位置相对靠前,不是言者表述的重心,因此它们也就成了从句。这种位置与表述的关系还可以从“宾内定语”和“主内定语”的不同得以印证,张国宪、卢建(2014)认为宾内定语(修饰宾语中心语的定语)是一种容易以“自我视点”为中心的语言成分,它比主内定语(修饰主语中心语的定语)更易于表达说话人的自我情感。

这种小句与从句的位置差异可以导致一个语言现象,对于新兴的语言结构而言,一开始因为其新奇性,都是说话人表达的重点,它们必然会出现在宾语、谓语、补语等位置;等到新奇性逐渐消退,它们才开始出现在其他位置,也就是说相关语言结构的句法功能有个扩展的过程。

有的学者便注意到了这种过程,张谊生(2013)指出汉语成分之间的线性排列语序,实际上可以分为两个大类:句法层面的语序和句子层面的语序。句法成分序与句子成分序的差异在于:前者是静态的,后者是动态的;前者具有客观性,构成的语言单位是短语,后者具有主观性,构成的语言单位是句子。比如,张谊生(2013)在文中举了一个例子,“太下流”和“太流氓”虽然都是状中短语,但性质截然不同:前者是语言结构的状中语序,后者是言语结构的状中语序;前者的“下流”是性质形容词表陈述的基本用法,而后者的“流氓”是名词陈述化的活用法；前者可以充当各种句法成分，但后者一般只能在句中充当谓语。所以，前者带上“的”可以充当定语，后者目前还比较勉强。也就是说，因为“流氓”尚属名词，“太流氓”是新兴的语言现象，只局限在句子层面的语序当中；“太下流”是常规的语言现象，可以在句子层面的语序中出现，更能在句法层面的语序中显现。

张谊生(2013)一共给句子层面的语序和句法层面的语序使用了十对相互对立的语言学概念，可以概括为：(1)句法的与句子的；(2)语言的与言语的；(3)静态的与动态的；(4)短语的与句子的；(5)备用的与使用的；(6)语法的与语用的；(7)规定的与选择的；(8)恒定的与临时的；(9)修饰的与陈述的；(10)客观的与主观的。这体现了句子中两种不同性质的组成成分，生成语法认为“语法功能并不是理论的组成部分，而是参照系统”(何元建，2011：344)，但至少就新兴语言现象而言，语法功能确实有着独特的研究地位。

在其他相关的一系列研究中，张谊生(2013；2014；2015；2016；2017)更是直接使用了“句子成分”和“句法成分”的名称来研究一系列语言现象的演化。这些研究简要概括就是，某个语言成分在演化的初期，只能充当句子成分，不能充当句法成分；在演化完成之时，既能充当句子成分，也能广泛充当句法成分。

但是，这一系列的研究并没有完整地指出到底哪些属于句子成分，哪些属于句法成分。其实，与储泽祥、王文格(2009)的研究相对照，我们可以看出宾语、谓语、补语属于句子成分，主语、定语、状语属于句法成分。虽然句子成分、句法成分与小句、从句存在一定的对应性，但是本书依旧采用“句子成分”和“句法成分”，因为本书研究程度副词的新形式和新功能，而立足于句子成分发展为句法成分的视角，可以展示其句法环境的变化，探寻其演化过程的各种规律性现象。

对于程度副词的新形式来说，新兴程度副词只能作状语或补语，如果把它们同与之搭配的成分相结合，就有出现在句子多个位置的可能。对于程度副词的新功能研究来说，将程度副词同与之搭配的成分相结合，研究它们出现在句中的位置变化就更为重要了。

从总体上看，程度副词与相关成分搭配体现谓词性。所以，包含程度副词的组合可以充当主语、宾语、谓语、补语、定语、状语等各种成分。但是，谓词性的含程度副词组合在作主语时，其作用主要是元语言功能，如前文例(1)所示。在作宾语时，谓词性的含程度副词组合只是作“认为”“觉得”“显得”等少数认识义动词的宾语[①]。

因此，就本书来说，在研究程度副词的新形式和新功能时，提及的句法成分主要是定语和状语；提及的句子成分，主要是谓语和补语，个别情况涉及宾语，主语一般不在讨论的范围内。

还需要注意的是，语言结构在充当句子成分和句法成分而引起的位置变化，要与另一种情况区分开来，那就是语法化项在演化过程中，语法分布会逐步左移。比如曹秀玲、王清华(2015)在研究让转义“X 然”类词语时，就发现它们经历了从中心语(谓语、主宾语)到修饰语(状语)再到连接成分等一系列的语法功能变化。而我们所探讨的语言成分充当句子成分和句法成分，是同时拥有充当这两种成分的可能性的，也就是说，具体到某一个句子，如果语言成分的语法化完成，那么它充当句子成分还是句法成分是由表达内容制约的。而对于分布左移现象来说，其在一个句子中的具体分布是受其本身语法性质支配的，尽管在共时层面诸如“X 然”类词语可以在不同位置出现，但它们的语法性质还是存在差异。

从这一点也可以看出，句子成分、句法成分的划分并不能完全适合所有语法化的问题，但是对于含有程度副词的相关结构来说，因为其本身具有出现在两类位置上的可能性，所以很值得观察它们从句子成分扩展到句法成分的变化。

4.1.2 组合的共时演变

程度副词的新功能是逐步发展的，遵循着从语用到句法的路径。具体来说，因为表达者个性化表达的需要，负载新功能的语言成分充当句子成分；随着使用频率的增加，这些负载新功能的语言成分除了继续充当句子成分外，也会大量充当句法成分。值得注意的是，当程度副词与所修饰的成分在句法成分当中高频出现，那么所修饰的成分就有可能重新分析为性质形容词，这样新功能又“回归”为常规功能。

第一，语用的新功能。

人们根据自身表达的需要，可以将名词性成分临时转化为性质形容词。为了表现其性质形容词化的身份，同时也为了体现性质当中程度量的大小，

---

① 单就谓词性的含有程度副词的组合而言，宾语的句子成分性质与谓语是有密切联系的。当组合作“认为、觉得、显得”的宾语时，可以认为动词的宾语是省略了主语的主谓结构，这样做宾语的组合就转化为结构中的谓语。方梅(2005)认为“认识义动词＋小句宾语”既可以陈述事件，又可以表现主语的认识内容，这也印证了其句子成分属性的一面。

就需要程度副词加以修饰。

当然，最初的转化一定是语用、修辞性很强的表达结果。因此，程度副词修饰这些成分所构成的组合，一定要出现在句子成分当中。例如：

(7)按照约定，志愿队成员答应了这个日子要陪孩子们唱歌、做游戏。操场上，大家一起追逐打闹，阿扎觉得自己能给别人带来欢乐，“这**很雷锋**”。(《华中师大：洋雷锋志愿队的雷锋故事》，人民网，2017-03-20，http://gongyi. people. com. cn/n1/2017/0320/c151132-29155935. html)

(8)所谓的日系或日范儿，除文化特质外，更多是讲它在社会发展到某个阶段之后，生产出的文化产品精致、体面、走心、轻奢、舒服，《一路繁花相送》**很中国**，但也拥有上述品质。(《文艺画风温暖荧屏〈一路繁花相送〉重新定义国产纯爱剧》，人民网，2017-04-29，http://ent. people. com. cn/n1/2017/0429/c86955-29244852. html)

例(7)和例(8)中，“很雷锋”和“很中国”在例句中作相关语句的谓语，充当句子成分。表达者从名词“雷锋”和“中国”当中提取相应的性状语义，通过程度副词“很”的修饰加以凸显，使名词临时性地性质形容词化。

第二，句法的新功能。

当使用的频率不断增加，人们会逐渐认可某些名词性成分发生性质形容词化的倾向，这样，程度副词修饰这些成分所构成的组合就可以出现在句法成分当中，先前语用的新功能就成为句法的新功能。例如：

(9)这样的情节是不是很熟悉呢？因为在好莱坞电影中，有太多电影是关于打怪兽的。尽管这次怪兽变成了**很中国**的“饕餮”，但显然还是好莱坞故事的框架和套路。(《中国青年报：让好莱坞讲中国故事何尝不可》，人民网，2016-12-21，http://media. people. com. cn/n1/2016/1221/c40606-28964862. html)

(10)黑色的细眼线于末端微微上翘，打造出小心机眼，柔和的粉色唇膏是**很女人**的色彩，和她的气质搭配起来毫无违和感。(《杨幂佟丽娅素颜美到香菇 沈梦辰却还在 PS 里蓝瘦！》，人民网，2016-10-26，http://lady. people. com. cn/n1/2016/1026/c1014-28809046. html)

例(9)、例(10)中“很中国”“很女人”作“饕餮”“色彩”的定语，它们属于句法成分，“中国”和“女人”的性质形容词化也自然具有了一定的稳固性。

当然,如果没有“很”的修饰,“中国”“女人”更倾向于表示领属关系,表明它们尚未完成重新分析。

第三,常规功能的“回归”。

当程度副词与其所修饰的语言成分构成的组合在句法成分中大量出现,那么人们就认可了某些成分完全转化成了性质形容词。例如:

(11)你的童年已让我震惊了,这是我从未经历过甚至无法想象的。还好,你成长为一个**很阳光**的数学老师,所有的苦痛经历都没白费,自有它的价值。(《女人,你这一生都需要“补课”》,人民网,2017-03-02,http://acwf.people.com.cn/n1/2017/0302/c99040-29119116.html)

(12)虽然最后还是以失败告终,但是我们海涛哥全程都**很绅士**地保护自己方的妹子主播“小蒲哥”,可以说是输了比赛,赢了“芳心”呀。(《杜海涛沉迷游戏输个底儿掉,或要“卖自己”还债!》,人民网,2017-05-15,http://game.people.com.cn/n1/2017/0515/c210053-29276030.html)

例(11)、例(12)中的“阳光”“绅士”原本是名词,它们与程度副词结合后大量充当定语、状语等句法成分,现在已经视为名形兼类的词了[①]。

第四,新功能发展的制约因素。

学界过去研究程度副词修饰名词性成分时,总是根据概念义倾向于将名词分为指人名词、具体名词、抽象名词、处所名词,等等(杨海明、李振中,2004;刘茁,2009),并认为抽象名词更容易发生转类。

为了从总体上考察程度副词修饰名词的情况,我们依据 BCC 语料库,统计了程度副词“很”修饰名词性成分的概况[②]。(详见本章附录)

---

① 严格来说,“阳光”现在演化出的是属性词(区别词)的用法,是形容词的附类,根据齐沪扬、张素玲(2008)的研究,含有程度性的区别词其功能很可能游移出原来的范畴。这样,“阳光”长期被程度副词修饰,也会演变为典型的形容词。

② 此次搜索统计时间为 2017 年 10 月 30 日。在统计时,有三个情况是需要甄别的。第一,排除兼类词,比如“经典”“绅士”等。第二,排除错误的分词,如“众多年轻爸妈为了不让孩子输在起跑线上,在孩子很小时便着手进行各种教育”(微博语料,BCC),语料库将其中的“小时”划分为了名词,实际应为“很小/时”。第三,排除谐音造成的词性误判,如:“一路上有好多小溪小河,很米粒。”(微博语料,BCC)“这学生很油菜啊,自我保护意识也太强了吧?!”(微博语料,BCC)这里的“米粒”和“油菜”是“美丽”和“有才”的谐音,有其特定的修辞表达效果,所以“很米粒”也不是程度副词修饰名词的用例。

根据统计，与“很”搭配数量最多的前30个名词（简称一类名词）是：美味、暴力、文艺、悲剧、爷们（儿）、白痴、梦幻、淑女、娘、女人、内涵、个性、狗血、男人、青春、热血、激情、温情、神经、奇葩、速度、美貌、小孩（子）[①]、技巧、忠心、少女、神经质、气质、罪恶、诗意；

与“很”搭配，构成“很＋N”组合后，充当句法成分最多的前30个名词（简称二类名词）是：美味、文艺、悲剧、白痴、个性、暴力、淑女、技巧、爷们（儿）、温情、女人、狗血、内涵、娘、私人、梦幻、热血、男人、直觉、豪气、激情、智慧、诗意、神经、奇葩、厚脸皮、罪恶、大众、君子、速度；

与“很”搭配，构成“很＋N”组合后，充当句法成分的比例最多的前30个名词（简称三类名词）是：直觉、私人、策略、技巧、个人、本质、诚意、冷门、厚脸皮、豪气、歉意、君子、市侩、戏剧性、功利、主流、细节、小人、狗屎、邻家、技术、苦命、活力、大众、风情、温情、智慧、娘娘腔、平民、本色。

我们可以看出，这三类名词中有抽象名词，也有很多具体名词，因此，概念义的抽象与否并不重要。从统计出的名词中可以发现，一类名词与二类名词之间，有23个名词是重合的，重合比例达到了76.7％；一类名词与三类名词之间，有2个名词重合，重合比例为6.7％；二类与三类名词之间，有9个名词重合，重合比例大致为30％。

这说明了名词形容词化的三个方面。首先，当某个名词可以被程度副词高频修饰，那么由此构成的“程度副词＋名词”组合就极有可能大量充当句法成分，这是一类和二类名词高重合的原因；其次，第三类名词中有的出现总次数并不高，但是充当句法成分的比例占得高（详见本章附录），说明名词受程度副词修饰的现象已经大为扩散。

结合我们前面章节分出的三种修辞幻象，二类名词主要属于修辞幻象2，因为它们具有出色的表达效果，所以出现频率高，当它们逐渐被接受者认可以后，就开始充当句法成分了；三类名词主要属于修辞幻象3，它们能被多数人接受，可以高频充当句法成分，但是因为修辞效果相对不高，所以出现总频率偏低。

根据第一章所述三种修辞幻象所依赖的名词语义类型，即——

修辞幻象1——言语义；

修辞幻象2——联想义＋（言语义）；

修辞幻象3——理性义＋（联想义）＋（言语义）。

---

① “小孩”与“小孩子”的词义基本相同，我们统一处理为“小孩（子）”。

再结合修辞幻象2出现频率和充当句法成分的频率都很高的情况，我们可以说，程度副词修饰名词现象的形成和扩散，关键在于名词的语义是否具有丰富的联想义。对于原本的抽象名词来说，联想义就可以从其本身抽象的概念义中获得；对于具体名词来说，则有不同的获得机制。例如：

(13)巴掌脸的她很适合这种将头发全部梳起来的盘发造型，发饰如此华丽就知道身份绝对不一般。古今造型对比，现实中长发披肩发的看起来**很淑女**。(《〈如懿传〉首曝剧照 周迅领衔众后妃古装造型竞艳》，人民网，2016-10-14，http://lady.people.com.cn/n1/2016/1014/c1014-28777571.html)

(14)我曾经遇到过六次紧急迫降，几乎每次都是和这条牛仔裤一起！我觉得牛仔裤是**很私人**的，就和珠宝戒指似的，我不会丢掉它们。(《穿条牛仔裤过夏天》，人民网，2016-04-22，http://lady.people.com.cn/n1/2016/0422/c1014-28296447.html)

(15)在开拍半年之前我就看到了前三集的剧本，人物让我觉得很激动、**很热血**，有把故事看下去的欲望，于是就吸引我想要投入进来。(《〈醉玲珑〉将播 刘诗诗:“卿尘”比“若曦”背负更多》，人民网，2017-07-10，http://media.people.com.cn/n1/2017/0710/c40606-29393069.html)

(16)民国时期的外交官是有纪律的，……所以我在创作的时候就必须拿捏好分寸，千万不能写得**很狗血**，把一个历史事件给糟蹋了。(《编剧高满堂谈现实主义创作：作品要上去作家要下去》，人民网，2016-12-26，http://media.people.com.cn/n1/2016/1226/c40606-28977188.html)

例(13)中的“淑女”，其联想义是通过“淑女”所反映的客体所具有的各种行为、表现所获取的，也就是说人们是通过社会传统所塑造的淑女意象而获得的联想义。例(14)中的“私人”，则是该名词大量用在“私人物品”“私人住宅”等定中表达中，因为其作定语表限制，逐渐获得了相关的性状意义。至于例(15)和例(16)中的“热血”和“狗血”，根据张谊生(2015)的研究，“热血”除了表示客观语义外，通过“一腔热血、热血沸腾”等特定用法的感染，逐渐引申出“为正义事业献身的热情”之类的类推义，隐喻机制在演化、发展中起了重要的作用；“狗血”一开始也是通过剧情等就像“洒狗血”一样隐喻而来的，出于语言表达的简捷性，再用“狗血”代替“洒狗血”。先是比喻，再是借代;而名词转化为形容词的功能扩展,最终还是转喻机制起到了决定性的作用。

也就是说,当名词具有丰富的联想义,那么程度副词修饰相应名词所构成的组合就能高频出现在句法成分当中。例如:

(17)谈起王雅琴这个角色,甘婷婷感慨道:“王雅琴其实就是二战时期日本女性的一个缩影,是个**很悲剧**的角色。”(《〈二十四道拐〉甘婷婷百变“最美间谍”引关注》,人民网,2015-09-15,http://ent.people.com.cn/n/2015/0915/c81374-27587540.html)

(18)张静初在重庆跑宣传接受记者采访时,**很个性**地表达了自己的感受:“或者你们会觉得我这三四年有些不温不火,但这却是我最快乐的时间。”(《张静初“冲天火”归来 自称不温不火的几年“最开心”》,人民网,2016-11-22,http://media.people.com.cn/n1/2016/1122/c14677-28886427.html)

例(17)的“很悲剧”作相应中心语的定语,例(18)的“很个性”作相应中心语的状语,都充当句法成分。

如果名词不具备丰富的联想义,即便其概念义有极大的抽象性,也只能倾向于在句子成分当中显现。例如:

(19)日韩的综艺节目其中有一些穿插科学内容,看着很热闹、**很戏剧**,但它的理论解释往往经不起推敲,电视人很清楚,反正大家看的并不是解释,而是热闹。(《科学综艺一讲原理收视率就掉 科学节目底线是什么》,人民网,2016-08-04,http://media.people.com.cn/n1/2016/0804/c40606-28609195.html)

(20)郭孔丞比邓丽君大7岁,留着大胡子,外形**很性格**。媒体都以“马来西亚糖王”称呼郭孔丞,但邓丽君似乎不太喜欢旁人将豪门公子和名歌星这样两个名词连在一起。(《细数邓丽君历任男友 秦祥林轰动成龙遗憾》,人民网,2013-01-30,http://media.people.com.cn/n1/2016/0804/c40606-28609195.html)

“戏剧”“性格”是“悲剧”“个性”的上位词,在例(19)、例(20)中,“很戏剧”“很性格”都是作谓语的句子成分,其性质形容词化的倾向要比“悲剧”“个性”低。根据认知经验“悲剧”“个性”也会有很多下位词,所以这两个词指称的实体大致属于“基本层次范畴”(乔治·莱考夫,2016:48—50),自然联想义要比作为其上位词的“戏剧”“性格”丰富。

我们可以通过数据统计验证上述论断。根据 BCC 语料库，我们对“很悲剧”“很戏剧”“很个性”和“很性格”在语句中充当句子成分和句法成分的数量进行了统计，如表 4-1 所示：

表 4-1　四个组合实例的句法成分比重差别

“很”＋名词	句子成分	句法成分	总数	句法成分的比重
很悲剧	210	105	415	25.3%
很戏剧	17	4	21	19%
很个性	147	73	220	33.2%
很性格	35	7	42	16.7%

在表 4-1 中，“很悲剧”和“很个性”充当句法成分的比重分别为 25.3% 和 33.2%，明显高于“很戏剧”的 19%和“很性格”的 16.7%。这进一步说明，对于程度副词修饰名词性成分的新功能而言，名词性成分具有丰富的联想义，新功能才能从语用的发展为句法的，乃至最终回归为常规功能。

4.1.3　演化后的类推

这些语言成分的性质形容词化往往倾向于通过被“很”的修饰来体现，究其原因，“从量幅来说，‘很’的程度量幅较模糊，既可以涵盖量幅较高的一端，也可以涵盖量幅不是很高的一端；从语体上说，‘很’是通用体，既适用于口语，也适用书面语，从音节上说，‘很’是单音节，与单音节、多音节词都能较自由地组合。这些都增加了‘很’的使用频率，拓宽了‘很’的适用范围”(张谊生，2004：65)。吕叔湘(1956[1944]：150)在讨论程度范畴时，也指出“一切表高度的词语，用久了都就失去锋芒”。所以，当程度副词“很”拓展出了上述新功能以后，为了表量的需要必然会向其他程度副词类推。这种类推主要发生在常规的程度副词当中，在新兴程度副词当中也开始零散出现。

第一，常规程度副词的类推。

既然相关的语言成分发生了性质形容词化，那么任何程度副词都能与之结合。不过，有几个程度副词需要特别关注。

向其他程度副词类推是表达客观性的需要，但是受主观性影响的制约，类推的方向在优先性上是有差异的。

因为名词性成分在性质形容词化之后，因其性质发生改变，被赋予了新的表达信息，因此言者需要着重凸显这些被修饰中心语的词性。相对程度副词需要两个或两个以上主体对比的语言环境，因此使用绝对程度副词，可以较为简洁地凸显中心语的形容词化身份。另外，这些成分形容词化之后，对于其表达的相关性状，表达者也倾向于使用大的量进行凸显，这样才能更好地引起接受者的注意。不过，因为程度量还有客观表达的需要，因此凸显大量与凸显词性相比并不是完全自由的。因此，凸显词性是第一位的，凸显大量是第二位的。

这样，我们把凸显词性的权值设为2，凸显大量的权值设为1，那么不同类推方向的优先值就可以确定了。如表4-2所示：

表4-2 “程度副词十名词”组合中常规程度副词的类推方向

类别	量级	凸显词性	凸显大量	优先值
绝对程度副词	高量性	2	1	3
	低量性	2	0	2
相对程度副词	高量性	0	1	1
	低量性	0	0	0

优先值越大，就说明类推的倾向性就越强。当然，优先值的数值都是相对的，0并不是没有类推，而是指其类推的倾向性相对而言最小。通过表4-2，我们可以看出具有高量性的绝对程度副词是类推的优先方向，低量性相对程度副词的类推性最低。

下面我们看一下几个代表性程度副词的情况：

1)最高级相对程度副词“最”。一般来说，“最”是运用在多项比较的语句当中的，但是，在当前语言生活中，因为主观性的影响，“最”也有了绝对程度副词化的倾向(张谊生，2017)。具体到“最”与性质形容词化的语言成分搭配上来说，语言成分的性质形容词化也是主观性的体现，因此，“最”在修饰相关成分时，既有客观的比较，也有主观性的量的凸显。例如：

(21)《水中之书》是赖声川**最诗意**的一部作品。它既没有《暗恋桃花源》拼贴式的戏剧冲突，也没有《宝岛一村》如历史卷轴般的长篇叙事，更没有《如梦之梦》里庞大的人物结构，恰恰相反，它带来的是一种如泼墨画般行云流水的写意之美。(《赖声川“水中之书”一票难求 何炅独挑大梁演技获赞》，人民网，2017-04-24，http://media.people.com.cn/n1/2017/0424/c40606-29230293.html)

(22)女汉子们，你们做过**最汉子**的事是什么？(百度贴吧，2013-11-

24，https://tieba.baidu.com/p/2723278976? pid=42112905881&cid=0#42112905881)

例(21)、例(22)中的名词“诗意”和“汉子”性质形容词化后被“最”修饰。“最诗意”是用来描述《水中之书》的，语句中有相应的比较对象，如《暗恋桃花源》《宝岛一村》《如梦之梦》等，凸显了客观的比较。“最汉子”是对“事情”的描述，语句中没有相应的比较对象，是表达者主观量的展现。

2)较高级相对程度副词“更”。与“最”不同，“更”所代表的量级不是最高的，因此言者缺少将其绝对程度副词化的动因。“更”就只能用于比较的环境中，具体是运用在两项比较当中，当表达者通过语言的性质形容词化来表述某一主体时，很容易与另一主体进行对比或参照。例如：

(23)正式文件中并无“黑卡”的定义，因此无法明确说新华社和工信部谁的口径**更官方**。但工信部是专项行动的发起者之一，是不是可以认为，他的说法更靠谱些？(《黑卡，到底是谁黑了谁？》，人民网，2015-01-12，http://tc.people.com.cn/n/2015/0112/c183175-26367328.html)

(24)从这个角度看，《咱们相爱吧》不是你好我好大家好，而是真实揭示了都市情感的众生态，因此它比《咱们结婚吧》其实更具有现实意义，因为真实的生活，要远远比电视剧**更狗血**。(《张静初太轴 被称剧版“我不是潘金莲”》人民网，2016-11-24，http://ent.people.com.cn/n1/2016/1124/c1012-28893928.html)

例(23)、例(24)中名词“官方”和“狗血”被“更”修饰。例(23)中，根据语境，表达者使用“更”对新华社和工信部的“官方”程度进行对比，注意力同时放在了这两个主体之上；例(24)中，表达者的注意力在《咱们相爱吧》，通过《咱们结婚吧》进行参照，得出“狗血”更高的程度量。

3)超量级绝对程度副词“太”。“太”体现了相关主体的主观态度，既然相应语言成分的性质形容词化是主观性的体现，那么它们很自然地会与“太”进行搭配。例如：

(25)前几天有个女的主动接近我，因为我有有点怂，被她说我**太木头**了，真气人。(知乎，2019-09-12，https://www.zhihu.com/question/345174406)

(26)这首歌被美女唱的**太柔情**，值得收藏。(腾讯视频，2017-05-

29，https://v.qq.com/x/page/i0508ptcrz1.html? ptag＝qqbrowser）

选取何种语言成分取决于相关主体的视角和认知经验，但与"太"搭配，都表明主体的性状超出了相关主体的心理标准而达到了极限的量。

4）低量级相对程度副词"稍微"和低量级绝对程度副词"有点（儿）"。对于名词性成分来说，它们一般与高量级的程度副词搭配，因为言者将它们性质形容词化，就是为了凸显某种性状，这样就很自然倾向于表现大量。如果言者想表现小量，可以有类似语义的性质形容词替换。

第二，新兴程度副词的类推。

对于新兴程度副词来说，它们的副词化还在演化过程中，多数尚未完成重新分析。因此，它们首先要满足程度副词的典型功能，之后才有可能发展出新功能。工作记忆中的存储和加工功能之间需要平衡（参见 Carroll，2008：48-50），面对中心语的形容词化和程度副词的新形式，接受者的注意力只能集中于一处，如果同时兼顾两种新兴现象，发掘其语义信息，可能会影响接受者对语篇其他信息的处理。

所以说，新兴程度副词修饰名词还只是零星的现象。例如：

（27）他们凭借俊美帅气的外表，征服了一大批少女们，可见超壮、**超男人**肌肉男的魅力是有多在啊！（唯一图库，2018-08-29，https://www.mmonly.cc/sgtp/hgsg/266667.html）

（28）帅气兵哥哥引女嘉宾**狂花痴**（《爱情连连看》，乐视视频，2016-06-24，http://www.le.com/ptv/vplay/2023158.html? ref＝msearch）

（29）这些美**味到爆**的岘港美食，却只有1％的人知道。（锦熙网，2018-02-05，https://www.8848you.com/poster/article? id＝56&mobile＝）

上述三例中，"超""狂""到爆"都属于新兴程度副词[①]，它们分别与相关的名词构成了"程度副词＋名词"组合。这样的例子还很少，但是随着语言的进一步演化，以及人们表达需求的持续多样化，新兴程度副词也可能会最终发展出这些新功能。

① 新兴程度副词不仅可以作状语，也有诸如"到爆"等作补语的现象，有关新兴程度副词的研究可以参看朱磊（2018）。

4.2 修辞动因的选取考察

我们已经探明了“程度副词＋名词”组合共时演变的相关机制，那么需要进一步探究其背后的动因。既然考察“程度副词＋名词”组合，那么我们要分别对程度副词和名词进行适当地选取。

4.2.1 程度副词的选取

程度副词的划分有很多种方法，就从“程度副词＋名词”组合作谓语、定语的情况来说，因为句法序具有一定的客观性，句子序具有相当的主观性(张谊生，2013)，所以我们以主观性作为选择程度副词的主要标准，这也与修辞动因的要求相契合。

在常见的程度副词中，“太”的主观性程度最高，“挺”次之，“很”的主观性最弱，三者都是我们所选取的对象。

为了增加覆盖面，我们确定程度量级和音节是辅助标准。“极其”表达的是极量，“较为”体现的是微量，弥补了前三者覆盖量级上的不足。“非常”的作用与“很”相近，选择它是体现音节方面的比较。

总之，我们所选取的程度副词有六个——太、挺、很、极其、较为、非常。

4.2.2 名词的选取

名词的数量庞杂，其词类划分一直是语言学界的难题，在研究“程度副词＋名词”组合时，前人也只能从语义角度对其中的名词进行划分。

张谊生(1996，1997)认为“程度副词＋名词”组合有的凸显了名词的度量义，有的使名词性状化。

对于前者，名词有三类，即：(1)语素包含类，就是指一些名词的前一构成语素本身就含有一定的量度义；(2)语义蕴涵类，就是指一些名词的词义中本身就蕴涵着一定的量度义；(3)语境赋予类，就是指该名词本身并不含有量度义，只是在一定的语言环境中，尤其是受到程度副词修饰后，才获得了临时的量度义。

对于后者，作者认为这样的名词有四种，即：(1)内涵凸现式性状化名词，大都是指人名词，基本上都是一些表示不同的社会阶层和社会角色的名词；(2)特征概括式性状化名词，大都是地域名词，主要是指一些比较有名的、具有独特个性特征的、能够引起某种联想和共鸣的国别和区域的专有名称；(3)概念状化式性状化名词，大都是抽象名词；(4)形象比喻式性状化名词，大都是一些指物名词，也有少数专有名词。

施春宏(2001)认为可以提取描述性语义特征的名词能够进入“程度副词＋名词”组合，他认为这样的名词有抽象名词、类别名词、有代表性的专有名词和有比喻义的名词，其他名词的描述性语义特征则由语境决定。王云昀(2006)在论述“程度副词＋名词”组合的语义指向问题时，根据名词语义凸显的不同特点，归纳出了偏正结构名词、比喻义名词、有某种特征的具体名词。滕沁芳(2013)对《现代汉语常用词》中，目前被普遍接受的、能够进入“程度副词＋名词”组合的 267 个名词进行了分类，得到五大类别，每个大类别下又有小类。第一是具体名词，包括表人名词和表物名词；其中表人名词又分为群体名词与专有名词；第二是特殊名词，包括方位名词、处所名词、时间名词；第三是抽象名词，包括名词当中含有形容词性语素、具有感情色彩义和含有度量义等三种情况；第四是名形兼类词；第五是网络新词。

以上研究者的划分角度各不相同，总体上看基本是从两个维度展开的，一个是从客观世界分类角度区分名词词类，有指人名词、指物名词、抽象名词、时间名词和处所名词；另一个是从认知语义的角度展开的，有特征义、联想义、色彩义，等等。我们选取的名词要把这两个维度结合起来。

对于指人名词来说，应该分为类名和专名，但不管哪一种次类，进入“程度副词＋名词”组合都是其特征义起的作用。就特征义的凸显性而言，类名我们选择“男人”，专名选择“雷锋”。

对于指物名词来说，要进入结构，必然取决于其特征义或者隐喻义。前者我们选取“悲剧”，后者为“狗血”。“狗血”为网络新词，严格地说其词义是通过转喻而来，但转喻、隐喻之间没有明显界限，都是认知域的转移，所以本书将其归入了隐喻义之下。

对于抽象名词来说，基本有两种情况，一种是其内涵带来的特征义，一种是人们在使用过程中附加上的感情色彩义。前者我们选取“女人味”为代表，后者我们选取“个性”为代表。

时间名词我们选择“当代”。因为与“当代”相关的“现代”已经是名形兼类词了，所以“当代”具有很大的普遍性。

处所名词我们选择“中国”，因为其有丰富的联想义。

需要注意的是，方位名词不能作为考察的对象，因为方位名词作为名词的附类，有一定的特殊性。方位词被程度副词修饰之后可以称为名词性短语，可作体宾，如“苹果在最上层”。一般的“程度副词＋名词”组合即使作宾语，也只能是谓宾。

其次，名形兼类词也不在我们讨论之列，既然其为兼类词，那么它们在被程度副词修饰时完全可以看作形容词。

这样，我们挑选出 8 个名词——女人味、个性、悲剧、狗血、男人、雷锋、当代、中国。

总之，我们所考察的“程度副词＋名词”组合便是由这 6 个程度副词与 8 个名词组成的 48 个考察个例。

4.3 分布的整体表现

要考察“程度副词＋名词”组合充当句子成分和句法成分的表现，我们就要在收集语料的基础上进行。而且，在搜索例句时要注意区分同形情况，才能得出正确的观察结果。

4.3.1 区分同形情况

有些结构从表面、局部的线性组合上看与“程度副词＋名词”组合相近，需要我们加以辨别。

首先，我们要去除对象语言用法。比如，

(30)看到此处，电影院里不只我一个人发出了“**太狗血**”的感叹式评价。(《〈分手合约〉影评：一枚廉价催泪弹》，人民网，2013-04-18，http://ent.people.com.cn/n-0418/c86955-21190789.html)

例(30)中的“太狗血”虽然作“感叹式评价”的定语，但是其描述性语义并不指向后者。在这里“太狗血”是“感叹式评价”的内容，“感叹式评价”其实是对“太狗血”的指称，两者应为对象语言与元语言的关系。

其次，“程度副词＋名词＋谓词”的结构应将其视为“程度副词＋小句”结构，该结构也不在我们讨论的范围内。先观察下面三例：

(31)新车尾部的设计则没有前脸那么大气，尾灯的造型与车窗相呼应，**非常个性时尚**。(《巴黎车展发布 雷诺全新 Espace 实车图》，汽车殿堂，2014-09-27，http://www.car136.com/news/24-20140927-238044p1.html)

(32)在 3 月 12 日，一款酷似“保时捷卡宴”的东风悦达起亚全新 SUV 车型 KX3 傲跑正式上市，外观**非常个性**与时尚。(《10 万元个性 SUV 较量 起亚 KX3 对比现代 ix25》，人民网，2015-03-29，http://auto.

people. com. cn/n/2015/0329/c1005-26766266. html)

(33)诺基亚 C6 是诺基亚下半年市场的一个最大的卖点，虽然整体上延续了 5230 的风格，但侧滑键的加入还是使得该机看起来**非常个性**、时尚。(《三足鼎立 两千元级别三大智能手机推荐》，新浪科技，2010-08-06，https://tech. sina. com. cn/mobile/n/2010-08-06/06291447834. shtml)

比较例(31)与例(32)、(33)，尽管“非常个性时尚”大致等同于“非常个性与时尚”和“非常个性、时尚”，但是当“个性”和“时尚”之间没有连词或语音停顿时，我们还是要将其理解为一个主谓小句。程度副词修饰主谓小句也是一种超常规的语法现象。小句本身也有例凸显内涵义的功能，所以也可以受程度副词修饰，在表义上也类似于“名词+程度副词+谓词”组合。如例(34)：

(34)有袖削肩 T 恤混搭热裤 清新简约**个性很时尚**(人民网新闻标题，2015-07-03，http://lady. people. com. cn/n/2015/0703/c1014-27248122. html)

第三，要区分语法词和定中结构省略“的”情况。

语法词是指“在句法组合关系中相当于一个词，但是这种组合单位在词汇学层面还没有完全凝固、定型”(张斌，2010：50)。有的语法词是“名词+名词”结构，在被程度副词修饰后容易被视为“程度副词+名词+(的)+名词”组合。例如：

(35)那时候，年轻的我思考问题**很中国特色**：怎么活？误以为应世哲学的烂泥塘就是永不干涸的大江大河。(《加缪的石头》，搜狐网，2011-03-31，http://roll. sohu. com/20110331/n305137671. shtml)

(36)就在法兰西更衣室乱成一锅粥，居然爆出**很中国特色**的罢训罢赛时，我想起一段长长的气死法国人的笑话：教你如何辨认法国人。(《李承鹏：法国式投降》，搜狐网，2010-06-23，http://2010. sohu. com/20100623/n273004195. shtml)

例(35)一般可以看作“很”修饰“中国特色”，而例(36)可能会被视为“很中国”修饰“特色”，中间的“的”省略。语法词毕竟不是词汇词，这也意味着“中国特色”可以拆开，例如：

(37)扔钱成事件，事件成热点，这又是一种**很中国**、**很特色**的现象。

对一位中国宣传官员扔五角面值的人民币并称其为“五毛”，干吗？为啥？能说明什么？（《五毛怎么能够袭伍皓?》，东南网，2010-04-27，http://www.fjsen.com/r/2010-04/27/content_3135003.htm）

尽管拆开以后，不管是定中还是并列关系，其意义与“中国特色”整体的意义大致相同，但是意义标准不能取代形式标准，在收集语料的时候不能将语法词与我们选取的 48 个个例混淆。

不过，在“程度副词＋名词＋名词”位于句末，前有动词与之搭配时，我们认为是“程度副词＋名词”作后一个“名词”的定语，并且“的”省略。例如：

(38)a.《大话海贼》的世界中有**很个性帅哥**。他们或者可爱，或者绅士，或者魅惑，每个都有自己的个性。（《正太伪娘来袭〈大话海贼〉中的另类美男》，人民网，2012-10-22，http://game.people.com.cn/GB/n/2012/1022/c174244-19347431.html）

b.《大话海贼》的世界中有**很个性(的)帅哥**。

在例(38)a 中，对于“有很个性帅哥”我们只能理解为 b 中的“有很个性的帅哥”，其中“的”的脱落与作者的用语习惯可能有关。

4.3.2 统计概况

就相关的实际状况而言，“程度副词＋名词”组合充当句子成分时作谓语的情况比较多见，“程度副词＋名词”组合充当句法成分时作定语的情况比较多见，因此，我们就以相关“程度副词＋名词”组合作谓语和作定语来作为考察的对象。

我们将这 48 个考察个例作为关键词，在“人民网”中进行搜索，在排除了同形例句、除去完全相同的例句后，经过统计，得出了它们作谓语、定语的具体情况。如表 4-3 所示：

表 4-3 “人民网”中 48 个考察个例作谓语、定语的情况统计

	太女人味	太个性	太悲剧	太狗血	太男人	太雷锋	太当代	太中国
作谓语	6	75	79	174	28	1	1	19
作定语	2	11	1	4	2	0	0	2
	挺女人味	挺个性	挺悲剧	挺狗血	挺男人	挺雷锋	挺当代	挺中国
作谓语	1	19	12	8	31	1	0	0
作定语	0	2	3	0	2	0	0	0

续表

	很女人味	很个性	很悲剧	很狗血	很男人	很雷锋	很当代	很中国
作谓语	11	315	146	90	263	1	19	341
作定语	12	117	36	15	153	1	9	193
	极其女人味	极其个性	极其悲剧	极其狗血	极其男人	极其雷锋	极其当代	极其中国
作谓语	1	10	0	2	0	0	0	1
作定语	0	1	0	1	1	0	0	0
	非常女人味	非常个性	非常悲剧	非常狗血	非常男人	非常雷锋	非常当代	非常中国
作谓语	7	239	12	9	13	0	8	33
作定语	6	190	11	7	19	0	5	40
	较为女人味	较为个性	较为悲剧	较为狗血	较为男人	较为雷锋	较为当代	较为中国
作谓语	1	56	0	0	0	0	0	0
作定语	0	29	0	1	0	0	1	0

观察统计数据，我们发现有两个不平衡现象：

一个不平衡现象是作谓语和作宾语数量上的巨大差异。这是因为在汉语中，名词作谓语是一种普遍现象，“名词成分的概念结构通过显影化调节转化为具备特征描写功能的关系成分，从而被形容词谓语句和特征句范畴化”(庞加光，2013)。所以有程度副词修饰的名词更可以自由进入谓语，表格中不同的“程度副词＋名词”组合作谓语所出现的数量差异完全是因不同的表达需要造成的，而非结构因素的影响。

另一个不平衡是不同的个例在作定语数量上的巨大差异。大部分个例在作定语时数量为 0，但有 5 个数量比较高，分别是：很中国(193)、非常个性(190)、很男人(153)、很个性(117)、非常中国(40)，具体原因下文分析。

4.4 特殊表达的功用

“程度副词＋名词”组合作谓语时是自由的，而作定语是非自由的，这种非自由之所以存在，是因为其中具有特殊的表达功用。

“程度副词＋名词”组合的表达功用揭示出其主观性，表达功用可以从语义和语用两个角度来理解，所谓语义角度就是指定语对中心语的语义描写功能，“程度副词＋名词”组合在对中心语名词进行语义描写时又有不同于其他定语的特点；所谓语用角度就指表达者通过“程度副词＋名词”组合表现自己对中心语名词的感受。

4.4.1 语义表达功用

“程度副词＋名词”组合作定语修饰中心语名词时，我们可以把它还原成一个由语句表述的隐喻：

事物A的X性质像事物B的Y的性质。

从语义的角度我们可以进一步概括为：

名词A中表性质的语义特征X＝名词B中表性质的语义特征Y。

换句话说，该组合进入语篇后能够被接受，关键就在于名词A与名词B实现了表性质的语义特征上的对应。我们以程度副词“非常”与相关名词形成的组合为例：

(39)看这次刚刚发生这个事情，其实你可以发现，比如它发生的时间、地点，包括是青少年，好像种种因素交织在一起，造成这样一个**非常悲剧**的结果。(《〈新闻1＋1〉：当公权遭遇醉驾》，央视网，2010-12-08，http://pinglun.cntv.cn/20101208/109313_3.shtml)

(40)我今天讲的《水浒传》是中国最早的通俗长篇小说之一，所探讨的是一个古代文学问题，但是，水浒问题也是**非常当代**的问题。(《从〈新水浒传〉看江湖文化》，百度贴吧，2011-08-27，https://tieba.baidu.com/p/1191685859? red_tag＝2715692834)

(41)我的性格中有着**非常个性**的一面，面对生人我不太习惯于张扬。(《把自己打碎了重新捏合 打造“潘虹版”孝庄皇后》，新浪网，2003-08-28，http://ent.sina.com.cn/2003-08-28/1103192614.html)

(42)大学生市场本身就是一块肥肉，却偏偏被银行抛弃……除了借贷，大学生有闲钱也只能干巴巴的存入银行，市场上那么多的理财产品总是和大学生擦肩而过，不闻不问。总之这是一个**非常狗血**的现象。(《互联网如何撬开被传统银行遗弃的大学生金融市场?》，人民网，2015-07-16，http://it.people.com.cn/n/2015/0716/c1009-27315648.html)

(43)开爷的眉眼绝对是属于浓眉大眼的聚光眼形，个人认为在组合里算是**非常男人**的面孔。(《EXO五官点评：kris眉毛霸气鹿晗樱桃小嘴灿烈清秀》，人民网，2014-11-10，http://henan.people.com.cn/n/2014/1110/c351638-22863735-10.html)

(44)在转轴上还有不同的颜色和匹配图案，确实是一款**非常女人味**的手机。(《美艳绝伦 日本 DoCoMo 发布 4 款 i 模式手机》，新浪网，2004-10-15，https://tech.sina.com.cn/mobile/n/2004-10-15/1051441309.shtml)

在例(39)—(44)中，程度副词“非常”通过修饰“悲剧、当代、个性、狗血、男人、女人味”，表达者将其中的内涵语义凸显出来，进而将这些语义赋予作中心语的名词之上。

悲剧[＋悲伤]→(悲伤的)结果

当代[＋当下]→(当下的)问题

个性[＋独特]→(独特的)面(貌)

狗血[＋不可理解]→(不可理解的)现象

男人[＋阳刚]→(阳刚的)面孔

女人味[＋美艳]→(美艳的)手机

4.4.2 语用表达功用

根据张国宪、卢建(2014)的研究，形容词作宾内定语可以在感情、态度、意向、情绪等方面表现主观性。“程度副词＋名词”组合在这方面等同于形容词，也有相应的表现。

第一，传递情感。

我们可以用“让人感到……意味”替换“程度副词＋名词”组合，凡是替换之后语句顺畅的，表明原结构传递了表达者个人的情感。例如：

(45)a. 所以我觉得孔子是个**很悲剧**的人物，他的著作、学说被后人以各式各样的动机歪曲，甚至他的生平、他的弟子也被大量地歪曲。(《何燕江：描绘不为人知的孔子》，人民网，2010-01-29，http://paper.dzwww.com/dzrb/data/20100129/html/13/content_5.html)

b. 所以我觉得孔子是个让人感到悲剧意味的人物，……

(46)a. 卢中强开玩笑说：“一个本身有点儿狗血的故事，再加上一个**很狗血**的翻唱事件，制造了足够的话题性、关注度。”(《选秀舞台民谣流行引争议：民谣流行就恶俗了?》，人民网，2013-08-06，http://ent.people.com.cn/n/2013/0806/c86955-22458935.html)

b. ……，再加上一个让人**感到狗血意味**的翻唱事件，……

(47)a. 周海媚因为清新甜美的外表，常常被选中出演善良苦情的角色，对此她也有很多无奈：“我一直都不太喜欢演一些**太悲剧**的角色，可是很无奈，大家第一印象太深了，他们觉得我就是(那样)，我的外形跟我的内心很不一样，我内心挺强大的。”(《周海媚：祖上是满族大官 我在清朝会是妃子》，凤凰网，2015-07-16，http://jx.ifeng.com/info/detail_2015_07/16/4116848_0.shtml)

b. 我一直都不太喜欢演一些**让人感到悲剧意味**的角色，……

(48)a. 90 年代的中国人物画变化的显著特点之一，在于以**较为个性**的表现性语言突破写实再现性手法，抒发画家对生活的独特感受。(《“人”的艺术和“艺术”的人——浅谈当代中国人物画创作问题》，雅昌艺术网，2012-02-11，https://news.artron.net/20120221/n218400_1.html)

b. 90 年代的中国人物画变化的显著特点之一，在于以**让人感到个性意味**的表现性语言突破写实再现性书法，……

(49)a. 哈辉昨日在电话中说，她将给世界妇女大会的百名代表献上一场“**非常中国**”的古典音乐会。(《“汉中形象大使”哈辉将在联合国妇女大会献唱》，新浪网，2015-02-28，http://news.sina.com.cn/c/2015-02-28/014031550372.shtml)

b. ……，她将给世界妇女大会的百名代表献上一场**让人感到非常中国意味**的古典音乐会。

通过上述语句中结构的替换，我们看到这些“程度副词＋名词”组合确实传递了表达者的某些情感。当然，因为程度副词的缺失，替换后的结构不能从量上刻画情感，原结构则通过程度副词表现出了情感量的大小。

第二，标示态度。

态度是人们对共知事物的主观评价，共知事物不反映信息新，因此当标示态度的定语删除以后，尽管句子在句法上仍可视为合格，却会引发语义信息的损耗，甚至是语义扭曲，造成对“适量原则”的破坏。例如：

(50)a. 当年我是在家里一个人拿着盗版的《龙门客栈》和《独臂刀》当作独食来吃的，这和今天在电影院里看《聂隐娘》完全是两码事。在这个影院里，很像中国的电影遇上了一批**很中国**的观众，这才是重点。(《聂隐娘与炸鸡排》，人民网，2015-09-11，http://zj.people.com.cn/n/2015/0911/c186936-26332803.html)

b. #在这个影院里，很像中国的电影遇上了一批观众，这才是重点。

(51)a. 去年的《青蛇》和今年的《罗密欧与朱丽叶》，都是用**非常中国**的方式去解读西方的爱情经典。(《话剧版〈山楂树之恋〉将上演 小彩旗演“静秋”》人民网，2014-05-22，http://ent.people.com.cn/n/2014/0522/c1012-25053224.html)

b. #去年的《青蛇》和今年的《罗密欧与朱丽叶》，都是用方式去解读西方的爱情经典。

(52)a. 王安忆说，《发廊童话》是一个**很当代**的作品，在她看来，话剧是一个偏西方的东西，所以应该更适合没有地域性的，比较现代的表现形式，这也是她选择“童话”形式表现这个戏剧的原因之一。(《王安忆〈发廊童话〉我把写戏剧当作功课》，搜狐网，2008-07-23，https://yule.sohu.com/20080723/n258319540.shtml)

b. # 王安忆说，《发廊童话》是一个作品。

(53)a. 斯巴鲁是一个**较为个性**的品牌，在世界拉力锦标赛中征战多年，拥有水平对置发动机、Lineartronic无级变速箱、左右对称全时四轮驱动系统，在保证动力和通过性的同时，也能具有良好的燃油经济性。(《日系车的复兴路：产品亲民 营销拓展 调整人事》，中国新闻网，2015-03-30，http://www.chinanews.com/auto/2015/03-30/7167860.shtml)

b. # 斯巴鲁是一个品牌。

(54)a. 孙俪：我们没有**很狗血**的戏，其实这部戏不是以“育儿”为主，讲述的是一个80后女孩的成长，这个有很强的普遍性。(《“辣妈”孙俪大胆育儿经 孩子十月大就带他飞美国》，人民网，2013-09-15，http://media.people.com.cn/n/2013/0915/c40606-22924107.html)

b. # 孙俪：我们没有戏。

通过上述例子可以看出，“电影上映有观众”“解读经典用一定的方式”“某本书是作品”“某个商品是品牌”等都是人们固有的百科知识，在交际中提供这样的语句显然有违语用学中“量的准则”。而例(54)中“我们没有戏”不同于“我们没有很狗血的戏”，删除定语就造成了语义扭曲。

此外，通过例(51)也可以看出，“程度副词+名词”组合修饰方式类抽象名词，并作介词宾语时，一定是标示态度的功能。再比如：

(55)在昨日上午的彩排中，董超首先从跑道登上看台，然后一直走到最高处，用一种“**很中国**”的方式点燃了主火炬。(《圣火照亮坚强意志》，搜狐网，2015-09-12，https://www.sohu.com/a/31553017_116237)

与传递感情功能相比，凡是在句子中有标示态度功能的“程度副词＋名词”组合，都是前一个功能，但在句子中拥有传递感情功能的结构未必拥有后一个功能。我们可以用下面的例子进行比较，例(56)、例(57)中的“程度副词＋名词”组合删除以后，语义信息并没有发生损耗。

(56)a. 创新的这款 Aurvana Air 耳塞采用了**非常个性**的耳挂式佩戴方式，这种方式佩戴的时候更加的牢固。(《千元下中端耳机大搜罗》，人民网，2014-02-20，http://tc.people.com.cn/n/2014/0220/c183175-24412926.html)

b. 创新的这款 Aurvana Air 耳塞采用了耳挂式佩戴方式，这种方式佩戴的时候更加的牢固。

(57)a. 他在《我这个人》中写到：“我是个**很中国**的画家。我对于中国文化用极大的热情去理解，越接近他越觉其深不可测。”(《临摹敦煌》，每日甘肃，2011-09-05，http://culture.gansudaily.com.cn/system/2011/09/05/012162794_01.shtml)

b. 他在《我这个人》中写到：“我是个画家。我对于中国文化用极大的热情去理解，越接近他越觉其深不可测。”

第三，彰显意向。

表达者要通过“程度副词＋名词”组合彰显自己的意向，必然要将该组合放到一个较为突出的位置。

根据我们收集的语料，彰显意向有两种方式。一个是将中心语隐去，凸显定语的地位。例如：

(58)我记得我小时候看的电影大部分都是动作片，西部牛仔片、“二战”片或者是罗马片，这对我影响很大，我选片都会选**很男人**的。(《杜琪峰：我不喜欢太艳丽的女人 内地片审我也有点吃不消》，海外网，2013-07-11，http://china.haiwainet.cn/n/2013/0711/c345646-19055514.html)

(59)我喜欢运动车型，但我是个例外，不喜欢太张扬**太个性**的。

(《“富二代”们的别样车事 最爱个性运动豪车》，中国新闻网，2010-06-23，http://www.chinanews.com/auto/auto-rmxw/news/2010/06-23/2357252.shtml)

(60)我个人觉得做游戏，实际上同质化还是比较严重，你要突破作出**很个性**的，很难。(《专访〈龙魂〉团队 自研3D引擎将考虑商业化》，腾讯网，2010-08-12，https://games.qq.com/a/20100812/000173.htm)

上述三例中，根据相关文本语境，我们可以将中心语补出，即“很男人的(影片)”“太个性的(车型)”“很个性的(游戏)”，如果定中结构完整，那么这个作宾语的定中结构中焦点自然倾向于中心语，会削弱定语的地位。中心语隐去后，定语凸显，自然作定语的“程度副词＋名词”组合就成了表达者的表意重点。

另一种方法是用插入语将“程度副词＋名词”组合与中心语隔开，使前者成为一个相对独立的“语块”(chunk)。例如：

(61)我特别向往**很男人**的，很 man 的，比如张震岳或是伍佰的歌，感觉是可以让我流出一身臭汗，但是女人还是愿意拥抱我。(《张宇希望儿子多谈恋爱：找到真爱不容易》，腾讯网，2014-03-08，https://xw.qq.com/ent/20140309000003900)

可以看出，当“程度副词＋名词”组合在句中表现彰显意向功能时，无法兼及标示态度功能，因为将结构删除后会影响句子的完整性。

第四，情绪的标记化。

前面提到的感情、态度、意向，实际都蕴含着情绪，因为情绪是临时性的心理状态，而前三者则是由临时性心理状态固化所形成的。因此，一切“程度副词＋名词”组合作定语都是表达情绪的无标记用法。

当然，有时为了表达需要，人们会运用一定的语言手段将这种临时性的情绪凸显出来，这就是表达情绪的有标记用法。

在口语中人们可以通过加强语气等手段进行凸显；在书面语中，就我们收集到的语料而言，则有两种情况。一个是使用程度副词的叠加实现情绪的标记化。例如：

(62)大家一般把那个归结于是一个**非常非常悲剧**的巧合，一个意外。(《李小龙情人丁佩：曾沉沦毒品》，凤凰网，2014-08-01，http://auto.ifeng.com/hudong/20140801/1019552_9.shtml)

例(62)通过程度副词“非常”的叠加，与“非常悲剧”相比，“非常非常悲剧”增强了表达者的情绪力度。

另一个是组合的叠加，我们发现语料中大多是用这种手段达到情绪的标记化。例如：

(63)其中最简单的一条就是见什么人用什么脸谱，见了领导，必须是一副奴才相，否则就会得罪领导，这得罪了领导，领导会信手拈来用**很雷锋**很革命很冠冕堂皇的理由将你拿下。(中文书城，2020-07-15，http://www.cread.com/chapter/80008802/55571563.html)

(64)很粉嫩**很女人味**的搭配，立体花朵的超短裙提升迷人气场，可见高腰超短裙在欧美街拍达人的搭配中多么重要。(《公园短裙少妇图片欣赏 4 款搭配引领潮流前线》，人民网，2015-08-31，http://lady.people.com.cn/n/2015/0831/c1014-27535278.html)

(65)我觉得赵梅生先生虽然年已 88 岁，但是他精力非常充沛，艺术上一点都不老，非常现代、**非常当代**的感觉。(《雪海流香——赵梅生画展》，百度文库，2013-03-01，https://wenku.baidu.com/view/f7995de0856a561252d36fcd.html)

在这三个例子中，“程度副词＋名词”组合与普通的“程度副词＋形容词”组合相互配合，共同营造出了情绪化的氛围。

总之，这些语用表达功能是依托于语义表达功能的。如果没有表达者对于语义的特有认识，相应的语用表达功能会由其他类型的谓词性成分担当。

4.5 成因分析

4.5.1 内部阶梯差异

“任何深一层的解释都可以把前面浅一层的解释看作描写。”(陆丙甫，2015:7)同理，更深一层的观察或描写也是解释进行的关键。前面提到的“很中国”“非常个性”“很男人”“很个性”“非常中国”等 5 个考察个例作定语的用例很多，我们有必要弄清其内部差异。

既然“程度副词＋名词”组合是一种主观化的产物，依据张国宪、卢建(2014)的结论，其充当宾语内定语和主语内定语的情况肯定有所差异。又因为该结构修饰名词，我们可以大致观察中心语为具体名词和抽象名词的情况。

这样，那 5 个个例在作定语时有 4 种情况，具体分布数量如下[①]：

“非常中国”

宾内定语 具体名词 26

宾内定语 抽象名词 10

主内定语 具体名词 1

主内定语 抽象名词 3

“很个性”

宾内定语 具体名词 98

宾内定语 抽象名词 12

主内定语 具体名词 5

主内定语 抽象名词 0

“很男人”

宾内定语 具体名词 114

宾内定语 抽象名词 22

主内定语 具体名词 9

主内定语 抽象名词 1

“非常个性”

宾内定语 具体名词 158

宾内定语 抽象名词 12

主内定语 具体名词 12

主内定语 抽象名词 0

在“很中国”

宾内定语 具体名词 129

宾内定语 抽象名词 43

主内定语 具体名词 12

主内定语 抽象名词 3

---

① 也有“程度副词＋名词”组合修饰名词后作谓语的情况，不过例子很少，可以暂不考虑。

我们可以发现，“程度副词＋名词”组合作宾内定语要比主内定语自由，修饰具体名词要比修饰抽象名词自由。可以通过表 4-4 直观展示：

表 4-4 “程度副词＋名词”组合作定语的状况

	中心语为具体名词	中心语为抽象名词
宾内定语	＋	（＋）
主内定语	（—）	—

通过表 4-4，我们可以看出，“程度副词＋名词”组合更多的是作宾语内部的定语，其修饰的中心语多为具体名词，抽象名词次之；“程度副词＋名词”组合较少作主语内部的定语，即便作主语内部的定语，其修饰的中心语也多为具体名词。

4.5.2 主客观的制约作用

根据前面提到的“程度副词＋名词”组合作谓语、宾语时数量的差异以及作定语时内部的差异，我们可以从主观性、客观性相互制约的角度解释这种分布的不平衡性。

前文已经提到，因为句子成分与句法成分的不同，“程度副词＋名词”作谓语是自由的，因为与其主观性相吻合。

当该结构作定语时，因为客观性的要求，该类结构便受到一定的限制。这时，只能是主观性程度低的“很”“非常”受到限制较小。

从“程度副词＋名词”组合中的名词来看，名词凸显内涵义是表达者个人的行为，也是主观性的一种体现。但是如果要在“表达—接受”之间构筑共同的语义特征，那么提取语义特征就要有一定的客观性。名词要么可以提取人们普遍联想的语义特征，要么可以提取多个语义特征。前者如“个性”，后者如“中国”“男人”。

就“个性”类名词与“中国”“男人”类名词而言，前者为抽象名词，后者为具体名词。具体名词提取语义特征时具有一定的可感性，因此客观性比抽象名词高。同样的道理，“程度副词＋名词”组合修饰具体名词，人们在两个名词的语义对比时也有较为客观的依据。

所以“中国”“男人”与“很”“非常”结合后，可以在一定程度上满足客观性要求最高的“主内定语 抽象名词”，“个性”则难以满足。

就“中国”与“男人”而言，前者是专名，后者是类名。因为类名是人们经过概括的产物，所以“中国”比“男人”的客观性更高，这也是为什么前者在语料中出现频次比后者多的原因。

4.6 小　结

主观性是语言的一个重要特性，但是主观性的表现不是任意的，它会受到客观性的制约。就“程度副词＋名词”组合而言，句子成分和句法成分、程度副词、结构内名词、中心语名词的客观性都制约该结构的分布。

因此，我们在研究主观性时，要注意其与客观性的相互关系，才能深入解释许多新兴的语法现象。

附录　程度副词“很”修饰名词性成分的相关统计

说明：(1)表中的“组合”是指由程度副词“很”修饰名词性成分而构成的组合；

(2)表中的序号是按照组合出现的次数，由高到低依次标记的；

(3)“总数”是指相应组合出现的总次数，“句法”是指相应组合作句法成分时出现的次数，“比例”是指作句法成分时出现的次数占出现总次数的比重。

序号	组合	总数	句法	比例	序号	组合	总数	句法	比例
1	很美味	902	138	15.3%	2	很暴力	588	64	10.9%
3	很文艺	537	106	19.7%	4	很悲剧	415	105	25.3%
5	很爷们(儿)	356	55	15.4%	6	很白痴	319	95	29.8%
7	很梦幻	277	38	13.7%	8	很淑女	270	63	23.3%
9	很娘	251	43	17.1%	10	很女人	236	48	20.3%
11	很内涵	232	44	19%	12	很个性	220	73	33.2%
13	很狗血	187	48	25.6%	14	很男人	186	36	19.4%
15	很青春	149	16	10.7%	16	很热血	139	38	27.3%
17	很激情	139	26	18.7%	18	很温情	135	52	38.5%
19	很神经	104	20	19.2%	20	很奇葩	95	20	21.1%
21	很速度	92	18	19.6%	22	很美貌	89	12	13.5%
23	很小孩(子)	85	12	14.1%	24	很技巧	84	57	67.9%
25	很忠心	84	10	11.9%	26	很少女	82	16	19.5%
27	很神经质	80	11	13.8%	28	很气质	76	14	18.4%
29	很罪恶	74	19	25.7%	30	很诗意	69	24	34.8%
31	很智慧	67	25	37.3%	32	很人性	61	10	16.4%
33	很极品	57	12	21.1%	34	很私人	56	40	71.4%
35	很真相	54	3	5.6%	36	很豪气	53	29	54.7%

续表

序号	组合	总数	句法	比例	序号	组合	总数	句法	比例
37	很特色	52	15	28.9%	38	很好运	52	7	13.5%
39	很大风	52	2	3.8%	40	很流氓	50	10	20%
41	很大众	46	19	41.3%	42	很童话	46	13	28.3%
43	很潮流	46	10	21.7%	44	很色情	42	14	33.3%
45	很官方	42	12	28.6%	46	很性格	42	7	16.7%
47	很卡通	42	7	16.7%	48	很娘们（儿）	41	2	4.9%
49	很小女	41	0	0	50	很直觉	39	34	87.2%
51	很君子	37	19	51.4%	52	很厚脸皮	36	20	55.6%
53	很家常	36	12	33.3%	54	很喜剧	35	7	20%
55	很营养	35	6	17.1%	56	很天才	34	10	29.4%
57	很俗套	34	9	26.5%	58	很屎	34	0	0
59	很童真	33	8	24.2%	60	很表面	33	8	24.2%
61	很汗	32	3	9.4%	62	很哲学	31	10	32.3%
63	很白菜	31	4	12.9%	64	很奇迹	29	8	27.6%
65	很大雨	29	1	3.4%	66	很诚意	28	16	57.1%
67	很瓜	28	6	21.4%	68	很田园	27	8	29.6%
69	很真理	27	5	18.5%	70	很科幻	26	5	19.2%
71	很喜气	26	4	15.4%	72	很物质	26	4	15.4%
73	很公主	26	3	11.5%	74	很靓仔	26	1	3.8%
75	很戏剧性	25	12	48%	76	很功利	25	12	48%
77	很女性	25	8	32%	78	很罪过	25	2	8%
79	很个人	24	16	66.7%	80	很小人	24	11	45.8%
81	很原则	24	7	29.2%	82	很邪气	24	2	8.3%
83	很狗屎	22	10	45.5%	84	很土鳖	22	6	27.3%
85	很哲理	22	6	27.3%	86	很学生	22	3	13.6%
87	很意境	22	2	9.1%	88	很阴霾	22	0	0
89	很冷门	21	12	57.1%	90	很主流	21	10	47.6%

续表

序号	组合	总数	句法	比例	序号	组合	总数	句法	比例
91	很戏剧	21	4	19%	92	很病态	21	3	14.2%
93	很鸡肋	21	2	9.5%	94	很靓女	21	0	0
95	很难度	21	0	0	96	很偶像	21	0	0
97	很平民	20	7	35%	98	很本色	20	7	35%
99	很大块	20	6	30%	100	很商业	20	6	30%
101	很男性	20	5	25%	102	很漫画	20	4	20%
103	很野性	20	2	10%	104	很内伤	20	1	5
105	很乡村	19	4	21.1%	106	很高科技	19	3	15.8%
107	很民族	19	2	10.5%	108	很活力	18	8	44.4%
109	很光棍	18	6	33.3%	110	很学术	18	6	33.3%
111	很耻辱	18	6	33.3%	112	很难处	18	2	11.1%
113	很疑问	18	2	11.1%	114	很低地	18	0	0
115	很风情	17	7	41.2%	116	很磁性	17	5	29.4%
117	很乡土	17	3	17.6%	118	很大件	17	2	11.8%
119	很大人	17	2	11.8%	120	很元气	17	1	5.9%
121	很毒舌	17	1	5.9%	122	很高才	17	0	0
123	很平价	16	3	18.8%	124	很机车	16	2	12.5%
125	很正气	16	2	12.5%	126	很路人	16	2	12.5%
127	很孩子	16	1	6.3%	128	很原版	16	1	6.3%
129	很难事	16	0	0	130	很歉意	15	8	53.3%
131	很江湖	15	5	33.3%	132	很大片	15	4	26.7%
133	很口水	15	3	20%	134	很女王	15	0	0
135	很热气	15	0	0	136	很概念	14	3	21.4%
137	很长命	14	2	14.3%	138	很仙女	14	2	14.3%
139	很大头	14	1	7.1%	140	很高潮	14	1	7%
141	很压力	14	0	0	142	很骨干	14	0	0
143	很细节	13	6	46.2%	144	很文化	13	4	30.8%

续表

序号	组合	总数	句法	比例	序号	组合	总数	句法	比例
145	很猪	13	2	16.7%	146	很魅力	13	1	7.1%
147	很味道	13	0	0	148	很好天	13	0	0
149	很朋友	13	0	0	150	很本质	12	8	66.7%
151	很实力	12	2	16.7%	152	很大妈	12	2	16.7%
153	很情绪	12	2	16.7%	154	很老公	12	1	8.3%
155	很效率	12	1	8.3%	156	很大叔	12	1	8.3%
157	很哥们	12	0	0	158	很道理	12	0	0
159	很邻家	11	5	45.5%	160	很技术	11	5	45.5%
161	很苦命	11	5	45.5%	162	很娘娘腔	11	4	36.4%
163	很童趣	11	3	27.3%	164	很快感	11	3	27.2%
165	很质感	11	1	9.1%	166	很娃娃	11	1	9.1%
167	很感情	11	1	9.1%	168	很形式	11	1	9.1%
169	很快手	11	1	9.1%	170	很美感	11	0	0
171	很心情	11	0	0	172	很靡羯	11	0	0
173	很时间	11	0	0	174	很空白	11	0	0
175	很策略	10	7	70%	176	很市侩	10	5	50%
177	很生态	10	3	30%	178	很酱油	10	2	20%
179	很驴	10	2	20%	180	很女生	10	1	10%
181	很废话	10	1	10%	182	很波折	10	0	0
183	很贵妇	10	0	0	184	很冷风	10	0	0
185	很阿弥陀佛	10	0	0	186	很巴士	10	0	0

5 “程度副词＋名词”组合的特殊修辞效果的量化判断

特殊语言现象在话语中运用时会产生相应的特殊语用效果，人们对这些特殊语用效果的准确把握，是语用能力的一个重要表现。“程度副词＋名词”组合便是其中一种，人们对其语用效果作了许多定性的评价，但是这种定性评价是针对该组合整体提出的，解决不了个体之间的差异性。这需要我们对影响“程度副词＋名词”组合语用效果的各因素进行量化处理，明确不同个体间的优劣。这样既可以提升我们的言语理解能力，也能改进我们的表达能力。

5.1 组合的特殊语用效果

“程度副词＋名词”组合进入特定的语境后，其语用效果可能在语义、风格、节律、表达策略等方面有不同的侧重。不过，某些语用效果可能不专属于“程度副词＋名词”组合，把该组合替换成其他普通的语言形式，可能有一致的语用效果。

比如，有人认为“程度副词＋名词”组合能够表达强烈的语言节奏（原新梅，1997），那么我们看一下这种语用效果是否专属于该组合。

(1)**太强悍太凌厉太个性**，皮装因此是西洋女子的“特权”。从来没有看到过哪个东方女子能将皮装穿得飒飒成风。（转引自原新梅，1997）

(2)**太强悍太凌厉太自由**，皮装因此是西洋女子的“特权”。

(3)**太个性**，皮装因此是西洋女子的“特权”。

例(2)、例(3)是本书自拟，在例(2)中可以看出我们把“太个性”替换成普通的语言形式“太自由”后，句子的节奏性没有受到影响。例(3)则只有一个“太个性”，不仅失去了节奏性，整个句子的通顺度也受到了影响。因此，所谓的语言节奏是一种普通的语用效果，不是“程度副词＋名词”组合所独有的。

再看下面两例(转引自邵敬敏、吴立红，2005)

(4)他审美眼光大有长进，穿着看上去**很档次**了(档次高)。

(5)这件衣服哪买的，好像十年前的潮流，你也**太档次**了(档次低，没档次)，估计也就你能花这么多钱买，白给我都不要。

例(4)中，“很档次”是对“审美眼光”的描述，有“档次高”的意思。例(5)中，“太档次”与“很档次”的语义相近，而在句子中“太档次”却有“档次低、没档次”的意思，这便体现出了讽刺的语用效果。“程度副词＋名词”组合可以体现这种语用效果，但我们也可用其他词语来体现。比如：

(6)这件衣服哪买的，好像十年前的潮流，你也太会打扮了，估计也就你能花这么多钱买，白给我都不要。

可以看出，只要语境合适，“太会打扮”在句子中也能体现讽刺的语用效果。

“程度副词＋名词”组合是一种特殊的语言现象，它有自身的特殊语用效果，但它也具有其他语言现象的共性，因此也有一般的语用效果。当组合在语篇中出现时，人们获取的语用效果其实是综合了特殊语用效果和一般语用效果的集合。

因此，我们需要区分特殊语用效果和一般语用效果，这样人们在决定是否使用“程度副词＋名词”组合等特殊语言形式时才具有自觉性，同时也会对这些语言现象的本质有更清晰的认识。

特殊语用效果与特殊语言形式密不可分，形形色色的“程度副词＋名词”组合有着共同的句法形式，必然有一个相同的生成动机使之联系在一起，而相同的生成动机则会带来一个共同的语用效果。

徐国珍、朱磊(2011)认为“程度副词＋名词”组合的生成动机“一方面是表达者为了表现自身对于性质的个性化认识；另一方面表达者为了自身认知结果能在交际活动中被人认可，必须在‘副＋形’的基础上引申。这两方面缺一不可，前者是个体认知的要求，后者是公共认知的制约，这体现了公共认知与个体认知之间的对立统一”。

由此可见，该组合共同的语用效果便是能让接受者感受到有关性质描述的带有个体认知色彩的生动性。

5.2 与量化判断相关的因素

“程度副词＋名词”组合作用于交际，必然要在语篇中出现，这种个体认知性的语言形式要进入语篇，面临三方面的问题：一为它是否有资格在交际中使用的问题；二为它是否能被人们理解的问题；三为组合在语句中的具体分布问题。这三个问题其实就是制约组合的特殊语用效果实现的因素，第一个问题我们可以称之为“资格因素”；第二个问题可以称之为“理解因素”；第三个问题可以称之为“分布因素”。如果细分，资格因素和理解因素下面又会各有两个子因素。我们具体分析如下：

5.2.1 资格因素

“程度副词＋名词”组合进入语篇的方式可分为直接进入和间接进入。如果是直接进入，组合将会受到语体特性的制约；如果是间接进入，则会受到互文性的制约。因此，资格因素内部包含语体性质子因素和互文性子因素。

5.2.1.1 语体性质子因素

语体是指“人们在长期的语言运用过程中，对语言运用与语境之间的选择关系类型化（或称为范畴化）的结果”（丁金国，2003）。语体的分类方法很多，人们在正常交际中，可以按照语言使用的规范程度把语体粗略分成正式语体和非正式语体两大类。所谓的正式语体，是指必须运用标准的书面语和口语的语体，比如报刊中的新闻、公开场合的演讲等等。所谓非正式语体，自然是对运用标准书面语和口语要求不高的语体，如人们日常的谈话等，“网络语言”也是其中的代表。

在现有的语法体系中，程度副词修饰名词是一种非常规的用法。所以，如果组合出现，那么它们只能出现在非正式的语体中。也就是说，组合只有在这种非正式的语体中才有可能发挥自身的语用效果。而该组合在正式语体中出现时，会人们被视为“不规范”现象，使其语用效果丧失。

当然，对于某些指谓性质的抽象名词来说，因为其与形容词的相似性，很容易在正式语体中误用。例如：

(7)又如前几年**很热门**的物流报关员、电子商务或目前正热门的金融分析师、网络营销师等，吸引了大批学生不顾一切地挤进这些领域，但真正有能力匹配者少之又少，导致供大于求。(《杀猪毕业生回北大母校讲创业》，新浪网，2013-04-15，http://sh.sina.com.cn/2013-04-15/0955194862_3.html)

(8)“78名硕士生起诉学校”，开局**很热血**，中段稍落寞，结局更犹未可知。据悉，学生们为避免举证，提起的是行政诉讼。但，昌平法院工作人员表示，“大学是事业单位，不具备行政主体资格”。(《华西都市报：“学生诉学校”，能否成为公众维权参照?》，人民网，2012-12-14，http://cpc.people.com.cn/pinglun/GB/n/2012/1214/c78779-19899387.html)

上述两例中的“热门”和“热血”现在依旧是名词，但是很多场合人们将其误用为形容词。既然误用，表达者也就不认为它是特殊语言现象，自然也没有特殊语用效果。因此，综合这两种情况，即不管是表达者有意为之，还是误用，凡是组合在正式语体中出现，其取值都为0。

而对于体育、娱乐报道来说，它们为了吸引读者，肯定要吸纳新兴的语言现象，与政治类新闻报道相比，显然它们归入非正式语体也更合适。例如：

(9)《米兰体育报》的评论**很内涵**：“斯内德和曼奇尼两位国米旧人戏弄了孔蒂。”(《欧冠小组收官尤文遭淘汰 意甲沉沦仅剩米兰独苗》，人民网，2013-12-13，http://sports.people.com.cn/n/2013/1213/c22176-23834795.html)

例(9)就是体育新闻，这里的“很内涵”就具有特殊语用效果。

我们把语体性质简称为S，当组合出现在非正式语体中时，S=1，表示“在该语体性质中存在拥有语用效果的可能”；出现在正式语体中时，S=0，表示“在该语体性质中不存在拥有语用效果的可能”。

如果组合是间接进入语篇的，那么语体性质子因素便影响不到该组合。这时依然是S=0，我们需要参照互文性子因素。

5.2.1.2 互文性子因素

这里的互文性具体是指语体性质上的互文性，即原本属于非正式语体的组合可以"嵌入"正式语体的语篇之中。当然，这需要有互文性的标记才能使接受者明确。

凡是在语篇中出现表现观点、引述话题的词语，那么它们就成为互文性的一种标记。

(10)网友评价廖新波在网上的态度**很平民**。(中国文明网，2010-7-27，http://archive. wenming. cn/pinglun/2010-07/27/content_20449411. htm)

(11)一直都认为 IT 是一种"**很男人**"的行业，在这个以高强度的工作而著称的圈子，一群精神旺盛的爷们儿，整天谈论的是数据、逻辑和程序……(百度文库，2014-04-19，https://wenku. baidu. com/view/366d699b80eb6294dd886cc2. html)

(12)"不是虚假得很幼稚，就是虚假得**很成人**，有些作文让人啼笑皆非。"作为省里各种作文大赛的评委，全国中学语文教学研究会理事、省教师培训中心副主任严华银说，"不少孩子的作文一读，就知道是套的甚至是抄的，细节经不起推敲，典型的'为赋新词强说愁'。"(《学生作文套话连篇令人忧 虚假到令人啼笑皆非》，中国新闻网，2009-12-05，http://www. chinanews. com/edu/edu-xyztc/news/2009/12-05/2001763. shtml)

例(10)、例(11)中的"评价"和"认为"都是语篇事件参与者自己观点的表达，而非语篇表达者自己的观点；例(12)中的"说"更是直接引用的标记，体现语篇参与者的话语。

即便有时没有出现这些互文性的标记，只要语篇以文字形式显现，引号也起到了引述的作用。

(13)该片出现了诸多"**很成人**"、"**很暴力**"的情节和场景。(百度文库，2016-07-24，https://wenku. baidu. com/view/4d06c4034afe04a1b171de3f. html)

例(13)中的"很成人"和"很暴力"都是影片观看者对该片的评价，通过引号体现出了互文性。

我们把互文性简称为 I。当正式语体的语篇中出现互文性标记时，I=

1,否则 I=0。

对于非正式语体来说,组合即便是间接进入,所引述的话语的语体性质与该语篇的语体性质其实是一致的,因此就不存在这种语体性质上的互文性。因此,我们规定,如果组合在非正式语体中出现,即 S=1,那么 I=0。

比如,同样是和例(9)相同的“很内涵”,在下面的例子中就是在引述中出现的。

(14)“我希望它的内容是积极、健康的,拒绝深刻。虽然漫画中离不开一些成人的段子,但我尽量都用**很内涵**很婉转的形式表现出来。”在《一般不扯淡》的网友反馈中,大多数读者表示喜欢这种“雅痞”风。(《80 后绘“雅痞”漫画走红 勾画上班族很囧很喜感》,人民网,2012-08-16,http://society.people.com.cn/GB/n/2012/0816/c136657-18761143.html)

在例(14)中,“很内涵”位于引述他人的话语当中,具有互文性,但是相应的语体是娱乐新闻,具有非正式性,所以互文性子因素的作用可视为 0。

5.2.2 理解因素

理解因素涉及的是语义特征对应和语义特征数量这两个子因素。其中,前者居于主导地位,因为它是理解组合能否适应语篇的关键,而后者只有在前者基础上才能实现。

5.2.2.1 语义特征对应子因素

对于“程度副词+名词”组合,我们不应该孤立看待程度副词与名词的关系,该组合作为形容词性词组在语篇中出现,必然是对语篇中某种事物的描述。

无论“程度副词+名词”组合作何种句子成分,它在语篇层面体现为一个隐喻:

事物 A 的 X 性质像事物 B 的 Y 的性质。

从语义的角度我们可以进一步概括为:

名词短语 A 中表性质的 X 语义特征=名词短语 B 中表性质的 Y 语义特征。

换句话说,该组合进入语篇后能够被接受,关键就在于名词短语 A 与名词短语 B 实现了表性质的语义特征上的对应。为了论述方便,这里所说的“表性质的语义特征”简称为“语义特征”。

从逻辑上说，名词短语 A 与 B 语义特征对应有六种情况：

A1B1　A1B2　A2B1　A2B2　A3B1　A3B2

因为在语篇中 A 是 B 语义描述的参照对象，所以对于“程度副词＋名词”组合中的 A 来说，其语义特征的获取主要依靠接受者的认知经验。对于接受者而言，这里的 A1 是指名词短语包含一个语义特征，这种类型的名词主要为指谓性质的抽象名词，因为这种抽象名词是名词范畴中的边缘范畴，所以更接近形容词。A2 是指名词短语包含多个语义特征，这些名词多为具体名词和某些专有名词。A3 是指名词短语不包含语义特征，这些多为专有名词和人们不熟悉的具体名词。至于名词短语 B，B1 是指名词短语 B 包含语义特征，B2 是指名词短语 B 不包含语义特征。由于语篇描述的对象是名词短语 B，所以 B 的语义特征主要是由语篇的文本语境为接受者提供理解的线索。

如果出现 A1B1 的情况，就表明名词短语 A 和名词短语 B 的语义特征相对应。例如。

(15)这是一个**很狼性**的行业，能生存下来的房产销售都是用心、努力、坚持、专业来服务每一位顾客。(百度贴吧，2020-03-07，https://tieba.baidu.com/p/6533610182)

(16)我当时看剧本的时候，觉得是很稀有的一种文风，因为我看过很多狗血和世故的电影剧本，《泡芙小姐》很纯净，**很诗意**，我就跟所有的导演朋友说，我要拍成电影。(《专访张歆艺：第一次当导演不容易 拒绝狗血青春片》，人民网，2018-02-14，http://fashion.people.com.cn/n1/2018/0214/c1014-29823379.html)

例(15)中的 A 是“狼性”，属于抽象名词，其语义特征为[＋严酷]，B 为“(房产销售)行业”，根据语篇提供的文本语境，其语义特征为[＋强度]。这两个语义特征可以共同位于“严苛”的语义场中，因此两者的语义特征对应。

例(16)中的 A 是“诗意”，同样为抽象名词，其语义特征有[＋美感]，B 为剧本《泡芙小姐》，其语义特征在例中语句中具有[＋纯净]。这两个语义特征可以共同位于“审美”的语义场中，因此两者的语义特征对应。

如果出现 A1B2 的情况，表明虽然 B 的语义特征不能确定，但是接受者的解读是从 A 出发，A 的语义特征会投射进 B。只要这个语义特征不会与 B 存在明显矛盾，那么它也就成为属于 B 的语义特征。因此，这种语义对应关系是需要临时建立的。

(17)简单的纯色与简约的基础款，**很品质**又百搭！……裙子套装女韩版，裙子三色可选……(搜狐网，2017-03-01，https://www.sohu.com/a/127570909_583210)

例(17)中的A是“品质”，B是“裙子”。“品质”是抽象名词，根据石毓智(2011:134)“社会平均值”的提法，任何事物都具有品质，“品质”进入交际范围，则表明语篇中提到的裙子品质在程度上高于同类物品。因此，“品质”的语义特征是[＋高品质的]。从语篇提供的文本语境看，“裙子套装女韩版，裙子三色可选……”和“很品质”是从不同方面描述“裙子”的，因此语篇不能为名词B“裙子”提供能与名词A“品质”相对应的语义特征。所以，“品质”的语义特征就投射进“裙子”，才能实现A和B的语义特征对应。

如果出现A2B1的情况，表明名词短语B的语义特征与名词短语A的某一个语义特征相对应。我们来看例(14)—例(16)(转引自丁加勇、戴玮，2007)

(18)王涛是台里特别有幽默感的人，长得**很男人**的他有点和实际年龄不太相符合，因而也闹出不少的笑话。

(19)她抚摩着夏麦的肩头，感觉自己**很男人**，生出怜香惜玉之心，她要救这个女孩子于水深火热之中。

(20)小时候，他们看的都是《森林之王》、《阿童木》、《变形金刚》等**很男人**的动画片。

三例中A为“男人”，是具体名词，凸显不同的模型表明其拥有多种语义特征。B分别是“王涛”“她(的心思)”和“动画片”。根据语篇提供的文本语境，这些名词的语义特征都可以与“男人”的某种语义特征相对应。丁加勇、戴玮(2007)认为以上三例中的“男人”分别凸显了外形模型、性格模型和喜好模型，这其实就是建立不同的语义特征对应所依托的语义场。

如果出现A2B2的情况，由于名词短语B缺少语义特征，而名词短语A的语义特征存在多个，其语义特征就无法明确投射，不能建立清晰的语义特征对应关系。当然，接受者可以根据自己的经验，选择A中自己认为最凸显的语义特征进行投射。例如：

(21)为什么有些女人穿衣好看，有些女人穿衣**很土鳖**？(搜狐网，2016-03-08，https://www.sohu.com/a/62468125_115036)

(22)过去的霍思燕，**很路人**有木有。(《爆汤唯赵薇范冰冰小S旧

照 笑掉牙搞笑照片》，人民网，2013-08-23，http://msn.people.com.cn/n/2013/0823/c242548-22676072.html)

例(21)中的A为“土鳖”，B为“女人的穿着”。我们无法从这句话中得出关于“女人的穿着”的更多信息，因此它的语义特征是缺省的。“土鳖”是具体名词，存在多种语义特征的可能。但是接受者根据语素“土”在语言中的运用状况，可以认定“土鳖”的语义特征[＋不入流]比较明显，所以[＋不入流]能投射到“女人的穿着”当中。因为人的穿着都有入流和不入流的可能，所以这个语义特征与“女人的穿着”在语义上无明显矛盾。因此，[＋不入流]成为“女人的穿着”的语义特征，A和B实现了语义特征的对应。

例(22)中，A为“路人”，B为“霍思燕”。我们也难以从文中得到“霍思燕”的更多信息。但是我们根据自身经验对“路人”的理解，特别是娱乐领域对“路人”一词的引申，再结合例中的话语是对霍思燕的评价，所以A和B在[＋不起眼]这个语义特征上实现对应。

某些专有名词也存在类似情况，它们在接受者的认知经验中会凸显某些语义特征。例如，

(23)做人不能**太 CNN** 了。

例(23)曾是网络流行语。这里的A是“CNN”，B在语篇中隐含，实际是“(做人的)行为”。CNN是一家传媒机构，为专有名词。由于2008年对中国刻意做过不实报道而遭到全国人民的反感，在接受者的认知经验中其语义特征为[＋不诚实]。名词短语B“(做人的)行为”无法从语篇文本语境中提取语义特征，所以A的语言特征投射进B，两者再建立对应。

单看这个句子，“CNN”的语义特征其实不仅是[＋不诚实]，诸如[＋持有政治立场]等也可以作为对应的语义特征。“太CNN”之所以在例句中的意义相对固定，那是因为这句话已成为流行语，这是另一个层面的问题了。

如果出现A3B1的情况，接受者不能从名词短语A提取明显的语义特征，名词短语B先用自己的语义特征投射进名词短语A，只要这个语义特征不会与A潜在的语义特征存在明显矛盾，那么A会再用这个新增的语义特征去与B进行对应。这种情况的出现使“程度副词＋名词”组合失去了生动刻画B的初衷，不过也至少使接受者了解了名词短语A在语义上的更多细节。例如：

(24)虽说穿吉服和便服时候耳环随意，但是总觉得底下那颗大金

珠子的材质也**太《西游记》**了，像是拿妖精洞里缴获的“金”酒壶打的。（百度贴吧）

例(24)中的A是“《西游记》”，属于专有名词；B是“大金珠子的材质”。根据认知经验，《西游记》是古典名著，它所涉及的方方面面极为庞杂，接受者对于组合中的《西游记》表现何种语义特征并不清楚。对于“大金珠子的材质”，接受者可以根据语篇中的文本语境“像是拿妖精洞里缴获的‘金’酒壶打的”，得出“大金珠子的材质”的语义特征为[＋俗气]。这个语义特征投射到《西游记》中，则“太《西游记》”大致就是“太俗气”的意思。另外，语篇的文本语境提供的是视觉信息，因此这里的《西游记》其实是指“(电视剧)《西游记》”。

如果出现A3B2，表明A与B双方的语义特征都难以提取，这使接受者无法理解语句。这种情况仅在实际当中很难出现，因为它影响交际。为了交际的继续，表达者必然会想方设法给A和B增添语义特征的。

那么这六种情况该如何赋值呢？

显然，A1B1和A2B1都完整地实现了语义特征的对应。不过，由于A2存在多种语义特征，当接受者的经验不同、观察视角不同，就可能依托不同的语义场，使A当中不同的语义特征与B的对应，理解更具有生动性。因此，A2B1＞A1B1。

对于A1B2、A2B2和A3B1来说，尽管三者语义特征的对应都需要临时建立，但A1B2比A2B2更具有明确性，而A3B1的情况没有真正发挥“程度副词＋名词”组合的作用，因此，A1B2＞A2B2＞A3B1。

这样，上述六种情况语用效果的大小排序为：

A2B1＞A1B1＞A1B2＞A2B2＞A3B1＞A3B2

我们把语义特征对应子因素简称为Q，这六种情况的赋值便是：

当A2B1出现，则Q＝5；

当A1B1出现，则Q＝4；

当A1B2出现，则Q＝3；

当A2B2出现，则Q＝2；

当A3B1出现，则Q＝1；

当A3B2出现，则Q＝0。

依据第一章提及的三种修辞幻象，A1B1和A1B2与修辞幻象3相关，A2B1和A2B2与修辞幻象2有关，A3B1和A3B2与修辞幻象3有关。根据

第二章的论述，属于修辞幻象 2 的“程度副词＋名词”组合是接受活动中的最佳使用对象，因此，只要相应地文本语境合适，就会出现我们拟定的 A2B1（Q＝5）的情况。

5.2.2.2 语义特征数量子因素

前面我们只分析了 B 的语义特征存在或不存在这两种情况。在实际描述 B 的过程中，语篇所涉及的 B 的语义特征可能并不唯一，因此也存在多个语义特征与 A 对应的情况。例如：

(25)程雷是个好主持，**非常智慧**，经常口吐莲花，很善解人意和化解矛盾。（百度贴吧）

例(25)中的 A 为“智慧”，B 为“程雷”。对于接受者来说，“智慧”是抽象名词，其语义特征是[＋超出常人能力的]。根据语篇提供的文本语境“口吐莲花”，表明“程雷”的语义特征为[＋给人启发的]，两个语义特征可以对应。不过，文本语境并不仅仅给出了一个语义特征，后面的语句“很善解人意和化解矛盾”，表明“程雷”又有[＋随机应变的]的语义特征，该语义特征也可与“智慧”的语义特征相对应。因此，B“程雷”就有两个语义特征与 A“智慧”相对应。

有一个问题是：为什么我们不在语义特征对应子因素中多设立一个 B，而是将 B 拥有多个语义特征与 A 对应的情况单独分析呢？

A 的多个语义特征是由 A 词语本身同时激发的，而 B 若是拥有多个语义特征，必须通过不同的语句进行激发。当 B 的一个语义特征与 A 实现对应之后，A 还需要存放在接受者的工作记忆中，接受者才能在阅读、收听下面的语句时寻找 B 与 A 的其他对应可能。工作记忆中的存储和加工功能之间需要平衡（参见 Carroll，2008：48-50），接受者如果寻找到或者临时建立起语义特征对应之后，继续寻找其他语义特征便不再是理解的主要任务，否则会影响接受者对语篇其他信息的处理。

因此，语义特征数量增多，不代表语用效果一定随之相应地增长。但是接受者如果有机会重新阅读语篇，在语篇基本信息已经得到处理的情况下，也可能会发现其他语义特征的对应。这也反映出接受者通读和精读语篇时可能发生的理解差异。

基于上面的论述，我们把 B 的语义特征数量作为一个单独的子因素处理，称为“语义数量子因素”。语义特征数量子因素简称为 E，我们规定 B 的语义特征数量为 1 时，E＝0.1；当数量大于 1 时，无论具体数量为多少，E＝

0.2。另外，之所以把E的赋值设为0.1和0.2，在技术上也是为了防止出现E值过大致使其超出Q值。

在前面的例子中，如例(15)和例(16)，尽管语篇也为B提供了多个语义特征，但是这些语义特征并没有与A实现对应，所以其E的取值依然为0.1。

值得注意的是，如果存在B2，即B没有语义特征时，自然也不存在多个语义特征这种情况了。所以，我们规定当Q＝0、2、3时，E＝0。

5.2.3 分布因素

通过前面章节的论述，我们已经清楚“程度副词＋名词”组合在充当句子成分和句法成分时存在主观性的差异。概括来说，组合在句子成分的位置拥有更好的修辞语用效果，在句法成分中效果较弱。在第四章中，我们又已得知，当“程度副词＋名词”组合作宾内定语时，尚存在一定的主观性。

宾内定语也属于句法成分，但是整个宾语是句子成分。所以，普通的句子成分、宾内定语和普通的句法成分在主观性上的排列应该是——

句子成分＞宾内定语＞句法成分

(26)宋女士拿出人体解剖图，“**很学术**地按图索骥了一下。”(《逾9成家长支持预防儿童性侵纳入学校教育》，人民网，2013-06-03，http://finance.people.com.cn/money/n/2013/0603/c218900-21708135.html)

(27)广告模式可以说是“羊毛出在猪身上”：你在新浪上免费看新闻，新浪给你推送第三方广告；你在谷歌上免费搜索信息，谷歌给你推送第三方广告。换成**很学术**的说法，就是第三方补贴。(《周鸿祎：互联网是颠覆一切的力量 360或被颠覆》，人民网，2014-10-08，http://game.people.com.cn/n/2014/1008/c40130-25790361.html)

(28)当然，语言的流行与淘汰是一个很大的话题而且**很学术**，我不可能在这篇幅有限的短文里深入探讨。(《校园“潮词”：优雅正面临挑战》，人民网，2016-02-23，http://theory.people.com.cn/n1/2016/0223/c49157-28141792.html)

在例(26)中，“很学术”作状语，属于句法成分；例(27)中“很学术的说法”作“换成”的宾语，那么“很学术”就是宾内定语了；例(28)的“很学术”作句子的谓语，属于句子成分。

我们可将“程度副词＋名词”组合的分布因素记为F，F的取值也可以是相对性的。如同例(26)，“很学术”是普通的句法成分，F＝1；例(27)的“很学术”是宾内定语，F＝2；例(28)的“很学术”是句子成分，F＝3。

5.3 量化公式

根据以上四个子因素，我们可以将其综合，从而计算出不同“程度副词＋名词”组合在具体语篇中的语用效果值。我们将特殊语用效果值简称为 W。

5.3.1 公式的提出

从上面的分析中，我们可以看出，决定组合特殊语用效果资格因素与理解因素缺一不可，当一方面取值为 0，那么整个效果也会取值为 0。每个因素的取值具体又是其内部子因素共同构成的，而且分布因素也起到重要的制约作用。因此，组合的特殊语用效果值公式为：

$W=F\cdot(S+I)\cdot(Q+E)$

其中 $F\in 1,2,3$；$S\in 0,1$；$I\in 0,1$；$Q\in 0,1,2,3,4,5$；$E\in 0,0.1,0.2$。

当 $S=1$，则 $I=0$；

当 $Q=0,2,3$，则 $E=0$。

依据各个子因素的取值条件，消去重复的数值，语篇当中所有的“程度副词＋名词”组合的特殊语用效果值可以划归为 24 个离散值，从小到大依次排列如下：

$W_1=0$，

$W_2=1.1$，

$W_3=1.2$，

$W_4=2$，

$W_5=2.4$，

$W_6=2.2$，

$W_7=3$，

$W_8=3.3$，

$W_9=3.6$，

$W_{10}=4$，

$W_{11}=4.1$，

$W_{12}=4.2$，

$W_{13}=5.1$，

$W_{14}=5.2$，

$W_{15}=6$，

$W_{16}=8.2$，

$W_{17}=8.4$，

$W_{18}=9$，

$W_{19}=10.2$，

$W_{20}=10.4$，

$W_{21}=12.3$，

$W_{22}=12.6$，

$W_{23}=15.3$，

$W_{24}=15.6$。

当然，这些值只是理论的可能，并不能说明它们一定会在实际语言生活中出现。

5.3.2 公式的应用

下面我们就用该公式来计算相关具体的实例。

(26)这种对国产动画是“低幼产品”甚至“低质产品”的刻板印象，使他们很难成为国产动画电影的消费者，但“大圣”扭转了他们的看法：中国动画也可以很酷炫、很成人。(《从“大圣”到“哪吒”从潮起到崛起》，人民网，2019-08-06，http://art.people.com.cn/n1/2019/0806/c226026-31278677.html)

在例(26)中，“程度副词＋名词”组合“很成人”用在了正式语体中，而且也没有互文性的标记。因此，S＝0，I＝0，我们就不必考虑F、Q和E的具体赋值了。

$$\begin{aligned} W &= F \cdot (S+I) \cdot (Q+E) \\ &= F \cdot (0+0) \cdot (Q+E) \\ &= 0 \end{aligned}$$

(27)电瓶车淋雨后后座长出蘑菇 网友：**太生机**了。(搜狐新闻，2013-06-23，http://news.sohu.com/20130623/n379595257.shtml)

例(27)是人民网的一则新闻的标题，属于正式语体，因此S＝0。后面转述网友的言论，符合互文性的特征，所以I＝1。“太生机”作谓语，属于句子成分，F＝3。

这里的 A 为“生机”,B 在语篇中隐含,实际为“(蘑菇生长的)情景”。“生机”为抽象名词,其语义特征可为[+富有活力],而文本语境不能给 B 的语义特征提供明确信息。所以两者的语义特征对应为 A1B2,Q=3,E=0。

W=F·(S+I)·(Q+E)
=3×(0+1)×(3+0)
=9

(28)一些受益匪浅的句子,**太哲理**了!(百度贴吧,2011-07-15,https://tieba.baidu.com/p/1142037765? red_tag=2841867021)

例(28)属于非正式语体,因此,S=1,I=0。“太哲理”作谓语,属于句子成分,F=3。

这里的 A 是“哲理”,B 是“句子”。“哲理”是抽象名词,其语义特征是[+深刻见解的]。根据文本语境,“句子”的语义特征是[+给人启发的]。这两个语义特征可以共同位于“优秀思想”的语义场中,因此两者的语义特征对应属于 A1B1,Q=4,E=0.1。

W=F·(S+I)·(Q+E)
=3×(1+0)×(4+0.1)
=12.3

(29)问个**相当白痴**的问题:困水需要盖盖子吗,新手真心想知道,别笑我白痴。(龙鱼之巅论坛,2013-6-16,http://longyu.longdian.com/thread-609410-1-1.html)

例(29)的语篇也属于非正式语体,所以 S=1,I=0。“相当白痴”作宾内定语,属于句法成分,F=2。

这里的 A 为“白痴”,B 为“问题”。“白痴”属于具体名词,它可以拥有[+不知常识][+反应迟钝][+遭人歧视]等多种语义特征。当时所谓的“常识”是某个交际圈中常见的知识,例句中的“困水”是指将自来水变为适应养鱼水体的措施。根据语篇提供的文本语境,也就是对“问题”内容的描述,名词 B“问题”的语义特征为[+缺乏思考深度]。这两个语义特征可以共同位于“肤浅”的语义场中,因此两者的语义特征对应属于 A2B1,Q=5,E=0.1。

W=F·(S+I)·(Q+E)
=2×(1+0)×(5+0.1)

＝10.2

(30)“扮清装廉”看似很隐蔽、**很技巧**、很高明，但假的就是假的，永远也真不了。再逼真的表演总有穿帮的那一天，是戏终归要谢幕，演员总得要退场。(《心有纪行必廉何须“粉墨登场”》，人民网，2018-11-02，http://theory.people.com.cn/n1/2018/1102/c40531-30378211.html)

例(30)讲述的是领导干部的清廉问题，属于正式语体，而且也没有互文性的标记。也就是说，“很技巧”是在正式语体中的误用。这样，S＝0，I＝0，相应的Q和E的具体赋值也就不用考虑了。

W＝F·(S＋I)·(Q＋E)

＝F·(0＋0)·(Q＋E)

＝0

(31)陈奕迅……同时表达了很多感谢，“最想说的是，金曲奖评审一直对陈奕迅有非常多的厚爱，对我很好。作为歌手，最应该做的事情是在舞台上，很专心、**很忠心**地唱歌给大家听，我有一阵子没有开演唱会了，我在好好准备。”(《陈奕迅三度封王 林俊杰遗憾陪跑》，人民网，2018-06-26，http://ent.people.com.cn/n1/2018/0626/c1012-30085299.html)

例(31)是娱乐报道，属于前文所说的非正式语体，尽管“很忠心”有互文性子因素的体现，但是其已经处于非正式语体中了，所以S＝1，Q＝0。“很忠心”在语句中作状语，属于句法成分，F＝1。

这里的A是“忠心”，B是“(唱歌的)行为”。A属于抽象名词，其语义特征是[＋真诚]，而B根据语篇所提供的信息，如“很专心”等，可以判断其语义特征为[＋专一]。这样，A和B都处于“专注”的语义场之中，两者语义对应属于A1B1，则Q＝4，E＝0.1。

W＝F·(S＋I)·(Q＋E)

＝1×(1＋0)×(4＋0.1)

＝4.1

(32)没走多远店铺就到了，果然是粉色外墙，但是天已经黑了，在外墙肯定照不出梦幻少女感了。走进店内郑小姐就傻眼了，柜台前排着大长队，店里满是人，**很梦幻**的白色云朵墙边也是站满了老人孩子，根本没有地方让郑小姐学习网红那种云淡风轻的姿态拍照。(《网红店如何才能热长久》,人民网,2019-02-21,http://fashion.people.com.cn/n1/2019/0221/c1014-30851134.html)

例(32)是属于休闲生活,也是非正式语体,而且没有互文性标记,所以S=1,I=0。"很梦幻"作定语,属于句法成分,F=1。

这里的A是"梦幻",B是"白色云朵"。"梦幻"是抽象名词,语义特征是[+离奇],而"白色云朵"在语篇中并没有相应的描述给予支撑,因此两者的对应为A1B2,Q=3,E=0。

W=F·(S+I)·(Q+E)
=1×(1+0)·(3+0)
=3

(33)而朴信惠的这款发型就**很公主**,去一个小趴体呀,正式一点的场合,简简单单的一个带能给你加分很多。(《韩剧都看完了,女主的发型你还是不会吧》,人民网,2016-04-22,http://lady.people.com.cn/n1/2016/0422/c1014-28296432.html)

例(33)是娱乐新闻,因此是非正式语体,而且没有互文性标记。因此,S=1,I=0。"很公主"作谓语,属于句子成分,F=3。

这里A是"公主",属于具体名词,B是"发型"。与上一例相同,B"发型"也没有语义特征在语篇中直接呈现。因此,人们需要依据自身的经验,将"公主"的相关语义特征投射到"发型"里,然后两者之间才能建立对应。因此,两者的语义对应属于A2B2,Q=2,E=0。

W=F·(S+I)·(Q+E)
=3×(1+0)×(2+0)
=6

(34)瘦驼介绍……"日韩的综艺节目其中有一些穿插科学内容,看着很热闹、**很戏剧**,但它的理论解释往往经不起推敲,电视人很清楚,反正大家看的并不是解释,而是热闹。欧美电视台拍过的一些成功节目也禁不住推敲,有的甚至是用障眼法做出来的。"(《央视原创科学节目〈加油,向未来〉迈出国民科普一大步》,人民网,2016-08-04,http://culture.people.com.cn/n1/2016/0804/c22219-28610353.html)

例(34)介绍的是相关产业发展,具有一定的严肃性,因此是正式语体。"很戏剧"是在引述的话语中,满足了互文性的要求。因此,S=0,I=1。"很戏剧”作谓语，属于句子成分，F＝3。

这里的 A 是“戏剧”，属于具体名词，B 是“科学内容”。“戏剧”的语义特征可以有[＋有趣]，而根据语篇提供的信息，“科学内容”的语义特征是[＋热闹]，它们都可以归入“吸引人”的语义场中。所以，A 和 B 的语义对应属于 A2B1，Q＝5，E＝0.1。

$$
\begin{aligned}
W&=F\cdot(S+I)\cdot(Q+E)\\
&=3\times(0+1)\times(5+0.1)\\
&=15.3
\end{aligned}
$$

(35)给光头小人戴假发这个小游戏玩法很简单，风格**很漫画**，小人系列的游戏都让人玩得很开心，而且小人的假发还真不是普通的小，看起来真像一片黑花瓣。(《手游推荐：帮光头小人戴假发》，人民网，2013-09-17，http://tc.people.com.cn/n/2013/0917/c183175-22947963.html)

例(35)是娱乐方面的文章，属于非正式语体，“很漫画”所在语句中也没有互文性的标记，所以 S＝1，I＝0。“很漫画”作谓语，属于句子成分，F＝3。

这里的 A 是“漫画”，属于具体名词，其语义特征[＋简明][＋有趣]等；B 是“风格”，根据其语篇内容，“风格”的语义特征也有[＋简单][＋开心]等。这样，[＋简明]与[＋简单]可以归入同一个语义场，[＋有趣]和[＋开心]可以归入同一个语义场，B 就有多个语义特征与 A 对应，这样它们的对应类型是 A2B1，Q＝5，E＝0.2。

$$
\begin{aligned}
W&=F\cdot(S+I)\cdot(Q+E)\\
&=3\times(1+0)\times(5+0.2)\\
&=15.6
\end{aligned}
$$

(36)这家店就在中心百井坊巷子上，一进门右手边有一个大冰柜和食品架，架上阵列着腐竹、莴笋、肉片、花菜、鱿鱼、牛百叶、香肠、冬瓜、鸡翅、鱼丸、蟹肉棒、魔芋、藕片、菠菜等等，品种繁多，任客自选。这些菜色都用竹签串了起来，“串串”也为此得名。五毛到一块五一串，价格**很平民**。(《吃一锅鲜香麻辣的传奇串串香》，人民网，2016-01-05，http://travel.people.com.cn/n1/2016/0105/c41570-28013196.html)

例(36)是介绍饮食、休闲方面的文章，也可归入非正式语体。“很平民”所在的语句也没有互文性的标记，所以 S＝1，I＝0。“很平民”作谓语，属于句子成分，F＝3。

这里的 A 是“平民”属于具体名词，而 B 是“价格”。根据文本语境提供的线索，“价格”的语义特征是［＋便宜］，而“平民”的语义特征可以是［＋简朴］，这样两者都可以归入“低廉”的语义场之中。所以，“平民”和“价格”的语义对应是 A2B1，Q＝5，E＝0.1。

$$\begin{aligned} W &= F\cdot(S+I)\cdot(Q+E) \\ &= 3\times(1+0)\times(5+0.1) \\ &= 15.6 \end{aligned}$$

（37）这些有“天价”商品或者服务的商家在绝大多数的消费者看来，都是**很平民性**的消费场所，其软硬件设施与服务都与其所谓的“天价”呈现出让人感觉十分不协调的感觉。（《陈正用：“天价”背后已不仅仅是噱头》，人民网，2015-10-15，http://opinion.people.com.cn/n/2015/1015/c159301-27702861.html）

例（37）也是介绍有关消费者权益的严肃话题，属于正式语体，不过从题目《陈正用：“天价”背后已不仅仅是噱头》就可以看出，这是在转述他人的观点，所以“很平民性”处于转述话语中，因此满足互文性子因素，所以 S＝0，I＝1。在语句中，“很平民性的消费场所”作“是”的宾语，“很平民性”修饰“消费场所”，成为宾内定语，F＝2。

这里的 A 是“平民性”，虽然语义特征与“平民”相近，其语义特征也是［＋简朴］，但它属于抽象名词。B 是“消费场所”，根据语篇提供的“软硬件设施与服务”与“天价”等，其语义特征是［＋便宜］，两个语义特征可以归入“低廉”的语义场之中。所以，“平民性”和“消费场所”的语义对应是 A1B1，Q＝4，E＝0.1。

$$\begin{aligned} W &= F\cdot(S+I)\cdot(Q+E) \\ &= 2\times(0+1)\times(4+0.1) \\ &= 8.2 \end{aligned}$$

（38）不知道澳洲人为啥，辣么帅，是不是经常沐浴在草地农场烧烤个袋鼠串，就能增颜值？大胡子也多，一个个都很粗狂**很野性**，但很白很嫩。（《极限之地公开赛邀请战队大起底 4 支种子战队名单公布》，人民网，2016-06-03，http://game.people.com.cn/n1/2016/0603/c210053-28410844.html）

例(38)是对游戏战队的介绍,属于非正式语体,并且没有互文性标记,所以 S=1,I=0。“很野性”作谓语,属于句子成分,F=3。

这里的 A 是“野性”,属于抽象名词,其语义特征是[+张扬]。B 并没有直接显现,根据文中语句的相关表述,如“颜值”“大胡子”等,B 就可以确定是“相貌”。那么,再根据相关的描述,“相貌”的语义特征是[+粗犷]。这样两者都可以归入“豪放”的语义场中,“野性”和“相貌”的语义对应属于 A1B1,Q=4,E=0.1。

$$
\begin{aligned}
W &= F \cdot (S+I) \cdot (Q+E) \\
&= 3 \times (1+0) \times (4+0.1) \\
&= 12.3
\end{aligned}
$$

(39)这场震撼表演背后的技术,有一个**很学术**的名称——推力矢量。作为航空发动机的一项重要核心技术,这不仅是衡量一架战斗机机动性的重要标准,也是锻造国家航空工业的关键一环。可以说,此次歼-10B 矢量发动机型完成“首秀”,标志着中国正式成为世界上少数几个掌握该类技术的国家,也意味着中国空军离世界一流又近了一步。(《核心技术越过硬越有底气》,人民网,2018-11-09,http://ip.people.com.cn/n1/2018/1109/c179663-30391147.html)

例(39)是有关军事方面的通讯,属于正式语体。因此,这里的“很学术”就属于误用,因为“学术”是抽象名词,很容易与形容词相混淆[①]。而且,这里也没有互文性的标记,这说明 S=0,I=0。那么 W 的值也最终为零。

(40)据台湾媒体报道,从事房仲业的 25 岁张凯翔与周女原为情侣,因个性不合分手,日前周女在社交网络贴文指“某人**很机车**”,虽未指名道姓,但张男自觉遭影射而不满。(《疑遭旧爱网络中伤 男子电话诅咒“全家不得好死”》,人民网,2013-12-27,http://tw.people.com.cn/n/2013/1227/c104510-23958215.html)

例(40)是一则娱乐新闻,自然属于非正式语体。虽然文中有“日前周女

① 很多正式语体中都有“很学术”的误用。再比如“在慰安妇问题上,秦郁彦貌似很客观,很公正,很学术,其《慰安妇与战场上的性》一书甚至被吹捧为‘慰安妇和慰安妇问题的百科全书’”。(《实证主义在日本的困境和没落》,人民网,2016-12-12,http://cpc.people.com.cn/n1/2016/1212/c191094-28941855.html)这里涉及的是严肃的政治学术问题,依然用到了“很学术”,这也表明随着“误用”的增加,“学术”也开始慢慢地向形容词演变。

在社交网络贴文指‘某人很机车’”，从动词“指”和书面的引号可以看出有互文性标记，但是根据前文的规定，S＝1，那么 I＝0。“很机车”作谓语，属于句子成分，F＝3。

在这里 A 是“机车”，属于具体名词。“很机车”是源自台湾的流行语，大意是“像老型的摩托车一样，反应很慢，不上道，啰唆”[①]。因此，“机车”的语义特征是[＋啰唆]。这里的 B，根据文中的信息，应该是“张凯翔”，不过，语篇的文本语境并没有给出 B“张凯翔”的语义特征，因此需要 A 的语义特征投射到 B，然后两者建立对应，因此对应模式应该是 A2B2，Q＝2，E＝0.1。

$$W = F \cdot (S+I) \cdot (Q+E)$$
$$= 3 \times (1+0) \times (2+0.1)$$
$$= 6.3$$

(41)海涛和涛妈的爆笑互动也成为《这个大叔不太囧》中的一大看点，据悉，海涛和涛妈在生活中并不像影片中的母子因为逼婚而处于对立位置，两人在生活中的相处“**很朋友**”，海涛有任何问题都会和涛妈分享，沈梦辰也表示非常羡慕海涛和涛妈之间的关系。(《〈这个大叔不太囧〉“女汉子”沈梦辰狂虐海涛》，人民网，2014-08-14，http://ent.people.com.cn/n/2014/0814/c1012-25464513.html)

例(41)是娱乐新闻，属于非正式语体，因此 S＝1，I＝0。“很朋友”作谓语，属于句子成分，F＝3。

这里 A 是“朋友”，属于具体名词，根据接受者自身的经验和文中的相关信息，其语义特征可以是[＋亲近]；B 是“(两人的)相处”，根据语篇中的相关描述，其语义特征是[－对立]。两个语义特征可以“亲近”的语义场中，其语义对应的模式为 A2B1，Q＝5，E＝0.1。

$$W = F \cdot (S+I) \cdot (Q+E)$$
$$= 3 \times (1+0) \times (5+0.1)$$
$$= 15.3$$

(42)《优家画报》和《乐活》的两个封面，主题背景都比较自然，同样适合搭配清新干净、简单的妆容。左边橘红的唇色将周冬雨衬托得**很**

---

① 根据网络查找，机车在台湾本意是摩托车，引申为问题很多、意见很多，很挑的意思。台湾拥有机车的人较多，人多问题就多，所以就用机车来形容一个人问题多。(百度知道，2019-10-18，https://zhidao.baidu.com/question/303646017886480244.html)

邻家，而右边的紫红唇色则显得更成熟、淑女。(《周冬雨百变封面妆容通杀性感清新》，人民网，2014-10-13，http://lady.people.com.cn/n/2014/1013/c1014-25819096.html)

例(42)是娱乐报道，属于非正式语体，因此 S＝1，I＝0。“很邻家”在句子中作补语，属于句子成分，F＝3。

这里 A 是“邻家”，属于具体名词，人们可以根据经常出现的“邻家女孩”“邻家大叔”等词语的表述，提取出[＋平淡]的语义特征；B 是“周冬雨”，根据语篇中提供的信息，其语义特征是[＋简单][＋清新]，两者可以归入“简约”的语义场中。这样，“邻家”和“周冬雨”的语义对应模式为 A2B1，Q＝5，而 B 拥有至少两个语义特征，所以 E＝0.2。

$$W=F\cdot(S+I)\cdot(Q+E)$$
$$=3\times(1+0)\times(5+0.2)$$
$$=15.6$$

(43)这些角色固然**很酱油**，不过却给观众一种非常可爱的冲击，也具有赏心悦目的华丽效果。可以说他们哪怕只有一句台词，也都能让人印象深刻吧。(《〈魔女的使命〉幕后故事 动画监督水岛努访谈》，人民网，2014-02-27，http://comic.people.com.cn/n/2014/0227/c122366-24480129.html)

例(43)是娱乐新闻，属于非正式语体，而且没有互文性标记，所以 S＝1，I＝0。“很酱油”作谓语，属于句子成分，F＝3。

这里的 A 是“酱油”，属于具体名词，接受者可以根据现在的流行语“打酱油”[①]等，提取其语义特征[－重要]；而 B 是“(这些)角色”，根据语篇提供的相应信息，其语义特征也可以是[－重要]，因此两者归入了同一个语义场。因而，“酱油”和“角色”的语义对应模式是 A2B1，Q＝5，E＝0.1。

$$W=F\cdot(S+I)\cdot(Q+E)$$
$$=3\times(1+0)\times(5+0.1)$$
$$=15.3$$

(44)上一套还勉强算得上优雅端庄，这一身搭配却是槽点满满，黄色印花衬衫完全不适合她，穿起来真的**很大妈**，她还配了宝蓝色紧身

① 根据网络释义，“打酱油”的大体意思是形容凑数，表示地位不重要。

裤，这样的撞色搭配简直就是噩梦。(《娱乐圈人妻美貌衣品PK 刘诗诗杨幂谁最美》，人民网，2015-07-08，http://lady.people.com.cn/n/2015/0708/c1014-27270408.html)

例(44)是娱乐新闻，属于非正式语体，而且没有互文性标记，因此S＝1，I＝0。“很大妈”在句子中作补语，属于句子成分，F＝3。

这里的A是“大妈”，属于具体名词，“大妈”除了指称中年妇女之外，当前社会对其有了很多心理、文化意义上的引申，如身材走形、气质庸俗等等，在很多场合具有贬义色彩。这里同样如此，其语义特征可以提取出[＋庸俗]。这里的B是“穿着”，根据文中提供的相应信息，其语义特征是[－优雅]，因此两者基本上是同一语义特征，可以归并到相同的语义场中。可见，“大妈”和“穿着”的语义对应模式是A2B1，Q＝5，E＝0.1。

$$W=F\cdot(S+I)\cdot(Q+E)$$
$$=3\times(1+0)\cdot(5+0.1)$$
$$=15.3$$

(45)我们生活的这个时代，纷纭变化之间，有很多宝贵的东西正在变得模糊，或已经失去，比如，那种朴素的、发自内心的互助友爱，或感动。很多人认为，这个社会已经**很病态**了。乃至于，人们不敢去扶起倒地的老人，人们不敢在公交车上让座，甚至，人们不敢施舍路边的乞讨者……(《告诉世界，我们都有爱》，人民网，2015-01-17，http://acftu.people.com.cn/n/2015/0117/c67502-26401735.html)

例(45)是探讨社会道德问题的社论，具有严肃性、严谨性，是正式语体。而这里“很病态”出现的话语中并没有互文性标记，是正式语体中的误用，因此S＝0，I＝0，自然整个W＝0。这也表明，“病态”一词也开始由名词向形容词演化了。

5.4 小 结

“程度副词＋名词”组合只是诸多特殊语言现象中的一种。特殊语言现象的成因各异，其理解因素也不尽相同。但有一点可以肯定，所有的特殊语言现象必须以直接或间接的方式进入语篇，即S＋I的值不为0，才能在交际中运用。

因此，对于任何一种特殊语言现象，其特殊语用效果值就是：

$$W = F \cdot (S + I) \cdot X$$

如果我们能对所有的特殊语言现象的理解因素展开研究，发现其共性，就有可能找到X共有的表达式。而对于F来说，句子成分和句法成分的划分对于“程度副词＋名词”组合比较适合，但对其他新兴语言现象是否同样适用，还有待于进一步的探讨。

本章论述的是“程度副词＋名词”组合的特殊语用效果，至于它和一般语用效果的关系，以及一般语用效果的量化处理问题，我们还需要做专门的研究。但有一点可以肯定，人们首先要注重其特殊语用效果，才会尝试理解和使用这种组合。因此，准确掌握组合的特殊语用效果，才是人们正确认识和运用该组合的关键。

另外，我们这里提及的特殊语用效果，只是相应实例可能的最大效果，而不是实际效果。根据前面的章节，接受者在接受过程中会经历不同的语境层次，只有在审美语境层次，相关实例的特殊语用效果才会真正被接受者所体会。如果接受者没有达到相应的接受层次，自然他们所体会的效果也是打折扣的。因此，我们还要进一步改进本书的算式，力求体现出接受语境层次的不同，也才能更好地看出什么类型的“程度副词＋名词”组合能发挥出最大的特殊语用效果。

当然，这种量化判断除了应用于人与人的交际领域，也可以为人机交际提供一定的参考。对于计算机来讲，理解自然语言依旧比较困难，尤其是涉及语义的理解。而在语义领域，跟修辞有关的因素更是难以判断。长期以来，修辞在理解方面可以说都蒙有一层神秘的面纱。我们在本章尝试这种量化处理，对于语言的信息化处理也是有一定的促进作用的。

6 “很是”对于形容词化名词性成分的修饰

我们在研究“程度副词＋名词”组合时，还有一种特殊的现象值得注意，那就是“很是”修饰形容词化名词性成分的问题。虽然相关例子的出现频率远不及“程度副词＋名词”组合，但因为同形现象的存在与生成机制的特殊，也值得我们研究。

在现代汉语中“是”具有多重性质①，有的“是”可以受多种副词的修饰，乃至与修饰成分发生融合。（旷书文，2005）其中，程度副词修饰“是”就是一种较为常见的语言现象。因为“是”多被程度副词中的“很”修饰，受“是”的特性和程度副词“很”的影响，现代汉语中存在多种“很是”。

关于“很是”的性质，学界有一些研究。比如张谊生（2003）在研究副词或副词性语素同各类“是”的组合时，认为存在谓词性和加词性两种组合。张金圈（2008）认为“很是”可视为一个“程度—语气副词”。孙力平、王萍（2016）认为有三种“很是”，“很是 1”是一种临时性的跨层结构，“很是 2”是一个具有评注性语用功能的程度副词，“很是 3”是一个强调标记，其后多跟有界性成分。

本书着重探讨修饰名词性成分的“很是”，而且其中的名词性成分已经形容词化了，也就是说，这种“很是”与相应成分的搭配，类似于程度副词修饰形容词化名词的现象；这种“很是”是新兴词语，学界对其研究尚不深入，本章就句法特征、成分性质，以及形成机制等作相应分析。文中例句主要来

---

① 汉语中的“是”大致有六个，即判断动词（“我是学生”）、强调副词（“是不错”）、代词（“是日天气晴朗”）、名词（“共商国是”）、形容词（“实事求是”）、叹词（“是！”）。

自北京语言大学语料库中心(BCC)、北京大学中国语言学研究中心现代汉语语料库(CCL),还有部分例句来自网络,均标明出处,不作出处的为自拟例句。

6.1 “很是”的性质

“很是”在修饰名词性成分时类似于程度副词修饰名词的组合,这在搭配对象和句法功能上能够得到体现。

6.1.1 内部搭配

“很是”可以修饰具体名词,如同“程度副词+名词”组合的情形一样,这些具体名词在句中体现的是其蕴涵的性状义。例如:

(1)请你在清醒了以后好好想想,自己是谁,别像个没家的孩子,肆无忌惮地撒野,你的行为**很是小孩**。(微博语料,BCC)

(2)美女吃播:吃巧克力草莓,一咬下去香甜的味道,**很是美味**。(优酷视频,2020-02-13,https://v.youku.com/v_show/id_XNDU0NTY1MDE5Mg==.html)

例(1)和例(2)中与“很是”搭配分别是具体名词“小孩”和“美味”,前者是指人的集体名词,后者是指物的集体名词。它们在句中表现的性状义分别是[+幼稚的]和[+可口的]。

当然,有的具体名词是在其隐喻义的基础上提取其性状义的。例如:

(3)大清造大抬枪,前面扛枪的人**很是悲剧**啊!(百度贴吧,2015-02-26,https://tieba.baidu.com/p/3605398452? red_tag=1975760063)

例(3)中“很是”搭配的是“悲剧”,这里的“悲剧”体现的自然不是指称义,而是隐喻“悲惨的境况”,在这个隐喻义中其体现出的性状义自然是[+悲惨的]。

“很是”也可以修饰某些抽象名词,因为抽象名词的语义比具体名词要虚化,所以更容易从中提取性状义。例如:

(4)推荐三本甜宠言情小说,飒爽的英气与女人的娇羞相结合,**很是风情**。(百家号,2019-02-25,https://baijiahao.baidu.com/s? id=1626411529734903609&wfr=spider&for=pc)

(5)了解了一星半点的资料,但始终没发现最真实的真相,**很是疑**

问。（篱笆网，2008-02-13，https://www.libaclub.com/t_13_2362019_1.htm）

例(4)和例(5)中“很是”修饰的分别是抽象名词“风情”和“疑问”，其所体现的性状义分别是[＋迷人的]和[＋疑惑的]。

从成分的长度来看，“很是”不仅与双音节的名词搭配，也可以跟多音节的名词性成分搭配。例如：

(6)这部电影的海报上，印有这样一句话：“在前面的路上，遇到更好的自己。”看起来**很是心灵鸡汤**，想想却是这个道理。（《〈冈仁波齐〉：平静更是一种力量》，人民网，2017-07-05，http://media.people.com.cn/GB/n1/2017/0705/c40606-29384897.html）

例(6)中的“心灵鸡汤”是个新词语，大意是充满知识与感情的话语，那么在“很是”的搭配下，“心灵鸡汤”所凸显的性状义就是[＋富有启迪的]。

既然“很是”能够与多音节名词性成分搭配，那么自然也能够跟某些名词性的成语搭配。例如：

(7)日子过得**很是行尸走肉**，明儿去找工作，九月份开学，赚点生活费。（微博语料，BCC）

(8)我看你这小姑娘原来**很是快嘴利舌**，缠夹得清，自从和我这缠夹不清的徒儿搂搂抱抱了一番之后却也变得甚是缠夹不清，大大的缠夹不清了呢。（令狐庸《风流老顽童》，BCC）

以上两例中的名词性成语分别是“行尸走肉”和“快嘴利舌”，在与“很是”搭配后，“行尸走肉”所凸显的性状义是[＋糊涂的]，“快嘴利舌”所凸显的性状义是[＋(言语)麻利的]。

从这些例句中可以看出，名词性成分受“很是”修饰以后，如同在“程度副词＋名词”组合中一样，其性状义凸显了出来。目前，“很是”修饰的名词还比较少，其流行度尚不如“程度副词＋名词”组合。一方面，“程度副词＋名词”组合中程度副词可以视需要而自由运用，能够满足人们在程度量表达上的需要，而“很是”中的“很”无法替换为其他程度副词（详见下文6.3.3）；另一方面，现代汉语中还存在与之同形的线性序列的“很是”，这也对“很是”修饰性状化名词造成了一定的影响（详见下文6.2.2）。

6.1.2 句法分布

名词性成分表现出性状义之后就有了描述性，而“很是”是它们的修饰成分，因此"很是＋名词性成分"在作谓语、补语和宾语时就是陈述性短语，在作定语和状语时就是修饰性短语。

作谓语"很是＋名词性成分"组合，是对句子主语所表事物进行性状的陈述。例如：

(9)加菲猫抱枕全棉5件套儿童床品套加菲猫丛林主题图案，黄蓝绿的色彩。鲜活逼真，**很是童趣**。(微博语料，BCC)

(10)人们看见埃德加·亨·亨伯特先生用刀叉对付牛排，这**很是大陆风度**。(弗拉基米尔·纳博科夫《洛丽塔》，BCC)

例(9)中的"很是童趣"所陈述的是句中主语所指的抱枕图案，例(10)的"很是大陆风度"所陈述的是句中主语所指的食用牛排的方式。

"很是＋名词性成分"作补语，是对句子中涉及的动作行为的表述。例如：

(11)哈哈！分析得**很是道理**！(微博语料，BCC)

(12)经过整理的二十四史，从方便阅读方面说，比以前各书局所出的石印本、铅印本要好得多。但每部书前面的出版说明，却写得**很是八股**，盛气凌人。(孙犁《耕堂读书记(六)》，BCC)

例(11)和例(12)中的"很是道理""很是八股"所对应的动作行为是"分析"和"写"，分别表现了分析的合理性和写作结果的呆板性。

"很是＋名词性成分"作定语和状语时，则是修饰并描述中心语所指的事物和动作行为。例如：

(13)星空很梦幻、**很是几米**的风格[①]。(微博语料，BCC)

(14)开竿了，我喜上眉梢，忙提鱼到护口，**很是行家里手**地把鱼儿抖入护口里。双手竟不碰半点鱼鳞！这整个动作也够潇洒自如呢！(2000年《人民日报》，CCL[②])

---

① 这里可能有人认为层次划分应该是"很是/几米的风格"，但是这个例句是描述星空所体现的风格的，我们可以有"星空很梦幻的风格"，"星空很梦幻、很是几米的风格"中"很是几米"可以与"很梦幻"并列，因此就有"很是几米的/风格"。

② CCL为北京大学中国语言学研究中心现代汉语语料库，网址为 http://ccl.pku.edu.cn:8080/ccl_corpus/index.jsp?dir=xiandai，凡是从该语料库检索的例句，均标明"CCL"。

例(13)中的“很是几米”修饰的是“风格”,“几米”是一个人名,表示这个风格具有几米的艺术色彩;例(14)中的“很是行家里手”作“把鱼儿抖入护口里”的状语,是对动作行为进行描述。

通过分析“很是”的搭配对象和整个短语的句法分布,可以看出,与“程度副词＋名词性成分”的组合相类似,“很是”修饰体现性状义的名词性成分,共同组成具有陈述、修饰功能的短语。

6.2 同形区分

现代汉语中有多个同形的“很是”,而修饰性状化名词性成分的“很是”与修饰谓词性成分的加词性“很是”以及线性序列“很是”都有相近的地方,需要我们加以区别。

6.2.1 与修饰谓词性成分的加词性“很是”的区分

孙力平、王萍(2016)认为修饰性状化名词性成分的“很是”与修饰谓词性成分的“很是”是同一个成分,这种分析其实掩盖了二者之间的差异。

“很是”修饰谓词性成分的现象非常普遍,在近代汉语中就已经出现了,例如:

(15)内城的住房一共二十八间;每月房租京钱三十串,**很是宽敞**。(《曾国藩家书》,CCL)

经过长期发展,在现代汉语中,修饰谓词性成分的加词性“很是”已经进入了书面语体之中。例如:

(16)【抱头大哭】形容非常伤心或**很是感动**之状。(《中国成语大辞典(条目)》,CCL)

例(16)中两个对应的短语“非常伤心”和“很是感动”中,前者使用了“非常”,本着音节和语义对称的要求,后者就需要用一个近似的程度副词性成分与之配合。“很”的语义与“非常”接近,但是双音节是汉语的自然音步(冯胜利,2000:93-98),所以为配合双音节的“非常”,需要使用“很是”进行韵律方面的协调。

但是就修饰形容词化的名词性成分的“很是”来说,其发展比较晚,目前限于口语和口语化较强的文学作品之中。比如我们在BCC语料库中搜索,含有这种“很是”的语句约有60条,其中55条都来自微博语料。

这两种“很是”更主要的区别来自其与所修饰成分的关系，就加词性的“很是”来说，去掉“是”，其所在的句子依然成立，句义基本不变。例如：

(17)1988 年，陈莲花进入银行当出纳员，那时，她**很是羡慕那些“老银行”们娴熟的点钞技术**，她白天上班虚心地向老出纳员请教，晚上回到宿舍搬来一沓沓钞纸，一练就到深夜。(1994 年报刊精选,CCL)

(17’)1988 年，陈莲花进入银行当出纳员，那时，**她很羡慕那些“老银行”们娴熟的点钞技术，**……

但是去掉加词性“很是”中的“很”，其所在的句子有时不自足。例如：

(18)经过这样一番灾难，老朋友多年不见，**很是高兴**。(1994 年报刊精选,CCL)

(18’)经过这样一番灾难，老朋友多年不见，**是高兴**，但是也有顾虑。

通过上述两句的比较可知，“很是”去掉“很”之后，“高兴”就成为对比焦点，此时句子不能够自足，后面需要接上一些转折性的后续小句才能使句子更为自然。这表明加词性的“很是”在意义上具有一定的整体性。

对于新兴“很是”来说，当其修饰形容词化的具体名词时，无论去掉“很”还是去掉“是”，句子都能成立。例如：

(19)当被媒体问及心目中的理想对象时，徐若瑄反而大赞 F4 的另两位成员，说仔仔**很是天才**，朱孝天很是成熟稳重，认为两个人加起来就十分完美了。(都市快讯,《徐若瑄划清界限》,2003-11-23,BCC)

(19’)徐若瑄反而大赞 F4 的另两位成员，说**仔仔很天才**。

(19”)徐若瑄反而大赞 F4 的另两位成员，说**仔仔是天才**。

这是因为“很是”所修饰的名词性成分在表现出性状义之后，模糊了名词与形容词之间的界限。就例(19)而言，去掉“是”，则“很天才”就是“程度副词＋名词”的组合，凸显了对“仔仔”的陈述；如果去掉“很”，“是天才”可以理解为动宾结构，成为对“仔仔”的一种判断。

6.2.2 与线性序列“很是”的区分

在现代汉语中还存在“很是时候”“很是地方”“很是问题”等表述，尽管“时候”“地方”“问题”都是名词，但是这些短语中的“很是”与新兴的“很是”也有很大的不同。

在“很是问题”之类的表述中，“很是”中的“很”和“是”之间没有直接的句法关系，也就是说其真正的句法层次应该为“很/是问题”，即“是”与名词性成分先组合成述宾短语，然后用“很”加以限定强化。这也符合层次分析中动词与宾语结合，再与状语结合的一般规律。所以，我们把这类“很是”定性为线性序列①。

正是因为这个特性，线性序列“很是”中的“是”去掉之后，句子是不成立的。例如：

(20)好不容易2002年冒出来的梅策尔德在世界杯后重伤两年几被遗忘，现在虽然复出，但能够恢复几成功力都**很是问题**。(博客世界杯，CCL)

(20’)好不容易2002年冒出来的梅策尔德在世界杯后重伤两年几被遗忘，现在虽然复出，但能够恢复几成功力都**是问题**。

(20”)? 好不容易2002年冒出来的梅策尔德在世界杯后重伤两年几被遗忘，现在虽然复出，但能够恢复几成功力都**很问题**。

比较这三个例句，“很是问题”中删去“很”，留下的“是问题”在语句中成立；删去“是”，留下的“很问题”在此处语句中是难以成立的②。因为“很”原本修饰的是“是问题”，因此“很”不能直接和“问题”结合。即便与之结合，“问题”也很难提取合适的性状义。

此外，“很是时候”“很是地方”“很是问题”中的名词在意义上都发生了语义偏移(邹韶华，1986)，或者说这些词义都具有规约(conventional)的含义(Levinson，1983:131)。比如，人们通常认为只要提及“很是时候”，那么其中的“时候”就是指“好的时候”；只要提及“很是问题”，其中的“问题”必然指的是“坏的问题”。而对于新兴“很是”所修饰的名词性成分来说，这些名词性成分是提取其性状义，并没有发生偏移。

有些与线性序列“很是”搭配的名词性成分没有发生语义偏移，不过它

---

① “很是”中的“很”和“是”不具有直接的句法关系。董秀芳(2002)将相关现象称为“跨层组合”，刘红妮(2009)将其称之为“非句法结构”，但是董秀芳、刘红妮是从词汇化的角度对相关现象进行的归类。本书的“很是”并没有发生词汇化的倾向，只是为了讨论相关同形现象，临时性地将“很是时候”中的“很是”划分成语言片段进行研究，“很”与“是”之间只有前后的线性关系，因此我们将其称为“线性序列”。

② “很问题”只是在我们讨论的这个语句中难以成立，根据“程度副词+名词”组合的特性，“很问题”在其他文本语境中或许可以成立。

们与新兴的“很是”所修饰的名词性成分相比有一个形式区别，那就是线性序列“很是”和名词性成分之间可以插入“个”等成分，使之具有一定的指称功能，例如：

(21)他也**很是个学戏的材料**。(1994 年报刊精选，CCL)

张谊生(2005)认为“个”的作用是“使某种抽象的概念变得具体实在”，这种具体实在就是指称义增强的表现。例(21)中的“个”就使得“学戏的材料”的指称性得到加强，使有关“他”的陈述更加具体。线性序列“很是”与名词性成分之间有时也可以添加指示代词，更能凸显其指称义，这在近代汉语中就已经有所体现。例如：

(22)你老人家只管卖人，不必说着一个扯着一个的。我们**很是那吃醋拈酸容不下人的**不成，怎么“拔出肉中刺，眼中钉”?(《红楼梦》，CCL)

对于新兴“很是”来说，它与搭配的性状化名词性成分之间不能插入“个”“那”等成分。例如：

(23)酸菜和猪血尽管卖相一般，但是做出的汤**很是美味**。(微博语料，BCC)

(23')酸菜和猪血尽管卖相一般，但是做出的汤**很是个美味**。

尽管例(23')中“很是个美味”的句子可以成立，但是句义与例(23)中的“很是美味”相比发生了明显的改变，加上“个”以后“美味”的指称性加强，其性状义便不能提取，“很是”也就转化为了线性序列。

如果新兴“很是”修饰的是抽象名词，其差别就更加明显，插入“个”句子不成立。例如：

(24)每个人都有自己的可爱的个性，其中心思想**很是智慧**，主题也是那样丰富。(微博语料，BCC)

(24')？每个人都有自己的可爱的个性，其中心思想**很是个智慧**，主题也是那样丰富。

从语感上，普通接受者可以理解“很是智慧”，却难以理解“很是个智慧”。因此，修饰性状化名词性成分的“很是”不同于修饰谓词性的“很是”，也不同于线性序列“很是”，故本书将其界定为一个新兴的语言成分。

6.3 “很是”的内部结构

修饰谓词性成分的“很是”是一个加词性的词，与非形容词化名词结合的“很是”是线性序列；对于新兴“很是”来说，其内部结构取决于“很”与“是”的特性和相互关系。

6.3.1 “是”的主观性

在现代汉语中“是”最常用的有两个身份：判断动词和强调副词（曾骞，2013）。特别是当“是”与谓词性成分搭配时，可以将其理解为“用如强调副词”（刘丹青，2008：60），也有人从简洁性角度出发，依旧将与谓词性成分搭配的“是”归入判断动词之中。（陈天福，1995）

因为“很是”所修饰的形容词化名词性成分模糊了名词与形容词之间的界限，对于新兴“很是”中的“是”而言，其既有判断作用，又有强调作用。例如：

(25)油炸过的鱼肉和猪肉码放在盘子里，蒸熟后反扣过来，**很是美味**！（腾讯视频，2019-11-28，https://v. qq. com/x/page/e3027hizj8o. html? ptag=qqbrowser)

(25')油炸过的鱼肉和猪肉码放在盘子里，蒸熟后反扣过来，**很美味**！

(26)高等数学、电子电工技术、机械制图，连续考这三门，**很是压力**啊！（微博语料，BCC）

(26')高等数学、电子电工技术、机械制图，连续考这三门，**是压力**啊！

如果将“很”去掉，在例(25')中，我们可以认为“是美味”是对食品性质的判断，也可以认为“是”在这里起到了加强语气的作用。同样的道理，例(26')中的“是压力”中的“是”也是既可以认为其有判断作用，又有强调作用。

通过上述例句可以看出，“很是”中的“是”同时体现了判断作用和强调作用。人类语言中存在行域、知域、言域等三个概念域。（沈家煊，2003）在一般情况下，“是”都是行域动词，表示判断的行为。比如“他是一个男人”，“是”在其中就展示了主语“他”和宾语“一个男人”之间的某种联系。根据宋晨晨（2015）的研究，主语与宾语之间可以有归类、等同、补充说明、解释、存在等关系，这些都是以客观逻辑为基础的。不过有的时候，在主观性的作用下，“是”所依据的对客观逻辑有一定的违反，比如“他是去年生的孩子”“我是日本太太”[①]等。沈家煊(2008)认为“这种句子表达的是一种主观认同的移情义”。而具体到语言表现形式来说，实现这种移情义的方式就是其中的判断动词“是”。

就“很是”来说，它在句子中联系了两个客体，一个是“很是”所修饰的名词所指的客体，另一个是“很是＋形容词化名词性成分”组合所陈述、修饰的语言成分所指的客体。这两个客体之间的关系自然是由表达者主观建立的。例如：

(27)陪姐姐逛街**很是悲剧**，而且是典型的悲剧。(微博语料，BCC)

(27’)陪姐姐逛街**是悲剧**，而且是典型的悲剧。

(28)这会儿的胡果，已经不是那个衣不蔽体的狼狈小子了，头发、衬衫、裤子都整整齐齐，还戴了金丝边的眼镜，**显得很是书生气**。(蝙蝠《鬼怪公寓》，BCC)

(28’)这会儿的胡果，已经不是那个衣不蔽体的狼狈小子了，头发、衬衫、裤子都整整齐齐，还戴了金丝边的眼镜，**显得(这)是书生气**。(蝙蝠《鬼怪公寓》，BCC)

在例(27)中，说话人主观认同陪姐姐逛街与悲剧之间的等同关系；和例(28)也主观认同胡果的打扮属于书生气的一种。因此，“很是”中的“是”属于知域成分，正是其具有主观性，所以判断功能与强调功能才会共存。

6.3.2 “很”的核心性

既然“很是”所修饰的名词性成分能够提取出性状义，那么促使名词性成分显现性状义的就是程度副词性成分“很”，因此“很”具有核心地位。除此之外，“是”既然有强调作用，那么就有语气副词的性质。根据张谊生(2013)的观点，含有语气副词的短语在陈述句中充当定语、状语等句法成分时受到限制。如果“是”成为“很是”的核心，那么“很是＋形容词化名词性成

① 这里的“我是日本太太”不是普通的判断句，而是用在表明自己夫人的归属的语境中，如“他是美国太太，我是日本太太”。沈家煊(2008)认为此句是由“这是日本太太”和“我是中国丈夫”两句糅合而成的，说话人“我”直接移情于自己的太太，把自己和太太等同起来。“他是去年生的孩子”的分析大致相同，相关句式的分析可以参看沈家煊(2007)、沈家煊(2008)。

分”组合不能自由充当句法成分，可实际上“很是＋形容词化名词性成分”的组合可以自由进入定语、状语的位置。例如：

(29)这时才有机会打量到一身西装革履的他。**很是商业人**的派头，就像赵哥一样。(席绢，《爱你的十个理由》，BCC)

(30)从医院回来后，心心知道开开得病的原因后，**很是疑问**地说："那我们以后是不是不能用空调了？"(科技文献，BCC)

这样看来，唯一的可能就是具有强调作用的“是”只能发挥于词法层面，而不能作用于句法，并且要让“很”来充当核心。

前文已经提到，去掉“很”之后，“是”依然能与名词性成分搭配使语句成立，不过有时“是”单独使用受到限制。例如：

(31)她的反应**很是人性**，挣扎在她身上描写得较浅，但是我想在选择背叛与否时，她的内心是最煎熬的。(凌玉《爱奴》，BCC)

(31')？她的反应**是人性**，挣扎在她身上描写得较浅，但是我想在选择背叛与否时，她的内心是最煎熬的。

在例(31)中，“很是”修饰“人性”，去掉“很”；在例(31')中“她的反应是人性”则表述不自然。

由此可见，“很是”中的“是”的性质介于独立的词与词内成分之间，可以将其视为附缀(clitic)。董秀芳(2004)指出“是”从指代词变为判断词、从判断词变为焦点标记是语法化，从判断词或者焦点标记变为词内成分是进一步语法化。董文没有讨论“是”是附缀的情况，但“是”作为附缀，显然处在从词到词内成分的演化链条之中。

这样总体来看，与普通名词结合的“很是”是线性序列，与谓词性成分结合的“很是”是词，而与性状化的名词性成分结合的“很是”介于词和短语之间，可以视为词法词。

6.3.3 类推的受限性

现代汉语中虽然有修饰性状化名词性成分的“很是”，却没有“太是”“挺是”“最是”“更是”等修饰相应的性状化的名词性成分。

对于加词性“很是”和线性序列“很是”来说，其中的“很”都可以类推到其他程度副词性成分上。例如：

(32)一位中年妇女，傍晚来烫万能妆。这活儿干下来按规定起码得收 30 块钱，可她临出家门时兜里只揣了 10 块钱。中年妇女脸上直

发讪，显得**挺是难堪**。（1994 年《市场报》，CCL）

（33）古槐枝叶旺盛的季节里，捉迷藏**最是孩子们的开心游戏**，无论树叶中还是枯筒里都可以非常隐蔽地藏匿。（1995 年《人民日报》，CCL）

例（32）中与“难堪”搭配的是“挺是”，它的性质与搭配谓词性成分的“很是”相同；例（33）中的“最”修饰“是孩子们的开心游戏”，“最是”的性质与线性序列“很是”的性质等同①。

这两种“很是”之所以可以扩展至其他程度副词性成分与“是”结合，就是因为有程度量的表达需要。但是对于新兴的“很是”来说，这种类推缺乏相应的语用动因。

“很是”中“很”的作用在于提取出性状义，而“是”有强调的作用可以凸显这种性状的程度量。例如：

（34）车况**很是精品**，性价比**极高**。（宁波列表网，2016-03-20）

例（34）的“很是精品”与“极高”形成对举，也就是说“很是”已经有超量、高量程度副词的作用，因此若有“太是”“挺是”“极是”等修饰性状化名词性成分，就显得功能冗余了。也正是因为“是”的主观强调性凸显了程度量，低量程度副词成分“有些”“稍微”等低量程度副词成分与“是”结合就显得语义冲突了。另外，“很是”具有主观性地联系句中的两个客体，缺少对比的客观基础，所以相对程度副词性成分也难以替代“很”。

通过上述分析，新兴“很是”中的“很”是结构的核心，并且不能被其他程度副词性成分替换，“是”是属于知域成分的附缀，同时具有判断功能与强调功能。

6.4 形成动因和机制

对于“很是＋形容词化名词性成分”组合来说，其产生的动因在于主观化的表现；就其产生机制而言，它的形成与加词性“很是”和线性序列“很是”都有联系，是糅合生成的产物。

① 例（33）在“是”后可以插入“那”，即“最是那孩子们的开心游戏”，这能证明“最是”中的“最”和“是”确实是没有直接句法关系的线性序列。

6.4.1 凸显性状

“很是＋形容词化名词性成分”组合形成的动因与程度副词修饰名词性成分的现象有关。对于“程度副词＋名词性成分”组合，该组合作为形容词性词组在语篇中出现，必然涉及语篇中某主体的表述。如果将代表某主体的名词性成分视为 A，组合中的名词性成分视为 B，无论该组合在句子中充当何种成分，从语义的角度我们可以进一步概括为：A 中表性状的语义特征 X＝B 中表性状的语义特征 Y。

前文已经表述，“是”可以是知域成分，说话人主观上可以将两种名词之间建立联系。虽然有的名词性成分比较容易提取出性状义，但是表达者为了强调 A 和 B 之间的等同，需要“是”参与其中。例如：

(35)人家自成一个品牌文化，其中每个人都有自己的可爱的个性，其中心思想**很是智慧**，主题也是那样丰富。（微博语料，BCC）

(36)始终站玉墨左边的这位姐姐，也**很是风情**！争艳争鸣的场面，不是光有自信就能罩住滴。（微博语料，BCC）

例(35)中，“智慧”可以提取的性状特征是[＋有创造性的]，表达者为了强调 A“中心思想”和 B“智慧”之间具有相同的性状特征，运用知域成分“是”发挥相应作用。例(36)中，“风情”可以提取的性状特征是[＋吸引人的]，“是”的作用也是强调了 A“始终站玉墨左边的这位姐姐”和 B“风情”之间的联系，强化了说话人对性状特征[＋吸引人的]的认定。

当前语言生活中，虽然程度副词修饰名词性成分的现象比较普遍，但因为涉及性状义的提取难易的问题，有的名词性成分不太容易受到“很”的修饰。对于那些不容易提取性状义，而难以被程度副词修饰的名词性成分来说，添加“是”便能强行将说话人主观认定的性状义确定下来。例如：

(37)像个没家的孩子，肆无忌惮地撒野，你的行为**很是小孩**。（微博语料，BCC）

(38)红烧排骨、五味甜虾、鸳鸯贝、清蒸黄鱼，**很是重量**，色香味还是蛮全的哟。（微博语料，BCC）

例(37)中，“你的行为”与“小孩”之间应该建立起等同关系，“小孩”可能蕴含的性状义很多，根据文本语境，“像个没家的孩子，肆无忌惮地撒野”是对“你的行为”的描述，“你的行为”就有语义特征[＋无拘无束的，＋不懂事的]；在“是”的等同作用下，“小孩”也同样具有[＋无拘无束的，＋不懂事的]

的语义特征，展示了说话人对“小孩”性状义的认识。例(38)中的“重量”也很难直接与程度副词搭配，它可能蕴含的性状义极为模糊，根据文本语境，“很是重量”之前是对所作菜肴的列举，“很是重量”之后是从色香味方面对菜肴的积极评价，因此“很是重量”也是一个积极评价，再根据相关认知经验，“重量”的语义特征就是[＋有分量的]；通过“是”建立联系，语义特征等同起来，说话人便将自己认定的“重量”的性状义凸显出来了。

通过分析可以看出，新兴“很是”修饰形容词化名词性成分的现象，是说话人为了确立名词性成分中的性状义而产生的主观化现象。

6.4.2 概念整合

比较搭配对象，我们可以发现新兴“很是”的搭配对象是修饰谓词性成分的“很是”和线性序列“很是”的搭配对象之间的过渡：体词性成分—形容词化的名词性成分—谓词性成分；“是”的性质也是后两者之间的过渡：独立的谓语动词—附缀—词缀。因此，这提示了我们，新兴“很是”修饰形容词化的名词性成分是概念整合的结果。

沈家煊(2006a、2006b)谈论了语言结构生成的糅合和截搭方式，形容词化的名词性成分因为处在演化的过程中，它与体词性成分都具有[＋实体]的特征，与谓词性成分都具有[＋性状]的特征，彼此之间具有隐喻关系，可以进入糅合的框架中。

前文已经提及，“是”属于知域成分，其判断功能与强调功能共存。那么，新兴“很是”中的“是”要显现判断功能，需要在句法结构上体现，其糅合过程如下：

a. 体词性成分	b. 判断相关主体与体词性成分的联系程度
[＋实体，—性状]	(很是$_{线性序列}$＋体词性成分)
x. 形容词化的名词性成分	y. 判断相关主体与体词性成分的联系程度
[＋实体，＋性状]	(—)←xb“很是$_{线性序列}$＋形容词化的名词性成分”

强调功能可以在语音层面体现，因此它在语音上会参照修饰谓词性成分的加词性“很是”，其糅合过程如下：

a. 谓词性成分	b. 强调相关主体拥有相关属性的程度
[—实体，＋性状]	(很是$_{加词性}$＋谓词性成分)
x. 形容词化的名词性成分	y. 强调相关主体拥有相关属性的程度
[＋实体，＋性状]	(—)←xb“很是$_{加词性}$＋形容词化的名词性成分”

我们可以看到，通过两种糅合方式，新兴“很是”搭配形容词化的名词性

成分就这样出现不同步的现象：

句法：很/是 X
韵律：很是/X　→ 很＋是$_{附缀}$＋X(X 是形容词化的名词性成分)

刘丹青(2017:548)指出，"附缀是附缀化(cliticization)操作的产物。附缀化是一种不同于一般句法操作(如被动化、关系化、话题化等)的特殊操作，造成句法与语音某种程度的不同步，使一个句法上尚有词(包括虚词)的地位的成分在语音上依附于宿主，还经常造成句法和语音的错配"。正是这种错配，"是"的性质才被重新分析为附缀。

6.5　与"程度副词＋名词"组合的语用效果比较

"很是"修饰性状化名词性成分与"程度副词＋名词"组合确实比较相近，但是两者有着不同的特性，因此在修辞效果上也有区别。

第五章我们已经区分了特殊语用效果和一般语用效果，既然同为新兴语言现象，我们就先来比较两者的特殊语用效果。

6.5.1　特殊语用效果的比较

依据前文分析，影响"程度副词＋名词"组合特殊语用效果的有资格因素(包含语体性质子因素和互文性子因素)、理解因素(包含语义特征对应子因素和语义特征数量子因素)和分布因素。这些因素同样可以作用于"很是"修饰性状化名词性成分的现象，不过，在部分细节上会有差别。

首先，在语义特征对应子因素方面，因为"很是"的"是"为知域成分，强调两个名词之间的联系，在 A 和 B 之间建立等同。也就是说，表达者在使用"很是"修饰性状化名词性成分时，比使用"程度副词＋名词"组合时建立两个名词成分之间联系的主观能动性更强。

表达与接受相辅相成，既然表达者有明确意愿建立两个名词成分之间的联系，那么他们就要考虑接受者的情况。因此，对照第五章名词短语 A 与 B 语义特征的对应，所以不会有前面章节所述的 A3B1 和 A3B2 这两种情况。

其次，就分布因素来说，"很是"修饰性状化名词性成分作句子成分同样没有限制，但是在充当句法成分时，就会有歧义发生。最明显的就是前文的例(13)，为方便论述，这里重新编为例(39)——

(39)星空很梦幻、**很是几米**的风格。

究竟是“很是/几米的风格”还是“很是几米的/风格”，尽管研究者可以去分析，但是对于普通的接受者而言，尤其是在网络的书面环境中，还是会有不同的判断的，这样必然影响交际效果。

甚至，因为“很是”的特性，“很是”修饰性状化名词性成分充当句子成分时也会出现一定的歧义。前文的例(10)便是如此，这里改写为例(40)——

(40)人们看见埃德加·亨·亨伯特先生用刀叉对付牛排，这**很是大陆风度**。

“很是大陆风度”可以看作“很是大陆的风度”，这样究竟是“很是/大陆风度”还是“很是大陆/风度”，也是需要接受者有个分析的过程。尽管根据语境我们可以排除后者，但这至少也对人们的接受过程造成影响。

根据前面的章节，我们已经掌握了“程度副词＋名词”组合作宾内定语的情况，而对于“很是”修饰性状化名词性成分来说，其作宾内定语也会受到更多限制①。例如：

(41)a. 他在《我这个人》中写到：“我是个**很中国**的画家。我对于中国文化用极大的热情去理解，越接近他越觉其深不可测。”(《临摹敦煌》，人民网，2011-09-05，http://gs. people. com. cn/GB/210704/15588912. html)

b. 他在《我这个人》中写到：“我是个**很是中国**的画家。……”

如果作宾内定语，那么整个宾语在很多时候都是受“是”支配的，“程度副词＋名词”组合作宾内定语的限制相对小，诸如例句中的“我是个很中国的画家”就是非常自然的语句，而“很是”修饰性状化名词性成分作宾内定语，就会有“我是个很是中国的画家”，两个“是”重复出现，人们为了追求表达的简洁，肯定会将“很是”中的“是”删除，这样就重新转化为了“程度副词＋名词”组合。

6.5.2 一般语用效果的比较

就一般语用效果而言，前文已经提及“很是”没有“太是”“挺是”“最是”

① “程度副词＋名词”组合作句法成分时其实也会有一定的表达上的歧义，尤其是“有点儿＋名词”组合作定语修饰中心语名词时，人们可能会理解为“有(一)点儿＋/名词＋名词”。这缘于两个同形的“有点”所造成的歧义，不过毕竟人们在使用“程度副词＋名词”组合时很少涉及低量程度副词，所以“程度副词＋名词”组合充当句法成分的歧义并不常见。

“更是”等的类推，所以与“程度副词＋名词”组合相比，在程度量的表达上，“很是”修饰性状化名词性成分是不自由的，尤其是无法表达低程度量。

在音节韵律方面，“程度副词＋名词”组合中的程度副词也可以根据需要，在单音节和双音节之间转化，而“很是”则受到限制。

通过特殊语用效果和一般语用效果方面的比较，“很是”修饰性状化名词性成分似乎比“程度副词＋名词”组合在效果表达上受到更多限制。但是，因为“是”的作用，导致名词短语 A 与 B 语义特征的对应更为强烈，这样参照第五章的语义特征对应子因素，“很是”修饰性状化名词性成分在 A1B1、A1B2、A2B1 和 A2B2 方面的取值要比“程度副词＋名词”组合更高。

6.6 小　结

现代汉语中存在修饰性状化名词性成分的“很是”，其中“很”可以提取名词性成分的性状义，“是”是兼有判断和强调的知域成分。“很是”是一个介于词和短语之间的词法词，“很”为核心，“是”为附缀。正是“很是”的主观性因素，其他程度副词性成分难以与“很”替换。新兴“很是”修饰形容词化名词性成分产生的动因在于主观化的表现；就其产生机制而言，它的形成与加词性“很是”和线性序列“很是”的性质都有联系，是糅合生成的产物。在特殊语用效果和一般语用效果方面，“很是”修饰性状化名词性成分似乎比“程度副词＋名词”组合在效果表达上受到更多限制，但是在语义特征对应子因素的取值应该比“程度副词＋名词”组合要高。

7　构式“不要太 N”的形成分析

在日常语言交际中，“不要太 X”的常规意义是表阻劝，比如“你不要太浪费”等。在当前的语言生活中，还产生了一种与之同形的新的“不要太 X”构式，比如“这个人不要太漂亮”，它“强调一种程度上的无以复加，表达对人、对物或事的极度夸赞或贬斥”。（姚颖，2012）因此，本书将常规的“不要太 X”称为劝阻义构式，而将新兴的“不要太 X”称为极度义构式。

这种新兴的极度义“不要太 X”构式来自吴语，顾之民（1996）对上海方言中的“不要太 X”进行了较为详细的描写。它进入普通话之后，正逐步流行开来，王敏（2000）认为“不要太 X”是种委婉的表述，其流行符合汉民族含蓄蕴藉的审美文化需求，而王科（2010）认为这种构式还具有不稳定性，还将继续发展。

我们研究“程度副词＋名词”组合，不管是常规形式的“不要太 X”，还是新兴构式的“不要太 X”，它们都可以与“程度副词＋名词”组合重合，形成“不要太 N”的形式。所以，语言成分之间是相互联系的，在研究“程度副词＋名词”组合时，我们也要顾及其他新兴的语言现象。

7.1　构式的理解

我们研究某个构式，必然要对构式的概念做出自己的理解。

对于构式而言，学术界对其认识存在一定的差异，许多学者都根据自己的研究情况给构式下了相应的定义。就国内汉语学界而言，影响较大的是 Goldberg（1995；2006；2013）对于构式的定义。

Goldberg 将构式定义为：“C 是一个构式当且仅当 C 是一个形式—意义的配对〈Fi,Si〉，且 C 的形式（Fi）或意义（Si）的某些方面不能从 C 的构成成分或其他先前已有的构式中得到完全预测。”（Goldberg，1995：4）后来，相关定义又补充为：“构式是业已习得的形式和意义或话语功能的对子。”（Goldberg，2006：5）在这两个定义的基础上，构式的定义进一步发展为：“构式被定义为约定俗成的、习得而来的各种形式—功能配对，其复杂性和抽象性的程度都不尽相同。”（Goldberg，2013）

如此一来，构式包含的对象，既有不可推导的语言结构，也有可推导的语言结构。尽管构式的对象越来越宽广，但是将可以推导的语言形式纳入构式，缺少分析优势。“构式语法本质上是一种语言认识观，而非分析手段，相对地疏于设计和运用比较系统、成熟的分析手段和手续。”（陈满华，2016）

因此，本书所理解的构式是基于 Goldberg（1995）的定义，也就是说构式是不能完全从形式推导出意义的语言结构。

7.2 “不要太 N”的现实成员

所谓现实成员，就是在实际语料中出现的成员。根据对 BCC 语料库中微博语料的搜索，“不要太 N”中出现的名词如下：

> 真相、八卦、鸡、功利、狗、奇葩、时尚、激情、太爷们、冷场、文艺、美味、物质、书生气、悲剧、表面、内涵、痴心、大众、蛋、大雨、风情、处女、个性、宠物、成本、孩子气、好处、长舌、白痴、龙套、男人、女人、女王、派头、片面性、禽兽、情绪、人品、势利眼、淑女、书生、速度、天平、小孩子、小家子气、艺术、隐私、英雄主义、哲学、政治

当然，这里面有的“不要太 N”是新兴构式，而有的“不要太 N”只是常规短语。下文将具体分析。

7.3 构式的典型形式与非典型形式

孤立地看，新兴的表极度义的构式“不要太 N”与常规的短语在形式上基本一致，N 属于性状化了的名词性成分（吴宜沁，2015）。不过结合该构式所在语句中的其他成分，我们认为它有典型和非典型两种变体，典型变体与常规的“不要太 N”构式的差异较为明显，而非典型变体与常规构式之间则

有模糊之处。

7.3.1 典型变体

第一，已然与未然。

常规构式表示对事态进行劝阻，那么事态必须是未然的，这样才可以给言者的劝阻行为留有可能。言者可以直接影响事态，也可通过听者进行间接影响。新兴构式表极度义，是一种陈述行为，那么事态必然是已然发生的。正是事态结果已经呈现，言谈双方已经无法对其结果施加影响，所以“不要太 N”才可以浮现极度义。例如：

(1)万立骏希望同学们“回归读书科研的常识”。首先**不要太功利**，不要单纯地认为大学就是考试通关、刷 GPA，拿一纸文凭作敲门砖，接着考托福、出国留学，最后当“大款”、开豪车、住豪宅。(《中科大校长寄语新生：回归读书科研的常识》，人民网，2015-09-08，http://scitech.people.com.cn/n/2015/0908/c1057-27553598.html)

(2)因为你们全部在考试，哈哈哈，翻书的时候**不要太激情**哇，当心纸张划破了小手儿。(微博语料，BCC)

(3)当才华导演遇上美丽小镇，画面可**不要太文艺**哦。(《第二任镇长眼光挺毒！执政期间，把小镇的美景预定了》，人民网，2017-08-03，http://travel.people.com.cn/n1/2017/0803/c41570-29447412.html)

(4)周末太充实！俺老爹做的炸年糕可好吃了！配配芥菜片**不要太美味！**(微博语料，BCC)

例(1)中涉及的事态“读书科研”是未然的，至少是说话人认定的从今往后的读书科研，句中隐藏了涉及言谈双方的主语，我们可以补出“我们今后读书科研不要太功利”，因此句中的“不要太功利”属于常规短语形式。同样，例(2)的语句所涉及的翻书动作是未然事态，言谈双方可以直接掌控的，句中的“不要太激情”同样属于表劝阻义的常规短语。对于例(3)而言，有才华的导演宣传美丽小镇是已经发生的事态，不是言谈双方所能掌控的，劝阻行为难以发生，陈述行为增强，因此这里的“不要太文艺”是表极度义的新兴构式。例(4)所涉及的食物都是已经出现在言者面前了，言者也无法改变食物的丰盛状况，因此“不要太美味”属于表极度义的新兴构式。

第二，言谈双方与第三方。

需要注意，即便事态是已然的，如果出现指别言者、听者的词语作“不要太 N”所在语句的主语，那么“不要太 N”依然是常规短语；而如果是指别第三方的词语，那么“不要太 N”是新兴构式。例如：

(5)跑厕所玩自拍，姣哥，你能不能**不要太爷们**了？(微博语料，BCC)

(6)跑厕所玩自拍，他能不能**不要太爷们**了？

例(5)的“跑厕所玩自拍”虽然是已然事态，但是“你”作“不要太爷们”所在句的主语，这是言者对听者的直接影响，因此这里的构式是常规的短语。例(6)中，我们将“你”替换为“他”，“不要太爷们”就是表极度义的新兴构式，除了事态是已然的，还有“他”指别言谈交际的第三方，不是言者直接影响的对象，这样阻碍了劝阻义的显现。

另外，当类属名词作“不要太 X”所在语句的主语时，“不要太 X”也是常规构式。因为类属名词表示某种概念，具有抽象性，这与未然性类似，有别于指别言谈交际第三方的已然性。例如：

(7)我会说我网络和现实差距不大么，女孩子**不要太真相**。(微博语料，BCC)

第三，无倾向意义与非消极意义。

常规构式“不要太 X”中的 X 是可以积极意义的词语，也可以是消极意义的词语，更多的如动宾结构等是中性词语。选用何种词语都是视表达需要的。

对于典型的变体需要 X 是非贬义成分，尤其是褒义成分。(详见 7.3.2)例如：

(8)她是个主持人，我今后可能不会再找做电视这一行的了。希望另一半能活泼开朗、瘦高一点，**不要太物质**就行了。(《〈非诚〉宁财神首与男嘉宾“对呛” 杨钰莹师弟相亲》，网易，2013-07-27，https://lady.163.com/13/0727/10/94PJLLTA00264M4F.html)

(9)最爱土耳其烤土豆 Kumpir，土豆的皮、三明治的馅，不要太美味哦。(微博语料，BCC)

例(8)中的“物质”本来是中性词，但是在“太物质”中，其所体现的修辞幻象是类似于“忽视精神追求，只注重物质享受”，因此在这里成了贬义成分。例(9)中的“美味”则倾向于褒义，“不要美味”体现了味道美好的极限程度。所以，例(8)的“不要太物质”是常规短语，而例(9)的“不要太美味”则是新兴构式。

第四，搭配与共现。

当主语所涉及的主体、事态不能由言谈双方直接掌控时，为了表达劝阻的需要，言者对使用表达愿望的词语来支配“不要太 X”所在的小句。例如：

(10)考博究竟是为了充实自己的头脑，还是为了捞取一种可以利用的资本？师生之情本应纯洁，希望考生**不要太功利**了。(《文汇报》，2002-1-4，BCC)

(11)同学给的赣式酱鸭味月饼，开吃，希望味道**不要太奇葩**才好。(微博语料，BCC)

例(10)和例(11)中的“希望”表现了言者的愿望，师生之情和月饼的味道，两者均不受言语交际双方的直接控制，所以会通过“希望”这样的词语表现言者的主观目的。

对于新兴构式来说，由于它是表达一种极度义的言语行为，有时为了进一步加强这种极度的表达，会用夸张性的语气副词加以强调。例如：

(12)现在的消音简直**不要太成本**！好歹也是 18X，可以敬业一点吗！(微博语料，BCC)

(13)郑恺饰演的吾川简直**不要太渣**，着实有点气！(优酷，2020-06-18，https://v-wb. youku. com/v_show/id_XNDcxNjE1NjYxNg==.html)

例(12)和例(13)中的语气副词“简直”修饰“不要太成本”“不要太渣”，更为凸显了相关的极限程度。

从语篇角度来看，常规“不要太 N”构式因为是劝阻行为，所以与劝阻行为相配合，可以有相应的告诫、建议性的言语行为共现，而极度义“不要太 N”所代表的言语行为出现后，与之搭配的语句更倾向于其他陈述性语句。例如：

(14)美国也是支持中小企业发展的，对它们有很多优惠政策，有支持中小企业发展的创新体系，难道就说它不公平了？很多时候，我们**不要太书生气**，书生气重了就没饭吃了。(《人民日报》，2000，BCC)

(15)**不要太内涵**，想起不要在澡堂捡肥皂的故事。(微博语料，BCC)

例(14)中的“书生气重了就没饭吃了”是一种告诫，可以与劝阻义“不要太书生气”所在的语句搭配；例(15)中“想起不要在澡堂捡肥皂的故事”是一个陈述行为,所以"不要太内涵"表达的是一种内涵的极限程度。

这种共现的语句也不一定非要出现在"不要太 N"所在语句之后,根据表达需要也可以在其前面出现。例如:

(16)迪玛利亚在没有争抢的情况下把自己绊倒了,解说**不要太内涵**啊。(微博语料,BCC)

例(16)中"迪玛利亚在没有争抢的情况下把自己绊倒了"也是一种陈述行为,与后面"不要太内涵"的极限义相匹配。

由此可见,一个典型的极度义构式"不要太 X"有如下特征:

①已然发生的事态;

②涉及交际的第三方;

③X 为非消极意义的成分;

④有表夸张的语气副词搭配,有其他陈述性语句共现。

其中,④属于形式上的一个验证手段,在典型构式所在的语句中可以不出现。如果特征①②③都出现,那么这便是典型的表极度义的"不要太 N"构式。

7.3.2 非典型性变体

在必有特征①②③中,凡是违反其中一条,表极度义的"不要太 X"就不是典型变体。其中,违反了特征①是常规构式,违反②或者③是新兴构式的非典型变体,我们就来探讨一下违反特征②或者③的具体情况。

第一,违反特征②。

对于违反特征②的非典型变体而言,句子所影响的主体非第三方,那么要么是听话者,要么是言者本身。例如:

(17)你们两个人的衣服都在这里,**不要太时尚**了。

(18)别说沉闷,我**不要太激情**。

例(17)涉及的是听者,例(18)涉及的是言者。这都是劝阻行为可以直接作用的领域,所以即便言者本意是要表达极度义,这样的语句还是有歧义的。王科(2010)指出:"如果说话人认为某种感情或态度是可取的,值得赞赏的,听话人就能在其中读出赞赏的意味,如果说话人的态度相反,则听话人会从中读出规劝的意味。"就例(17)来说,听者如果认为这是言者对他们当前状态的陈述,那么"不要太时尚"就是表现了极度义;如果听者认为这是言者在反对他们高兴过头,那"不要太时尚"就是劝阻义。同样,例(18)也是有歧义的,"我不要太激情"可以理解为激动情感的极限陈述,也可以理解为言者劝阻自己放弃激动情感的境况。

第二,违反特征③。

其次,如果 X 是消极意义的成分,那么"不要太 X"会成为非典型变体。例如:

(19)她看问题呀,**不要太表面**,我从来都没发现她深入思考。

在例(19)中,尽管"不要太 N"所在的语句遵循了特征"②涉及交际的第三方"和"④接描述性语句",但是由于这里的"表面"有消极语义倾向,所以会有歧义产生。

很多研究都认为表极度义的"不要太 N"可以是贬义倾向的成分(姚颖,2012),但人们具有"乐观主义"倾向,所以不希望不利的境况出现,如果"不要太 N"中的 N 是贬义,那么就隐含着一种劝阻义在里面了。所以例(19)中的"不要太表面"既可以理解成极度义的表述,也可以理解成一种劝阻行为。顾之民(1996)可以通过语气的不同将两种不同的构式区分开来,但是就书面而言,缺乏两者的有效区别,因此这种情况的"不要太 N"就是非典型变体。

Goldberg(1995:24)认为构式成分的词汇义在某些情况下也会反过来对构式义施加影响,因此 N 是否非贬义对判断"不要太 N"是典型变体还是非典型变体有重要作用。因此,有人认为构式中的"不要太"已经有固化的趋势,整体向副词演化(仇毅,2007),这种观点是不正确的。因为单纯的 N 就可以影响"不要太 N"的构式义,那么新兴构式与常规形式的短语中的"不要太"其实是同一的。如果我们将例(19)中的"脏"改为积极语义倾向的词语,那么"不要太 X"的极度义表现就更为明显。例如:

(20)她看问题呀,**不要太深层次**,我每次都发现她在深入思考。

例(20)中"深层次"在语境中是积极语义倾向的词语,配合相应的陈述性表述,"不要太深层次"所表示的就是层次达到了很深的程度。

第三,违反特征②和③。

如果两条特征都违背,也就是说主语既涉及言者双方,X 是消极意义的成分,那么"不要太 X"实质就是常规构式了。例如:

(21)你**不要太物质**。

(21')? 你简直**不要太物质**。

(21”)你**不要太物质**，总是问别人有没有钱。

可以看出，例(21)已经是一个劝阻行为了。为了使“不要太物质”表示极度义，我们可以尝试添加夸张性语气副词，如例(21’)；或者用陈述性语句与之配合，如例(21”)，但“不要太物质”的规劝作用依然很显著。

因此，“不要太 X”的非典型变体与常规构式之间的界限有很大的模糊性，当非典型变体违反的特征增多，它就逐渐转变为了常规变体。

7.4 成因与发展

尽管表极度义的“不要太 X”来源于吴方言，但是其产生的动因和机制是可以分析的，与常规的“不要太 X”构式密切相关。又因为 X 可以填入相应的名词，所以两个同形的“不要太 X”会与“程度副词＋名词”组合结合。因此，我们先分析“不要太 X”的发展，再分析其与“程度副词＋名词”组合的结合

7.4.1 功能的转移与隐退

“不要太 X”表示一种劝阻行为，而新兴的构式则是对极限的表述行为，其实言者在阻劝某种事态时，也就蕴涵着该事态达到极限的表述。

对于未然的事态来说，不仅消极的事态可以劝阻，“过犹不及”，积极的事态也可以劝阻。对于积极事态的阻劝，就表明该积极事态已经达到言者可接受的极限了，突破这个极限或许事态就会向相反的方向发展。例如：

(22)虽然有此一类型方法的例子，但最重要的是**不要太专注于方法**。(《哈佛管理培训系列全集》，CCL)

(23)那个名叫封良实的说：“一家人不说两家话，咱们都是武警，就**不要太认真**了。”(1994 年报刊精选，CCL)

例(22)和例(23)中的“专注于方法”和“认真”都是积极意义倾向的词语，不过由于超出了言者主观上可接受的量值，所以言者对其进行了劝阻。

对于已然发生的事态，如果事态的结果不符合言者的主观期望，那么也会有劝阻行为产生。只是这种劝阻行为效果不如对未然事态显著，如果言者要凸显劝阻作用，就如前文所说，会将“不要太 X”所在的语句降格为小句，将其整体事态化。除了前文所举例子，再比如：

(24)她还表示自己很好，希望父母和人家**不要太牵挂**。(新华社

2004 年 8 月份新闻报道,CCL)

当言者的劝阻行为主观上不那么强烈的时候,根据语言的经济性原则,作用于未然事态或者第三方的“不要太 X”的劝阻义就会消退,其蕴涵的极限义自然就凸显了。又由于“乐观主义”的作用,当 X 是消极意义倾向的词语时“不要太 X”的劝阻义尚不能完全消退,只有中性和积极语义倾向词语才能完全凸显极度义。例如:

(25)简直**不要太逗**,你们为什么不学好语文?(百度贴吧,2013-08-12,https://tieba.baidu.com/p/2525428318? red_tag=2145480478)

(26)赵本山女儿参加《天天向上》被汪涵和陈学冬嫌弃得**不要太明显**。(新浪网,2018-02-18,http://k.sina.com.cn/article_6436227463_17fa10987001005ccd.html? cre=tianyi&mod=pcpager_auto&loc=9&r=9&doct=0&rfunc=100&tj=none&tr=9&from=ent)

(27)沪江网校听课程,沪江小 D 查单词,每日一说练口语,开心词场背单词……各种应用,**不要太齐全**哦!(微博语料,BCC)

例(25)的“逗”具有一定的消极意义倾向,如“你这个人太逗”就是一种负面表述;例(26)的“明显”自然是中性词语,例(27)的“齐全”是积极意义倾向的词语。可以看出,后两例的“不要太 X”都应理解为极度义,而例(25)虽然有“简直”搭配,但是“不要太逗”依然可以理解为一种劝阻,是对听者不学好语文这一事态的反对。

而当“不要太 X”的极度义表达确立起来之后,由于其有一定的新颖性,所以言者也会将其应用到涉及言谈交际的双方。例如:

(28)水贴是一种态度,我**不要太酷**。(百度贴吧,2012-02-25,https://tieba.baidu.com/p/1427735608? red_tag=2706567405)

(29)刘昊然你能不能**不要太可爱**了。(爱奇艺,2018-12-08,https://www.iqiyi.com/w_19s4fvkhjl.html)

这样,我们就可以发现新兴构式“不要太 X”的产生路径:

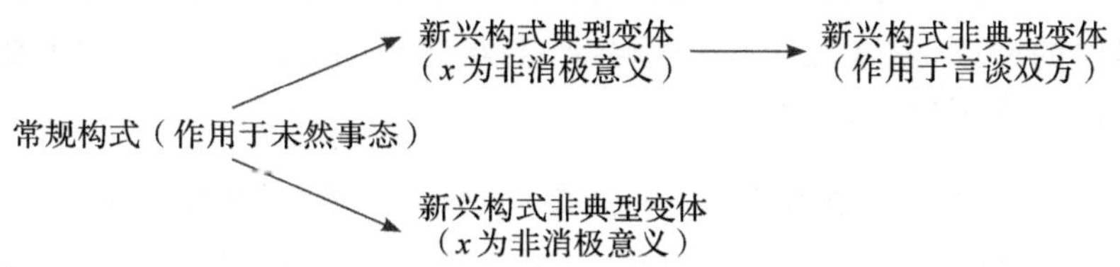

7.4.2 未来的预测

因为新兴构式与常规构式都是以“不要太 X”的形式呈现，所以有时表达会出现歧义。一般情况下，根据语境可以将这种歧义消除。例如：

(30)对男人甜言蜜语的话，**不要太潇洒**哟！（语录大全，2019-08-23，http://www.dqrsks.cn/wllxy/19374.html）

(31)总裁**不要太爱我**（网络小数书名，2014-09-30，https://www.fpzw.com/xiaoshuo/71/71069/）

例(30)的“不要太潇洒”可以作两种理解，不过根据实际语境，下面出现的都是甜蜜话语的列举，因此这里“不要太潇洒”表达的是极度义。例(31)中根据宾语“我”，可以认定“总裁”是言者对听者的面称。根据这本网络小说的内容，这里表达的是主人公讨厌总裁对她强势的爱，因此这里的“不要太爱我”表达的是劝阻义。

尽管语境因素可以消除歧义，但是在当前网络文化的氛围下，“碎片化的信息争先恐后地抢占网民的注意力”（曹进、强琦，2014），因此，普通网民可能不会注重通过语境因素消除歧义。这样，对于典型变体和非典型变体来说，只有前者才可能继续存在，而后者因为歧义影响交际，可能会逐渐消失。

7.4.3 与“程度副词＋名词”组合的结合

因为“太”是程度副词，X 也可以由 N 来填充，所以不论是常规短语，还是新兴构式，“不要太 X”都有“不要太 N”的形式。新兴的形式频率往往较低，所以新兴构式“不要太 N”的出现频率也远远小于常规短语“不要太 N”，多分布在微博等新兴语体中。除了前文的例子，再比如：

(32)第三张表情**不要太哲学**。（微博语料，BCC）

(33)我最爱啊!! 不淡定不淡定啊!! 宰宰**不要太男人**，我心脏不太好，咋这么有情调！（微博语料，BCC）

而且，因为“程度副词＋名词”组合表达了个性认知，所以即便孤立看是褒义倾向的词语，其实在运用中也会产生贬义倾向。这样，很多“不要太 N”其实都是常规短语。例如：

(34)做人**不要太淑女**，小心变成输女！（新浪博客，2013-10-17，http://blog.sina.com.cn/s/blog_90bc642b0101d6i6.html）

(35)在这种形势下,有谁能只手挽狂澜?**不要太英雄主义**了。你先回去吧,明天我通知你。(燕垒生《铁血年代》,2003,BCC)

就目前所收集的语料来看,只有“不要太美味”无论在什么语句中,都是表极限义的新兴构式。除了前文所举的例子,再比如:

(36)这一块香喷喷的炸猪排,配上浓郁的咖喱酱,简直**不要太美味**啊!(百度贴吧,2018-11-08,https://tieba.baidu.com/p/5939146746?pid=122761613051&cid=0#122761613051)

(37)兄弟做的八爪鱼酱**不要太美味**,太好吃了,吃货的福音!(百度贴吧,2016-12-18,https://tieba.baidu.com/p/4904461631?pid=101522095521&cid=0#101522095521)

这表明,同为新兴语言现象的结合,其出现频率会更低,发展也会更慢。

7.5 小　结

“不要太 N”有常规短语和新兴构式两种情形,前者表示劝阻义,后者表示极度义。新兴构式有三条必有特征,即已然发生的事态、涉及交际的第三方、N 为非消极意义的成分;还有一条辅助特征,即有表夸张的语气副词搭配,有其他陈述性语句共现。凡是违反必有特征中一条或数条的构式,就是常规构式或者新兴构式的非典型变体。

新兴构式是从常规短语转化而来的,“不要太 X”一开始用在未然的事态上,后来扩展到已然的事态。在这个扩展中,“不要太 X”的劝阻义消退,极度义显现。根据“乐观主义”原则,当 N 为非消极意义的成分时是典型变体,否则为非典型变体。“不要太 N”的构式义在典型变体中成型后,又会扩展到涉及言谈双方的语句中,成为另一种非典型变体。

非典型变体与常规构式之间有模糊之处,所以存在歧义。在网络环境中,这种歧义往往得不到语境的消解,所以典型变体可能继续存在,而非典型变体可能会逐步消失。

本章我们探讨的构式“不要太 N”属于网络语言,我们研究网络语言,不仅仅是学术上的个人兴趣。可以说,网络语言是社会进步、传播形态发展的产物,从产生伊始就是语言学关注的对象,因为它与社会发展息息相关,所以社会语言学、语言教育等领域对其探讨尤甚。对于网络语言,研究者对其有不同的定义和不同的分类,但人们最为关注的是其中在网络上使用的有自己特点的语言，这种网络语言在词汇、句法、语用等各个方面都与人们的日常语言有所不同，甚至不符合某些语言规范的要求。尽管部分学者提出了“净化”语言的要求，但不可否认，网络语言从产生起便具有极强的生命力，已经不断向日常语言生活中渗透。

基于青年群体自身的心理因素和社会环境的作用，他们更乐于使用网络进行交际，因此人们也更关心网络对青年的成长会造成何种影响。当下青年在成长中出现了一系列问题，人们直观地怀疑网络是其中的重要影响因素。从语言学角度讲，研究者自然会关注网络语言对青年的影响，这其中最深刻的影响就体现在语言能力方面。

语言能力的定义也各不相同，有人将其直接对应与生成语法的 language competence，此外还有 language proficiency、language skills 和 language ability 等术语。有人指出，国际语言学界关于“语言能力”的认识主要可以分为三种，即 Chomsky 的语言学理论意义上的“语言能力”观、以 Hymes 为代表的社会语言学“交际语言能力”观、以 Bachman 为代表的第二语言教学和语言测试的“交际语言能力观”。（张强、杨亦鸣，2013）具体到国内，学术界也有“语言知识”“语言水平”“语言技能”和“语言能力”等不同提法。综合来看，语言知识是先天存在于大脑的语言知识，具有内隐性；语言运用是外在于大脑的实际言语产出，具有外显性。语言知识一般无法直接观察到，而是体现于语言运用；语言运用的质量表现为语言水平，语言水平则通过不同的语言技能得到展现，语言技能包括听、说、读、写四个方面。语言能力是一个内涵丰富的上位词，可理解为上述概念的统称。（蔡冰，2013）

因此，对于语言能力的外显化测定，就集中于听、说、读、写四个方面，也有学者进一步指出，语言能力的测定也要深入心理、神经层面。从规范化和可操作性角度考虑，研究者也制定了相关的标准用来判定被试者的能力层次。国内对于外语教学、对外汉语教育和特殊教育（如聋哑人）的语言能力测定有较多的研究，但是对于母语的语言能力的研究还不够。就实践上来说，研究青少年母语的语言能力是最有价值的，它关系到人群整体的文化素质，对社会发展有重要作用。而且，值得注意的是，青年的母语能力与相关的教育程度并不是完全对应，因为青年在母语环境中会受到多种因素的影响，在当前网络传播的环境下，网络语言对其语言能力的影响尤为值得注意。

对于语言能力的测定，研究者不满足于定性的分析，而是希望产生量化的手段进行更为准确的判断；而且，即便是定性评价部分，我们也应该着力于建设相关的语言能力描述语库，杜绝评价的随意化，以期达到系统内部的准确定位。原本在生成语法的范围内，语言能力往往等同于语言知识，而忽略了语言的实际运用，现在从实际的语言教育角度出发，研究者已经把语用能力提高到一个重要位置，因为语用是决定语言能力的实际表现，不仅语言本体可以做到系统性，语用能力也致力于达到系统性地测定，依据当前语用学理论的发展，可以从篇章、语体、言语行为、言外之意、礼貌原则等方面入手，而且就语言实际运用这一视角来看，人们对修辞手段的运用也可以归入语用能力之中。如果我们的语言能力研究是立足于母语的，那么相关民族文化在语言运用中的体现，也是人们需要考虑的重要因素。

就目前的研究趋势来看，要研究网络语言对于青年群体语言能力的影响，就需要注意以下方面：

第一，既要关注语言本体方面，包括语音、词汇、语法等，也要关注语用方面，考察青年在具体交际场合运用语言的能力。而且，我们要以语用为主，在具体的语言运用交际中来体现语言本体的知识。

第二，对于青年群体语言能力的考察要做到量化与定性的结合，在此基础上，既要分析出网络语言对于青年群体语言能力的消极影响，也要注意其可能产生的积极影响。这样才能对语言能力和网络语言都有清醒认识，也才能在语言规范研究方面，更加清楚地探明“理性”和“习性”的本质，为网络语言等一系列新兴语言现象做出系统的规范。

下一章，我们就来尝试分析一下语言规范应该具有怎样的原则和方法。

8　从“程度副词＋名词”组合看语言的规范问题

在前面的章节，我们对“程度副词＋名词”组合的规范问题有所涉及，根据不同的类别分析得出了相关的规范建议，我们或许可以将其应用到一切“不规范”的语言现象中。本章，我们将在前文对“程度副词＋名词”组合探讨的基础上，结合其他新兴的语言现象，着重就语言规范问题重新展开探讨。

8.1　语言规范与话语规范

学界历来重视语言规范问题，关于语言规范的指导原则问题更是研究的重点(邹韶华，2004)。研究者对语言的认识不同，关注点自然不一样，有关研究或偏重于语言结构本身，或偏重于与语言相关的社会、文化因素，由此形成了重“理性原则”和重“习性原则”两种不同的观点。

针对上述情况，曹德和(2006)提出“语言的规范”和“言语的规范”这两个相互联系的概念，认为前者当以“稳固性”“社会性”和“语用功能”为根据，后者应以“效应原则”和“伦理原则”为根据。不过，作者只是从语言使用的个体角度剖析“言语的规范”，并没有从社会群体角度详加论述。郭熙(2004:209-210)则认为，“语言规范大体上可以分为两类。一种是语言行为的规范，一种是语言结构的规范。人们对前者比较重视，因为它是社群规范的重要组成部分，渗透着某一社群的人的观念意识、价值心理，反映该社群的生活习惯和特殊要求”。显然，作者认为语言规范的重点在语言行为方面,并注重了语言行为的社会性要求。

其实,语言系统是一个异质系统。索绪尔将语言系统分为"语言"和"言语",并不能将同质成分与异质成分划分开来。"索绪尔把同质理解成集体意识,同质现象是言语活动中社团成员共同遵守的规则。按照这种理解,同质的范围就应该是言语活动中有规则的部分。不过规则应该是在对语言进行研究后提出的。在研究之前,我们不知道哪些是有规则的东西,不知道哪些是集体意识,因此我们不能预先明确分清语言和言语的界限。"(陈保亚,1999:236)因此,语言和言语的划分并不能将同质、异质完全区分开来。语言规范也必须注重同质、异质的相互作用,所以应将其放入一个统一的视界中加以审视。

这样,从话语的视角研究语言规范显得尤为重要。"话语是指在特定的社会、文化、历史环境下,人们运用语言进行交际的事件或这样一类现象。"(施旭,2010:3)在话语活动中,作为个体的人需要运用语言处理社会中的各种事务,同质成分、异质成分都会起作用。因此,将语言规范纳入话语领域中研究,是很有必要的。

8.2 语言规范中的话语范畴

话语体现了社会,而社会是一个极其复杂的机体。哈贝马斯将社会分为"系统"和"生活世界",(艾四林,1995)"系统"指现代的政治与经济关系,它们对社会的运转具有不可或缺的作用,而"生活世界"则是人们在交流中实现自我认同的话语环境。

因此,"系统"和"生活世界"反映到话语层面,也会在该层面产生两大范畴,即系统范畴和生活世界范畴。

语言是用来有效交际的工具,需要统一、规范的语言形式,这便是"系统"在话语层面的体现。系统范畴也就成为同质成分的集合。

在交流中实现自我认同,必然要凸显自身的个性,而涉及人们个性的语言形式必然属于异质成分。生活世界范畴也就成为异质成分的集合。

"系统"与"生活世界"交织在社会中,相互发生关系。哈贝马斯提出了"生活世界殖民化"的概念,认为"生活世界"受到"系统"的入侵,社会活动越来越权力化、金钱化,人们在交际活动中丧失了自身的个性。(艾四林,1995)所以,在话语活动中,为摆脱系统范畴的过度束缚,生活世界范畴便会在话语中通过各种方式显现,而它也会面临着来自系统范畴的压制。

这种生活世界范畴的显现与系统范畴的压制所产生的交互作用，就成为这两种话语范畴在话语层面上的博弈。

8.3 生活世界范畴的显现

生活世界范畴的显现是通过各种变异话语来实现的。“人毕竟是社会的存在物，个人只有在群体和社会中才能获得真正的自由和发展。”（肖净宇，2007：93）生活世界范畴的话语形式不管如何变异，都需要具有一定的理据性。因此，“变异”话语不光要有表达的新颖性，还要注意表达的社会约定性。

根据表达的新颖性和社会约定性之间的关系，变异话语可大体分为三个类型，即变异话语 1、变异话语 2 和变异话语 3。当然，三者之间的界限并不明显，而是逐步过渡的，呈现为一个连续统的状态。变异话语的形式在符号、词语、句子构式层面都有分布，下面本书就以符号中的火星文、字母词，词语中的某些新词语、詈语、网络用语，句子构式中的糅合构式、“是时候＋VP（动词短语）”句和年份倒序等为例详细分析。第三章（§3）提到由“程度副词＋名词”组合构成的个体性话语、群体性话语和普遍性话语，就是这三种变异话语在个别语言现象中的具体表现。

8.3.1 变异话语 1

变异话语 1 是作为个体的人出于自身的兴趣、爱好等心理因素临时创造和使用的话语形式。表达者往往是想借此来表现自己“天马行空”式的独特思想、情绪，而并不需要他人的解读。

某些火星文就是变异话语 1 的表现形式。火星文由生僻汉字、特殊符号、字母等混杂而成。在这里，“语言符号被空前地‘视觉化’”（陈佳璇，2008），表达者并不注重符号与意义之间的联系，并没有将其作为群体中人与人交流的手段，而仅仅是作为自己宣泄情绪、自娱自乐的方式，由此创造出了一部分没有任何交际功能的语言现象。然而，除此之外，大部分火星文属于变异话语 2，下文将会对此做出说明。

对于字母词而言，若表达者用字母表示的词义不为外人所熟悉，那么其所形成的字母词就属于变异话语 1 的范围内。这种情况往往就是个体标新立异的结果。

8.3.2 变异话语 2

“物以类聚，人以群分。”因为共同关心的话题或者相同的兴趣爱好，人们会组成小规模的话语交际群体，并使用一些他们自己认可的话语形式，这便形成变异话语 2。群体的人就成为该变异话语的使用主体。

群体不一定是自觉、完整的组织，只要是对某一相关事物了解或感兴趣的人的集合体，都可以称得上群体。因此，变异话语 2 的使用范围有大有小，也有层次之别。不同的话语群体有不同的变异话语 2，大群体中包含小群体。

大部分火星文就属于变异话语 2。有人认为，火星文“是以制造交际障碍，标榜言语社团的小团体性的网络语言的‘次方言’”(陈佳璇，2008)，其实指的就是变异话语 2 的这一部分。例如：

(1)“じ☆ぴé”(love)、“日寺簡過嘚嫃赽”(时间过得真快)、“迣鎅佷汏莪佷尒”(世界很大，我很小)、“莪嬡沵”(我爱你)(转引自杨璨，2010)

这些火星文只是对普通汉字的偏旁部首加以替换，或者用一些形似的符号改换原符号，具有一定的可试度，可以在一定的群体内流行。

网络中大部分使用汉语拼音构成的字母词也是变异话语 2 的标志。金忍冬(2007)认为，字母词语的使用会造成交际障碍并误导读者，加之网络语言中的字母词语具有高度灵活性，在不同语境下可能会产生不同的词语，会加剧理解的困难。这其实就是通过字母词作“屏障”，形成一个小团体。以“火影忍者贴吧”①为例，这个“贴吧”是一个讨论日本漫画《火影忍者》的网上论坛，该贴吧中出现了大量漫画中人物和事物的拼音缩写，如 MR(鸣人)、ZZ(佐助)、DSW(大蛇丸)、XLY(写轮眼)等等，对于不熟悉漫画的人来说，要理解这些词语的含义恐怕是相当困难的。

还有一些使用汉语拼音构成的字母词被称为饭圈流行语，比如“xswl”表示“笑死我了”，用“dbq”表示“对不起”，用“blx”表示“玻璃心”。(阙小亚、杨荣煊，2019)

有的字母词如 GG(哥哥)、MM(妹妹)等的流通范围相对较大，甚至成为网络语言的标志。不过，网络语言属于“秘密语”(戴庆厦，2004：58-59)，因为网络语言是网民创造、在网民内部使用、外人难以知晓的，所以它们也在变异话语 2 的范围内。这也证明了使用变异话语 2 的群体有大有小。

---

① 见 http://tieba.baidu.com/f?kw=%BB%F0%D3%B0%C8%CC%D5%DF。

詈语也可以成为变异话语 2 的表现形式。在某些交际群体，特别是文化程度不高的话语群体中，其成员在交际时常常出现“屌”“屄”“他妈的”等詈语词。他们利用这种粗俗化的语言，拉大群体以外人员与自己的心理距离，达到群体交流的排他性。

对于某些糅合构式而言，如“以迅雷不及掩耳盗铃之势”“司马缸砸光”等，并没有实际意义，但是它们有新颖、幽默的表达效果，“在年轻人中间得到了认同和传播”(车录彬，2010)，因此，它们也属于变异话语 2。

8.3.3 变异话语 3

对于某些新兴语言形式、用法而言，由于它们具备了语言规则中的某些深层理据，符合了人们的认知共性，因此，它往往能够借助人们自身的认知经验而被接受，并得以在全社会广泛使用。这种话语形式即属于变异话语 3，使用主体就是全体的人。

许多流行的词语、流行的构式，它们表面上看有违某些规则，但是也是有深层理据的。试列举如下：

8.3.3.1 “山寨”

“山寨”的流行就是一个例子，在很多场合下，它已经不是单纯指称客观事物了。例如：

(2)曾几何时，中国制造一度被贴上“**山寨**”“劣质”的标签，“器不如人”的历史深深刺痛了国人的心。(《羚羊之地的“超级军火秀”》，人民网，2019-04-19，http://military. people. com. cn/n1/2019/0419/c1011-31038741. html)

(3)美国过去总指责中国“**山寨**”。但投资者可能觉得气人的是，说到模仿，(美中企业)如今刚好倒过来了。(《美中科技巨头越来越相像》，人民网，2019-04-18，http://capital. people. com. cn/n1/2019/0418/c405954-31037016. html)

而且随着语义的演变，“山寨”还进一步成为一个语素组。例如：

(4)警方发现，在“AKOEX”平台上买卖名为“PCE”的数字货币，只是虚构的“**山寨**币”，并未在公有区块链上发行。(《36 万变 1 万，接到这样的电话要当心!》，搜狐网，2019-03-30，https://www. sohu. com/a/304815489_440613? sec＝wd)

(5)购买金银花时一定到正规药店，切勿买到**山寨**版的山银花，以免因一字之差，降火变上火。（《盛夏清热有妙招 这些食物帮你安然度夏天》，人民网，2019-06-12，http://shipin.people.com.cn/n1/2019/0612/c85914-31132669.html)

上述两例中的“山寨币”和“山寨版”是词，“山寨”自然应该视为语素组。就“山寨”的演变，梁吉平、陈丽（2008）作了详细的论证——

“山寨”首先因聚居地偏僻难管的特点与地下工厂发生相似联系，所以“山寨工厂”即是指代那些偏僻隐蔽难以被政府部门查封的工厂；“山寨手机”最初只是地下“山寨工厂”出产的产品，这种产品除了本身的价值或使用价值外，更多的与三无产品的“仿伪”特性发生相似联系，这时在高频使用的催化下，“山寨”的词义发生了二次隐喻，产生“仿冒、伪造”的新义项。在两次隐喻投射中，“山寨”经过无数反复的使用和联想，其“仿冒、伪造”意义逐渐巩固并约定俗成，并为人们所接受。（梁吉平、陈丽，2008）

8.3.3.2 “给力”

“给力”也是一个网络流行词语，并且慢慢地渗透到正式语体之中，它也是通过隐喻形成的。根据认知语言学观点，“状态是位置”，“变化是运动”和“原因是力”是三个基本的隐喻，它们可以构成一个复杂隐喻，就是“外因导致的变化是受外力推动的运动”。（乔治·莱考夫，2007：71-92）因为人们当感受了外界事物而产生了某种精神状态，又暂时不能用语言清晰表达时，就会通过这种隐喻复杂的隐喻，表明“先前精神状态所处的位置受到外力推动而发生转移”，即用“给力”来表示精神状态的改变。

8.3.3.3 “奇葩”和“吃货”

“吃货”与“奇葩”在当今语言生活中，其情感义已经发生了变化，学界有很多人对这两个词的词义演变作了描述和分析。然而，人们并没有将这两个词语进行对比研究。之所以要对比，是因为首先两个词语的语义变化是相向而行的，“吃货”由贬义向褒义过渡，“奇葩”由褒义向贬义过渡。其次，二者的演变并不是同步的，“吃货”的语法性质没有发生改变，而“奇葩”的语法性质则发生了变化。

对于“吃货”来说，演化前后其语用环境发生了变化。在演化前，其主要语用环境是说话人对对方的评价。例如：

(6)大刘骂：咳，刑警队全是一帮**吃货**。我跟他们吵了好几回了。

该抓的一个没抓到呢。(当代\报刊\《作家文摘》\1997,CCL)

(7)你可别瞧不起妇女啊！一会儿比比看,看谁是**吃货**。(当代\电视电影\文艺\《编辑部的故事》,CCL)

(8)“瞧!”他喊道,“他们在天花板上留下了个该死的洞。现在的工人都是**吃货**。”(西德尼·谢尔顿《假如明天来临》,BCC)

(9)养你这样的**吃货**干什么？赶明儿就回你大姑家去吧。上官家不能因为你绝了后！(莫言《丰乳肥臀》,BCC)

通过观察上述例子中的语句,我们可以看出,“吃货”是在宾语位置出现的。因为语义演化具有渐变性,“吃货”语义演变首先也发生在宾语位置。

语义演化后在宾语位置上出现的“吃货”,其语用环境则是对自己的评价。例如:

(10)在看好声音,看小伙做午饭,我就坐等吃,我承认我就是个**吃货**。(微博语料,BCC)

例(10)中的“吃货”是对自己评价,结合文中相关语境,“吃货”已经开始失去贬义色彩,带有自嘲、戏谑的意味。

人们会用这种戏谑意味的“吃货”来扩大评价对象,这时候说话人对对方进行评价,“吃货”的语用功能已经与演变前的有较大不同了。例如:

(11)原来是个肉食**吃货**！给小块肉不理睬,换大块肉就张嘴接了！又随你爸！(微博语料,BCC)

例(11)句中是说话人对相关人的戏谑性评价,在语境的作用下,贬义色彩消退,展示了说话人和对方的亲密关系。

当然,我们尚且可以把在这种情况下运用的“吃货”视为“反语”。而等到这种语义发生改变的“吃货”开始在其他句法位置出现时,其评价作用消退,就变成了一个非贬义的指称用法。例如:

(12)在不少“**吃货**”的心目中,金黄热烈的栗子代表了秋季的味道,浓郁、热烈、回味。(微博语料,BCC)

(13)你有“**吃货**”朋友吗？请一定珍惜他吧！(微博语料,BCC)

通过上述语句可以看出,“吃货”从演变前主要作宾语,表示贬义评价的名词,发展为可以作主语、定语的非贬义指称性名词。而且,表达者在语句中给“吃货”加上了引号,也是提示人们“吃货”的语义发生了改变。

对于"奇葩"来说，根据相关研究，在共时状态下"奇葩"有四个义项（臧淑佳，2015），分别是①奇异的花；②比喻优秀杰出的人和事物；③少见稀奇的事物、人及其行为；④常人难以理解的事、人及其行为。在演变前，最常用的义项是②，在演变后，最常用的义项是④。

通过观察，可以发现两个最典型的义项②和④的词性有所不同。

演变之前"奇葩"自然是一个名词，例如：

(14)云南各民族共同创造的民族文化艺术，像一朵**奇葩**盛开在我国民族文化的百花园中。（当代\报刊\1994年报刊精选，CCL）

(15)在刚正勇为、富有经商传统、勤于创业的63万义乌人民的努力下，培育出名扬四海的一朵**奇葩**——义乌小商品市场。（当代\报刊\1994年报刊精选，CCL）

(16)在海南这片热土地上，国科园实验学校这所由国有大型企业兴办的学校在力图与迅速发展的经济形势并肩齐驱的基础教育事业的花苑里，以他独特风姿又添**奇葩**。（当代\报刊\1994年报刊精选，CCL）

(17)城信社如不适时改革就无法与之抗衡，几年来精心培育的"金融**奇葩**"就有夭折的危险。（当代\报刊\1994年报刊精选，CCL）

在演变之后，有的"奇葩"依然带有明显的比喻色彩。例如：

(18)刚刚走在路上，有三个理工的女生，看着我跟我说不用上学了，一直在说，老子都知道不用上学了，不让我回家干吗，真是三朵**奇葩**！（微博语料，BCC）

上例中的"三朵奇葩"，就是比喻的喻体。

更多的时候，演变后的"奇葩"则消失了这种需要语句建构的比喻用法，例如：

(19)喜欢毕夏！很庆幸今年的中国好声音没有出现像吴莫愁那样的**奇葩**！（微博语料，BCC）

(20)办公室里面还有蹦床，工作累了可以来放松一下，绝对是室内创意设计中的**奇葩**！（微博语料，BCC）

这样它的句法位置也就更加自由，句法手段也更为灵活。我们首先发现它可以被程度副词修饰。例如：

(21)我想说，成绩好的财大女果然很**奇葩**，处处都在展示优越感。

（微博语料，BCC）

（22）难道学校就只顾升学率而不顾学生死活？三高的学生奇葩，老师和校长更**奇葩**！（微博语料，BCC）

除此之外，我们发现，演变后的“奇葩”还可以作定语、状语。例如：

（23）晚安喝了一点点就晕了、睡了明天想好好聊聊**奇葩**的 iPhone 套子——江米材质，世界首款可以吃的手机套。（微博语料，BCC）

（24）一大早，遇到一个**奇葩**的 7 路公交司机，车子开得好好的，突然停在了一个卖报亭，问问有没有 XX 报纸，然后便下车开始交易了。（微博语料，BCC）

（25）今天**奇葩**地发现我们班那个女生在大一的第一任男友带着他的第三任女朋友在食堂。（微博语料，BCC）

（26）本来说昨晚十二点踩点祝你生快乐的，不曾想只剩三四分钟了我竟**奇葩**地睡着了，醒来时已经凌晨一点四十多，所以就算了，没去打扰你。（微博语料，BCC）

就“吃货”和“奇葩”的总体发展来说，“吃货”本来有贬义，用于自身则可以起到反语的效果，而且出现了一些“X 货”的仿拟。例如：

（27）握爪，我也是**喝货**，不过我喝的不是酒而已。（微博语料，BCC）

（28）回家第二天，就挨骂，理由是睡到两点多，把我的纪录给破了，睡了十二个小时，我承认我是“**睡货**”。（微博语料，BCC）

“奇葩”本来是褒义，也只能描述对方。说话人不可能将褒义的词语易色之后，用于自身进行自贬。

8.3.3.4 新兴“X 癌”

新词语不一定是单个产生的，有时也会按照一定的形式大量类推出现，新兴的“X 癌”就是其中的代表。

“癌”本来是一种疾病的名称，《现代汉语词典》（第六版）对它的解释是：“上皮组织生长出来的恶性肿瘤，常见的有胃癌、肺癌、肝癌、食管癌、肠癌、乳腺癌等。”

词典只是展示了“癌”的理性义，还不能完全反映人们对于“癌”的一般印象。常言道“谈癌色变”，癌之所以让人们“色变”，就在于癌症难以治愈的特点，难以治愈乃至威胁患者的生命，自然导致人们的恐惧。

因此，一般意义上的“癌”至少有三个语义特征：[＋疾病][＋难愈][＋令人恐惧]。

然而，在网络语言中，涌现了众多“X 癌”的新词语，在这些新词语中，“癌”的语义特征发生了一些明显的变化。我们试举几例，词语的释义在网络释义（百度百科、百度知道）的基础上进行了调整。

1. 直男癌：对略带大男子主义的人的一种调侃，这种人活在自己的世界观、价值观、审美观里，时时向别人流露出对对方的不顺眼及不满。例如：

（29）男性更霸气 女性更弱智！国产剧也患“**直男癌**”（搜狐网，2014-11-13，https://yule.sohu.com/20141113/n405989676.shtml）

（30）中国“**直男癌**”近四成 不解少女心思（西诺网，2016-03-12，http://www.ccnovel.com/90089.html）

2. 妈癌：形容一个人对别人特好、特别关怀，替人操心，替人着想，让人有“皇帝不急太监急”的感觉。例如：

（31）关心到“友尽”？患了“**妈癌**”，得治！（海外网，2014-12-05，http://huaren.haiwainet.cn/n/2014/1205/c232657-21492982.html）

（32）总是替人操心、朋友遇到问题比朋友还着急、待朋友如同对待自己孩子，如果以上全中，那恭喜你成为“**妈癌**”患者。（中国新闻网，2014-12-04，http://www.chinanews.com/cul/2014/12-04/6845314.shtml）

3. 尴尬癌：形容一个人极度尴尬。例如：

（33）早年看的《快乐女声》海选现场，现在看得我**尴尬癌**都晚期。（腾讯视频，2016-04-02，https://v.qq.com/x/page/v0188ighydq.html?ptag＝qqbrowser）

（34）尴尬症？**尴尬癌**好吗！萨顶顶假唱演技这是要上天啊！（央广网，2016-02-24，http://travel.cnr.cn/list/20160224/t20160224_521451148_3.shtml）

4. 懒癌：形容一个人懒到了极致。例如：

（35）考拉连交配都要饲养员帮忙，应该是**懒癌**晚期吧。（优酷，2020-07-14，https://v.youku.com/v_show/id_XODc4Mzg4MDYw.html）

(36)从现在开始，摆脱你的大肚腩，杜绝做**懒癌**患者，你也可以变得性感和可爱。（搜狐网，2015-11-17，https://www.sohu.com/a/42273507_254988）

我们可以看出，在“X 癌”中，不管 X 是名词性语素还是形容词性语素，它都表示一种状态。与一般意义的“癌”相比，这里存在一种转喻，即从人的生理问题转向了心理问题，生理上的疾病可以转喻为心理上的弊端，相应地，网络词语“X 癌”中“癌”的语义特征表现为：[＋弊端][＋严重]。

这里值得注意的是，原先“癌”所拥有的[＋令人恐惧]的语义特征在网络词语中脱落了，甚至有了调侃的味道。例如：

(37)今天是三八妇女节，祝各位**妈癌**们节日快乐。（百度贴吧，2016-03-08，https://tieba.baidu.com/p/4398466344?pid＝85288978365&cid＝0#85288978365）

我们还可以通过以下两组的对比来进一步揭示该语义特征的脱落：

A 组：胃癌　肺癌　肝癌　肠癌　食管癌　乳腺癌

B 组：学癌　穷癌　手癌　爸癌　文艺癌　小清新癌

A 组的“癌”是我们一般意义上所说的癌，B 组是网络词语中的。它们有两方面的差别：

第一，在词法方面，A 组为偏正结构的复合词；B 组则为派生词，其中“癌”可以视为类词缀，相对于 A 组有更高的能产性。

第二，从语义上来说，A 组词完全是对客观事物的反映；B 组则是虽然也反映人们存在的一些精神状态，但是创造这些词语更多地体现了表达者的能动性。

从这两个区别可以看出，网民使用“癌”作为构词成分，大量创造新词，甚至进行调侃，一改人们的常规认识，呈现出了“谈癌色不变”的景象。

那么网络词语中“癌”的[＋令人恐惧]的语义特征为何会脱落呢？我们认为有两方面的动因：其一，汉语的词义识解中普遍存在乐观主义倾向（袁毓林，2014），所以人们有尽力淡化“癌”负面心理效应的努力；其二，网络世界是相对独立于现实世界的一种空间，人们的心理在此释放，很多社会约定的认识会被网络语言进行解构。

在这两方面动因的驱使下，“癌”极有可能走上虚化历程。

“癌”这个词出现时间并不长，《康熙字典》中尚不见其踪迹，规定它发音为 ai 更是 1949 年以后的事情。可当今社会它的语义发生了不能令人忽视的变化，并朝类词缀方向发展，这从一个侧面表明互联网是语言演变的一个“加速器”，很值得大家关注。

8.3.3.5　“的说”

语言生活中出现的新词语不仅可以单独运用，也有以黏着形式出现的，比如“的说”。这个词在网络语言中出现得越来越多，我们调查的语料都来自 BCC 语料库中的微博语料，所以本小节的例句都不再标明出处。

“的说”不可能独立成句，从句法位置上看，“的说”位于一个句子的句末，例如：

(38)亲，你好幸运的说。(微博语料，BCC)

(39)不好的话贝贝就继续咯，不怕没人帮忙的说。(微博语料，BCC)

(40)今年没红包的说。(微博语料，BCC)

(41)支持纯文字显示，如果没有 wifi 很废流量的说。(微博语料，BCC)

语气词也位于小句的句末，“的说”通常情况下位于语气词之前。例如：

(42)不觉得和我们解放时期领导的大衣很像的说吗？(微博语料，BCC)

(43)大家不会是想把大奖还给小编的说吧。(微博语料，BCC)

我们经过对 BCC 语料库的粗略统计，比较“的说”与语气词共现时的次序，具体如表 8-1[①]：

表 8-1　“的说”与语气词之间的位置差异

位于语气词之前	数量	位于语气词之后	数量
的说＋啊	208	啊＋的说	6
的说＋吧	86	吧＋的说	6
的说＋吗	13	吗＋的说	6
的说＋呢	90	呢＋的说	3

从表 8-1 可发现“的说”从趋势上更多地位于语气词之前。究其原因，

① 统计时间 2019 年 11 月 8 日。

“的说”还有一定的实义因素，其虚化尚不彻底。

对于“的说”所搭配的小句，从语义上看有三种——

首先，小句体现表达者自身的客观情况。例如：

(44)老婆求收图，我等级不够的说。(微博语料，BCC)

(45)以前手脚都冰冷的说。(微博语料，BCC)

其次，小句体现表达者自身的主观感受。例如：

(46)一年我都是这样状态的说。(微博语料，BCC)

(47)你俩送我的围裙真心裸着穿好舒爽的说。(微博语料，BCC)

第三，小句体现表达者对他者的评判。例如：

(48)德兴的油炸很好吃的说。(微博语料，BCC)

(49)今天好冷的说。(微博语料，BCC)

(50)送给她的生日礼物，还很神秘的说。(微博语料，BCC)

(51)我没看出来这有什么好玩的说。(微博语料，BCC)

从这些例句中可以看出，很多例子中小句前后并无“说”的相关内容，而且“的说”去掉之后不影响小句的基本语义，VP与“的说”之间也并非状中关系。

“的说”是类似于“的话”的跨层非短语结构(江蓝生，2004)，成为一种主观性的标记词，表示言者的弱判断义。原因是，第一，与“的说”共现的小句都是一种判断或断言；第二，“的说”的出现促成了小句由知域向言域的转变，表达效果类似“据说＋小句”形式，降低了原小句的判断力度。

在实现虚化以前，“的说”其实应为“地说”。状语语义指向的不确定性为“小句＋的说”的形成提供了可能。状语有的可以指向其所修饰的中心语，有的可以指向主语等其他句法成分，这就可以将“主语＋状语＋的说”重新分析为“主语＋谓语＋的说”。而主语生命度的降低最终确立重新分析的结果。此外，由“地”向“的”的转变和汉语双音节的趋势进一步促成“的说”的主观化和词汇化。

8.3.3.6 糅合构式

对于诸如“果不其然”“大约……左右”“一座座山川”等糅合构式而言，大部分人已觉察不出其中不符合语言规范的地方，因此，这些糅合构式几乎已成了人们的正常用语，也就是成为变异话语3的成员。显然，它们之所以能够广泛流行，与"人类认知思维的杂糅特性"和"言语表达过程中语义突显策略"(车录彬，2010)是密不可分的。

8.3.3.7 "不能同意更多"构式

"不能同意更多"是一个新兴的网络用语。"不能"可以被"无法"替代，"同意"有时可以用"赞同""认同"等近义词替换。学术界多不认同"不能同意更多"的合法性，有人认为这是来自对英语"I can't agree more"的错误翻译，是一种负迁移现象。(李瑶，2008)

"不能同意更多"在语义上大致等同于"完全同意"。不过，两者相较，"不能同意更多"在句法上表现出一系列的特征，这主要表现为三个方面。

首先，在肯定和否定方面存在不对称性。

一般情况下，含有"不能……更多"的句子所表达的是某种行为、状态未达到言者的预期标准。例如：

(52)作品小主人公毛毛的母亲是个典型，她一天要接二十个客，每天给她的男人挣一千法郎，她始终不能与亲生儿子见面，而在不能挣更多钱时，却被她的男人杀死了。(《当代世界文学名著鉴赏词典》，CCL)

(53)从邵老汉的笑容里，我们难道不能悟出更多、更深刻的东西吗？(1994 年《人民日报》，CCL)

在例(52)中，"不能挣更多钱"蕴含的是挣钱数量没有达到预想的标准；例(53)是个反问句，通过对"不能悟出更多的东西"的反问，表达者希望人们的思考能达到一个预期值。

不过，因为"不能同意更多"的产生来自于英语"I can't agree more"，所以该用语在语义上体现的是对表达者预期值的最高满足。例如：

(54)这个吧友真说到我心坎里去了！不能同意更多！(百度贴吧，2020-06-24，https://tieba.baidu.com/p/6769094041?pid=133007649978&cid=0#133007649978)

(55)你为什么还是单身？这答案简直不能同意更多啊！(百度贴吧，2014-12-24，https://tieba.baidu.com/p/3478412715?red_tag=1753010178)

在例(54)中，"不能同意更多"是言者对吧友说法的认同，认为该说法已经达到心理预期的最高值了。例(55)是同样的情况，相关的答案符合言者心理的最高预期。

对于“完全同意”来说，自然有相应的否定形式“完全同意”和“完全不同意”。例如：

(56)刘宗敏虽然不完全同意马上就起用摇旗，但也不好再说别的话。(姚雪垠《李自成》,CCL)

(57)林奇的一盘录音带，里面有一段话我完全不同意。(《富爸爸，穷爸爸》,CCL)

与之不同的是，“不能同意更多”没有相应的肯定形式，即单纯去掉否定标记“不”，形成“能同意更多”或者“同意更多”等表述。也就是说，该用语不存在相应的肯定形式。

其次，构式中的中心语存在不可还原性。

尽管在“I can't agree more”中“more”作状语，但在现代汉语中，与“more”相对应的“更多”如果位于动词之后，肯定会修饰一个中心语，然后构成那个动词的宾语。

在其他情况下，如果句中的中心语没有出现，那么中心语其实是省略或隐含了的。例如：

(58)马刺赢得总冠军总共打了多少场球，110 或更多，算上常规赛和季后赛。(姚明《我的世界我的梦》,CCL)

(58')马刺赢得总冠军总共打了多少场球，110 或更多(场球)。

(59)我们的脑子已经非常习惯于进化的理念，我们总是希望自己能获取更多，变得更有学问、更优秀等等。(《超越时空：20 世纪最卓越的两位心智大师的对话》,CCL)

(59')我们总是希望自己能获取更多(东西)。

例(58)中“更多”所修饰的中心语是“场球”，中心语在文中省略了，可以补出；例(59)中“更多”所修饰的中心语是隐含的，我们也可以用一个模糊的词语，如“东西”将其补出。

按理说，在“不能同意更多”中“更多”也应该修饰一个中心语，但是这个中心语所述的空位却难以补出其他成分，有别于省略和隐含的情形。例如：

(60)女生没有男朋友的好处，简直不能同意更多了！(搜狐网，2017-07-24，https://www.sohu.com/a/159589073_124836)

(60')那些没有男朋友的好处，看完简直不能同意更多(？好处/？观点/？东西)。

例(60)中"更多"后容纳其所修饰的中心语的空位,但是我们不论补出"好处""观点",还是语义模糊的"东西",其句子都不算通顺。因为表达者需要评价的只是某个单一的观点或事物,与"更多"搭配则在语义上存在异常。

正是因为中心语的模糊性,所以在话题句中,相应的话题也不能还原至"更多"所修饰的空位中。例如:

(61)高手在民间,这句话不能同意更多了①。(搞笑吧,2018-03-05,https://www.gaoxiaoba.com/pic/189060.html)

(61')?不能同意更多这句话。

在例(61)中,如果将话题"这句话"进行还原,那么就形成(61')所示的"更多这句话",显然有悖原句意思。

而对于"完全同意"来说,则不存在话题无法还原的情况。对于其他含有"V更多"的话题句来说,话题也是可以自然还原的。例如:

(62)这最后一句话,我完全同意。在美国,甚至连创作学校也是被供求相应的社会形势而商业化了的。(读书 vol-081,CCL)

(62')我完全同意这最后一句话。在美国,甚至连创作学校也是被供求相应的社会形势而商业化了的。

(63)蔬菜我能吃更多。

(63')我能吃更多蔬菜。

正是由于话题不能还原至"更多"所修饰的中心语的位置,因此相关语句中原本应有"更多"修饰的中心语会提到动词同意前面,作介词"对"的宾语,构成介宾结构。例如:

(64)在他发表这篇文章以后,我在台北遇到的所有学者和媒体人,都会问我对韩寒这篇文章怎么看。因为这是最近几天台湾的一个焦点话题。老实说,我对他的文章不能同意更多,但是同时,我又有一种深深的担忧。(砍柴网,2019-12-05,http://app.ikanchai.com/?action=show&app=article&contentid=214&controller=article)

(65)姚明表示,对陈盆滨的观点"不能同意更多",他认为,增加体育人口是中国体育实现突破和改革的关键因素,实现体育产业的"五万

① 原句为"这句话不能同意的再多了","不能同意的再多了"与"不能同意更多"意义基本相同,为论述方便,这里对其进行了改写。

亿”不能靠“再造20个‘鸟巢’”。(《姚明:反对个别地方为了搞足球而暂停其他项目》,人民网,2015-04-03,http://sc.people.com.cn/n/2015/0403/c345460-24374114.html)

在个别情况下,“不能同意更多”会作定语,“更多”与定语的中心语没有直接的句法关系。例如:

(66)标题:不能同意更多的幸福论

内容:1.不以成功,荣誉,胜负为目的行动;2.持续做忍不住想做的事;……(百度贴吧,2015-12-01,https://tieba.baidu.com/p/4189659602?pid=79910588954&cid=0#79910588954)

例(66)的“更多”不能直接修饰“幸福论”,因为结合内容来看,这还是言者用“不能同意更多”对“幸福论”进行的评价。

第三,构式的主语会经常性地省略。

对于“不能同意更多”来说,由于受到翻译因素的影响,其对应的主语一般是“我”。例如:

(67)有人说喜欢发吃的照片的人都有病,我不能同意更多了。(百度贴吧,2014-11-25,https://tieba.baidu.com/p/3431281611? pid=60796506454&cid=0#60796506454)

(68)刚刚看有人说wow历史和eve的历史问题,我不能同意更多。(百度贴吧,2014-01-12,https://tieba.baidu.com/p/2810379008? pid=44336422703&cid=0#44336422703)

因为“我”就指代表达者自身,所以在很多情况下主语“我”是可以省略的。例如:

(69)引一位吧友的观点,不能同意更多!(百度贴吧,2015-03-08,https://tieba.baidu.com/p/3623589495? pid=65331290463&cid=0#65331290463)

(70)探寻就是要不断相信,不断怀疑,不断幻灭,不断摧毁,不断重建,为的只是避免成为偏见的附庸。不能同意更多。(微博语料,BCC)

不仅如此,即便语篇中有类似承前省略的环境,“不能同意更多”所对应的隐含主语依然指称言者。例如:

(71)主持人的评论,不能同意更多。(新浪微博,2020-05-29,https://weibo.com/3187525994/J48f6qgRS? type=comment)

在该例中，根据相关表述的内容，“不能同意更多”是表达者对主持人所作话语的赞同，因此相应的隐含主语就是“我”。除此之外，更多的情况下，“不能同意更多”的主语“我”经常在对话的环境中省略①。例如：

(72)A：脑科学科普：罪恶感、羞耻感从哪里来？我们在欺骗他人或者考试作弊后，常常会产生罪恶感和羞耻感。……

B：不能同意更多，没有羞耻心和罪恶感的人，只能是 shame on you。（新浪微博，2020-03-31，https://weibo.com/1630208007/IB6Ih9BJk? type=comment#_loginLayer_1595927148772)

(73)A：谁也说服不了谁，拖下去又是内耗，要不咱们来 battle 呗？输了的、没打的禁止就这件事进行观点输出 30 天（或者一个别的期限），如何？

B：不能同意更多！（新浪微博，2020-07-16，https://weibo.com/227256298/JbrSzaOy0? type=comment)

可以看出，“不能同意更多”的肯定否定的不对称性和中心语的不可还原都受英语翻译的影响，英语的原文规定了“不能同意更多”在形式和意义上的限制，可以说是构式压制的体现。而主语的经常性省略，则是其自身在汉语中使用的发展，因此基于其形式和语义上的特殊性，“不能同意更多”应该视作习语化的结构②。

就构式的功用来说，“不能同意更多”之所以能够在网络环境中存在，是有一定存在价值的，具体包括两方面。

第一个方面，增强主观力度。

正规用法中的“完全同意”和网络用语“不能同意更多”都有评价的语义，但是后者的主观性更为强烈。

就“完全”来说，《现代汉语词典(第六版)》只认为有一个范围副词“完全”。有人则认为现代汉语里副词“完全”有两个，记作“完全 1”和“完全 2”。“完全 1”有“全、全部”。“完全 2”跟“完全 1”不同，“完全 2”表达的是一种强

---

① 网络中的跟帖不能算作典型的对话，我们可以将其看作延时对话的书面表述。

② 也有“不能同意得更多”的说法，该形式与英语的对译更为明显，“更多”在这里作状语，与作状语的“more”有更多相通之处。不过，相较“不能同意更多”，该说法出现频率较小，相应的，不能还原或者补出的成分是“同意”的宾语，其他性质则与前者大致相同。

调语气，表达范围已经不是其主要功能。但由于它是由“完全1”发展而来的，所以有时还是可以用“全部”来替换的。(张雪，2016)无论如何，“完全”所表示的主观性还不够强烈。评价是一个主观性的言语活动，正是因为“完全”作为语气副词具有不彻底性，人们会有采取其他方式进行主观性表达的动因。

就认知能力来说，人们具有识解(construal)的能力，即可以用不同方式感知和描述同一情景的能力(Langacker，2000)。“完全”所表示的范围的量可以重新识解为程度的量。这样，相应的范围副词可以转化为程度副词，如“略微同意”“非常同意”“更同意”“最同意”等等。不过，程度副词作为动词的修饰语，不足以将程度量凸显出来。如果想将程度量凸显出来，那么程度副词移至句末，成为自然焦点就可以成为凸显的目标。这样，在英语“I can't agree more”的影响下，程度副词也会后置。

不过，单纯的程度副词不能单独表示程度量(吴立红，2006)，要与形容词进行组合。这就形成了“我不能同意更多”，通过否定程度量的增加来体现极性的肯定。这种极性的肯定是基于言者自身的认知的，自然也表现出了主观性。

当然，极性的肯定是蕴含在否定之中的，为了更加凸显主观性表达，有时还需要一些语气副词进行配合。例如：

(74)你为什么还是单身？这答案简直不能同意更多。(百度贴吧，2015-01-16，https://tieba.baidu.com/p/3531336771?pid＝63080193335&cid＝0＃63080193335)

(75)自古一楼出碧池，真是不能同意更多！(百度贴吧，2013-07-27，https://tieba.baidu.com/p/2488734704?pid＝36167433192&cid＝0＃36167433192)

例(74)的“简直”和例(75)的“真是”都是语气副词，加强了极性肯定的力度。

前文所述，“不能同意更多”在句中对应的主语一般是“我”，这也是主观性的印证。有时也有非表达者的主语，这便产生了移情(empathy)作用。例如：

(76)我辽的15号妹子长得不错，你们是不是不能同意更多？(百度贴吧，2013-07-17，https://tieba.baidu.com/p/2463982965?pid＝35595735007&cid＝35596830690＃35596830690)

例(76)[①]中移情的对象是"你们",表达者将自己认同于"他用句子所描写的事件或状态中的一个参与者"(Kuno,1987:26)。在这个例子中,表达者将自己的主观性移植到对方身上,缩小双方的心理距离,诱使对方做出极性肯定的评价。

第二个方面,模糊概念表述。

前文已经提及,"更多"所修饰的中心语不可还原。从语义上来说,这其实是表达者思想模糊的外在表现。

在语言的具体运用时,言语是对具体内容的指称。(张斌,1998:63)而表达者听到指称具体内容的言语后,在做出评价时,会对这些言语再做一次概念上的抽象。这就涉及了相应语言内容再次符号化的一个过程。例如:

(77)李汉秋同志认为:"①《儒林外史》反映了儒道互补的思想潮流,塑造了一些兼具儒士、名士特色的理想人物。"我完全同意汉秋同志的②见解。(1998年《人民日报》,CCL)

(78)"老李,我们应该看到:①人民群众是改革和发展的主力军,也是稳定的主力军,改革和发展要依靠人民群众,稳定大局也同样要依靠人民群众。稳定大局各级领导当然需要亲自做工作,但更要相信群众,发动群众,依靠群众来做工作。""完全同意②你的意见",李东喜说。[1994年报刊精选(08),CCL]

在例(77)中,①是对李汉秋说的话,这些话是对相应内容的指称,②的"见解"是对这些符号进行的再次符号化的过程。例(78)同样的道理,①是论述人民群众作用的一些话语,②所说的"你的意见"是对这些话语内容的指称。

表达者在评价时之所以有一个再符号化的结果,一方面是有指代作用,避免语句重复;另一方面体现了概念化的不同方式,表现了言者的相关认识。但是,这种再符号化需要言者具有一定的知识水平。不过,网民的整体文化水平相对偏低,据《第38次中国互联网络发展状况统计报告》[②]显示,截

① 用"是不是"进行正反问,而不是用"能不能",这也说明"不能同意更多"不存在相应的肯定形式。

② 相关文献来自中国互联网络信息中心(http://www.cnnic.net.cn/hlwfzyj/hlwxzbg/hlwtjbg/201608/t20160803_54392.htm)。

至2016年6月,我国网民依然以中等学历群体为主,初中、高中/中专/技校学历的网民占比分别为37.0%、28.2%。

如果人们不能用合适的语言符号对相应的言语进行指称,那么最好的办法就是回避。既然由“更多”所修饰的中心语在作动词的宾语时可以省略或隐含,那么“不能同意更多”就成为网络环境中进行评价的有用手段。例如:

(79)①这些有趣的上海话之最,不能同意②更多[]。(搜狐网,2016-08-12,https://www.sohu.com/a/110202288_383493)

(80)①有时候出门扎个丸子头2个小时都扎不好 然而每次洗澡时随手扎个丸子头都觉得美到爆炸。简直了,不能同意②更多[]!!!(新浪微博,2016-05-14,https://weibo.com/1722796894/DvxSQeY3n?type=comment)

例(79)和例(80)中的①都是需要表达者进行评价的内容,而其中的言语形式都是对相应内容的指称,言者需要概念化的符号对这些言语形式进行指称。②当中的“更多[]”就是这种模糊处理的结果,因为无论如何“更多[]”中的语言成分也不会还原或补出,所以就很好地回避了再符号化的过程。

回避之后,表达者有时会附加其他的语句,对模糊化的概念进行补充性地阐释。例如:

(81)是的,不能同意更多。做会议也是这样,后来我发现每年做几场会议对于形成团队凝聚力,打通不同部门之间的协作和资源挺有帮助。团队每年集体做几件事情还是有必要的。(新浪微博,2018-11-11,https://weibo.com/1404949082/H28R3vmE7? type=comment)

(82)不能同意更多,我还专门做了个网站算了一下。(新浪微博,2018-12-02,https://weibo.com/1642891635/H5lhptUBc? type=comment)

当然,即便表达者使用其他评价形式,也可以附加其他语句进行补充。不过,对于“不能同意更多”来说,这样显得更有必要。

“不能同意更多”在某些情况下似乎出现了进入正规语体的端倪,在人民网上就有个别的用例。除了前文所举的例子之外,再比如:

(83)巧合的是,尚雯婕随后就在自己的微博中发布了一条与网游相关的信息。"听同事说最近有不少打打杀杀的网络游戏和神经兮兮的影视剧找我合作……我没有表示认可,但也不能同意更多。"(《尚雯婕网游代言迷雾重重 电音天后代言满悬念》,人民网,2013-05-14,http://ent.people.com.cn/n/2013/0514/c86955-21473039.html)

(84)在她看来:"跟异性要么是普通朋友,要么就是另一半。若有红颜、蓝颜知己的存在,我们都会彼此吃醋的,还是不要了。"对这段话小编简直不能同意更多!!! 想说她的三观也太正了!(《林依晨订婚对象不是"大仁哥"男方家产过亿相识十年》,荆楚网,2014-10-09,http://news.cnhubei.com/xw/yl/201410/t3063297.shtml)

观察这些例子,我们可以发现"不能同意更多"还处于引述和转述的形式下,或者是娱乐新闻等语体之中。那么,它会不会最终进入正规语体呢?我们认为答案是否定的。

因为不管是凸显主观性,还是对概念的模糊化处理,都是对表达者有利的方面。"不能同意更多"在进入正规语体之前,应视为超常的修辞现象。对于修辞效果而言,"接受者完成由可能性向现实性的转化"(谭学纯、唐跃、朱玲,2000:4)好的修辞现象能给接受者带来增值接受,也就是说接受者获得额外的语义信息或者审美信息。(谭学纯、唐跃、朱玲,2000:199-208)

"不能同意更多"中"更多"所修饰的中心语不出现,与一些所谓的"半截子话"类似。但是,这些半截子话还有额外的修辞审美信息。以"我把你个NP"为例,在这个构式中,相应的谓语动词没有出现,也无法补出,但是一方面交流中有委婉和避讳,另一方面根据语义,构式可以体现多种言外之意。(李青,2011)

(85)我把你这个骗子:你小心出门撞车!

(86)我把你个没出息的东西!你为什么不求上进呢?

(87)我把你这小滑头!你以为我是傻瓜吗?(以上三例均转引自李青,2011)

在共同表达指责义的同时,例(85)表示怒骂,例(86)表示埋怨,例(87)表示嘲讽。这样"我把你个NP"对于接受者完成了增值接受。而对于"不能同意更多"来说,"更多"所修饰的中心语不能还原,对于接受者来说这是一个没有明确化的概念,并没有提供更多可以深化理解的修辞审美信息。也就是说,言者将回避再符号化的过程转嫁到了接受者身上。

因此,对于这种不具备增值接受的修辞现象,我们认为它将停留在变异话语 3,不能最终进入正规语体之中。

8.3.3.8 “是时候 VP”

对于另一种不符合既定语言规范的构式,“是时候＋VP”句来说,现在它也在语言生活中大量出现,如:

(88)**是时候**考虑买点白银(凤凰网,2011-07-30,http://news.ifeng.com/c/7fa4r7IfnIi)

(89)**是时候**告知世人这一切了(天涯社区,2011-03-21,http://bbs.tianya.cn/post-16-698070-1.shtml)

(90)中国官方:**是时候**要求美元停止贬值了(央视网,2008-04-15,http://news.cctv.com/financial/20080415/106984.shtml)

(91)**是时候**进入重庆了!(新浪网,2011-04-14,http://finance.sina.com.cn/roll/20110414/05199686705.shtml)

(92)**是时候**要改变了(简书社区,2017-05-05,https://www.jianshu.com/p/f03d145990fb)

我们首先对比一个简单的情况,即“是时候 VP”结构与“是 VP 的时候”结构都在单句中作谓语时的情况。

照理推断,如果“是时候 VP”结构本身不合法,那么一切含有该结构的句子都应该转变成“是 VP 的时候”句。但是,通过对比,我们发现情况并非如此。如下面三组对比所示:

(93a)是时候吃饭了。

(93b)是吃饭的时候了。

(94a)现在是时候吃饭了。

(94b)现在是吃饭的时候了。

(95a)现在我们是时候吃饭了。

(95b)*现在我们是吃饭的时候了。

第一组中(93a)的主语隐含,它完全可以转化为(93b)。第二组中,(94a)的主语依然隐含,但增添了一个状语“现在”。它在形式上可以转化为(94b),不过(94b)中的“现在”显然是主语,因为“是吃饭的时候”是对“现在”这个时间段做出的描述。第三组中,(95a)的主语是“我们”,它无法转化成(95b),因为“我们”肯定不是表示时间段的词语。因此,如果要把(95a)转化成含“是 VP 的时候”结构的句子,必须变成(95c)的形式。

(95c)现在是我们吃饭的时候了。

既然形如(95a)的句子可以转化为(95c)，那么形如(95c)的句子自然都有类似(95a)的表达方式。但是，事实却并非如此。例如：

(96a)现在是太阳落山的时候了。

(96b)＊现在太阳是时候落山了。

(97a)现在是猫头鹰捕食的时候了。

(97b)＊现在猫头鹰是时候捕食了。

通过这两组对比，可以发现“太阳”和“猫头鹰”不能成为“是时候 VP”句的主语。“太阳”“猫头鹰”与“我们”的语义区别就在于[＋人]这一特征。

我们通过在网络上收集的语料，可以发现“是时候 VP”句的主语都有含有[＋人]的特征。例如：

(98)**是时候**该减肥了，之前也有跑步，注意饮食加上跑步，减到了113 斤，只要正常吃饭就胖的无法无天。(百度贴吧，2018-02-14，https://tieba.baidu.com/p/5551859330? red_tag＝1768185715)

(99)网游公司**是时候**为这几年的不作为而“买单”了。(豆丁网，2010-05-10，http://www.docin.com/p-90233420.html)

(100)当前，广东加快转变经济发展方式刻不容缓，如同“逆水行舟，不进则退”，现在广东也**是时候**告别“赚辛苦钱”的时候了。(腾讯网，2010-05-05，https://news.qq.com/a/20100517/002010.htm)

(101)女人**是时候**对这件事放开点儿了，躲在一层脂粉后，不见得更有安全感。(半岛新闻网，2010-02-02，http://news.bandao.cn/newsprint.asp? id＝900796)

(102)西方**是时候**更多地了解中国了。(中国新闻网，2009-06-15，http://www.bj.chinanews.com/news/2009/0615/1991.html)

从上述语句中可发现，例(98)缺省的“我”和例(101)“女人”的[＋人]特征很显著，而“网游公司”“广东”“西方”等都是由人组成的群体，其发出的动作行为也都是由群体中的人来执行的。所以，这些词语都包含[＋人]的语义特征。

“是时候 VP”结构在单句中作谓语时，单句的主语自然是动词短语所体现的动作的施事。在该结构作句子的其他成分时，其动作的施事依然具有[＋人]的语义特征。如：

(103)邢明才觉得，**是时候**从多年的积蓄中挖掘商业价值了。(中国经营区，2010-01-19，http://www.cb.com.cn/person/2010_0119/91506_4.html)

(104)空气污染这么严重，**是时候**采取措施了！(新浪网，2018-04-24，http://gd.zhidao.189.cn/ckb/kd/20180103/1121_341901.html?city=gz)

(105) 美女完成任务，**是时候**离开了。(腾讯视频，2020-06-15，https://v.qq.com/x/page/i3080sfaqpt.html? ptag=qqbrowser)

“是时候 VP”结构在(103)中作“觉得”的宾语，在(104)和(105)两个复句中充当分句里的谓语。三个句子中，动作的施事分别是“邢明”、缺省的“我们”和“美女”，它们都有[＋人]的语义特征。

在与“是 VP 的时候”句式的比较中，我们考察清楚了“是时候 VP”句式中动作行为发出者的特征。下面，再对其标志词语“是时候”进行一番探讨。

从语料中看，“是时候”中的“是”显然不是动词，那么“是”有可能是表示强调的副词。但是，一般的强调句如果去掉“是”，句子会变成陈述句。而“是时候 VP”句中的“是”如果除去，那句子就不再成立。

(106a)我是昨天找到了这本书。

(106b)我昨天找到了这本书。

(107a)大家是时候提交论文了。

(107b)＊大家时候提交论文了。

因此，“是时候”中的“是”除了在语气上表强调以外，它还类似于古汉语中的指示代词“是”，可以解释为“这个”。

(108a)爱是溪(喜欢这条小溪)(柳宗元《愚溪诗序》)

(108b)爱溪(喜欢小溪)

显然，(108a)的意义不同于(108b)。如果“是时候”的“是”去掉，那么“时候”仅表示一个空泛的时间段，也就没有表达的必要了。因此，“是时候”的意义相当于“这个时间段”。

“这个时间段”的具体所指往往在语境中才能得到体现。例如：

(109)我有一个保守了很长时间的秘密，也许现在**是时候**公开了。(新浪博客，2019-12-05，http://blog.sina.com.cn/qq369894124)

(110)很清楚，这样的现状有利于保险行业，不利于美国民众。经过一年费力的辩论，**是时候**向改革迈进了。（国际在线，2010-02-22，http://news.cri.cn/gb/27824/2010/02/22/2625s2762289.htm）

(111)传统喜庆的中国年将至，**是时候**将目光锁定喜气洋溢的中式服装了！（腾讯网，2010-02-13，https://news.qq.com/a/20100213/000245.htm）

(112)高清时代走到今天，已经十分成熟，**是时候**推出真正意义上的次世代级作品。（中关村在线，2010-01-12，http://tvgame.zol.com.cn/162/1622134.html）

通过上述例句，可看出这些动作行为在发话的那一刻都没有进行，所以"是时候 VP"句式在语用上有催促动作主体去执行这些动作行为的作用。因此，具有鼓动性的新闻标题有时也采用这种句式。

(113)《北京晨报》：年龄门，**是时候**把它关上了[①]（凤凰网，2010-04-30，http://sports.ifeng.com/pinglun/201004/0430_4687_1616671.shtml）

(114)德媒：**是时候**更新中国印象了（腾讯网，2010-02-23，https://news.qq.com/a/20100223/001357.htm）

例(109)—(114)的语句如果除去"是时候"，则"催促"的语用功能便随之消失。可见，"是时候"也有情态功能，类似于"要/应该"这类助动词。

综上所述，"是时候"语义上表"这个时间段"，语气上强调"在(这个时间段)"，而情态上则类似于"要/应该"的功能。

于是，"是时候 VP"句式可转化为下面(115b)所示的形式。

(115a)我们**是时候**吃饭了

(115b)我们在这个时间段应该吃饭了。

一种句式能够成立，必然在认知层面具有理据性。"是时候"是一段时间，而动词短语所体现的动作行为要在"是时候"这个时间段内进行。因此，可以发现"是时候 VP"结构很符合"以空间为基础的时间表达"（戴浩一，2004）的特征。"是时候"表示时间段，人们可把它视为容器；动作行为在此时间段内发生，可被视为容器所包含的事物。见图 8-1。

作为行为主体，他们首先意识到的是外在的容器，通过这个时间容器，

① 例(113)与例(114)的主语是省略的。

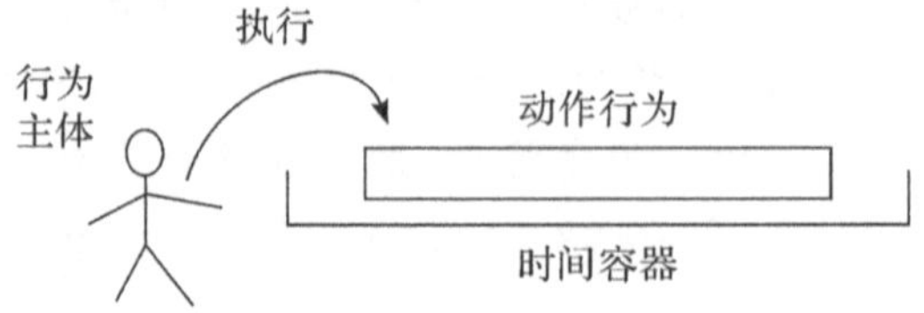

图 8-1 “是时候 VP”结构的认知意象图示

才能“取出”(执行)里面包含的动作行为。对于传统的合法结构“是 VP 的时候”而言,VP 作“时候”的定语,只是表示该时间段的某种特征,VP 与“时候”的关系显然要比“是时候 VP”所隐喻的空间关系要抽象得多。根据认知心理学理论,空间关系中的这种容器隐喻是人们的先验知识(戴浩一,2004),所以,“是时候＋VP”比起传统的合法句式更能引起人们的注意和理解。这样,通过这种“容器隐喻”,人们便很容易将较为抽象的时间关系转化为空间关系,使接受者更容易“打开容器取出内部的事物”,有利于表达者达到指令、宣告等目的。动作的执行者即便是讲话者自己,这种表达也会督促言者自身行动的实现。这也是为什么“是时候 VP”句式中动作施事一定具有[＋人]的特征。

认知语言学认为,语句是一个认知框架,认知始于关注。关注有两种,即聚焦和扫描。目标物是聚焦关注的对象,参照物是扫描关注的对象。对于汉语来说,语句的语序有从参照物到目标物的倾向。(张维鼎,2007:131-136)因此,将“是时候 VP”句式与其变体“VP 是时候”相比较,前者是先说“容器”,再说“包含之物”;后者则反之。既然“是时候 VP”句式在语用上催促动作主体去执行动作行为,那么,动作行为就最有资格作目标物。再者,人们往往把容器视为整体,而把包含之物视为部分,汉语倾向于把整体放在部分前面(戴浩一,2004),因此“是时候 VP”也符合“整体—部分”的认知框架,它的出现频率远远高于其变体。

另外,“是时候”具有情态功能,那么它放在 VP 前也更合适。这也是变体式微的原因之一。

8.3.3.9 年份倒序

在网络语言中,人们会改变一些本已固定的表达形式,如同下面三个例句,这种将年份内部数字倒序排列的手法在网络中已经不是新鲜事了——

(116)快 **9102** 年了,你竟然还不会用 Python?(搜狐网,2018-10-11,https://www.sohu.com/a/258744459_758175)

(117)都 **8102** 年了，我看的电视剧怎么还这么老土?（腾讯网，2018-08-30，https://xw.qq.com/cmsid/20180830A0SB7800）

(118)都 **7102** 年了，还有人在播这游戏。（百度贴吧，2017-08-06，https://tieba.baidu.com/p/5259633752? red_tag=2873133895）

很明显，以上各句的“9102 年”“8102 年”“7102 年”不是现实世界中真正的年份，其实分别表示的是“2019 年”“2018 年”“2017 年”。

这样的表达方式具有新奇性，但为什么人们要使用这种虚拟的年份呢?我们可以从它们所在句子或文章所表达的内容中看出线索。比如例(116)—例(118)中，句子所表达的都是一种新观念，表达者通过诸如“你竟然还不会用 Python?”这样体现指责语气的语句，希望相关读者尽快适应新观念。

时代在进步，观念在更新，与之伴随的表层现象就是年份的推移。不过，人们的观念并不是完全一致的，有的人的观念跟得上发展潮流，而有的人的观念还停留在过去的时代。于是，我们指责一个人观念落后，可以说：

(119)你的思想还停留在十年前。

(120)不要再用二十年前的老办法了。

有时，表达者为了提醒某些观念落后的读者，经常要提及当前的年份，以便让读者明白他们自己的观念没有跟上当前的潮流。例如：

(121)都 **2018** 年了，你还不承认电子竞技吗?（搜狐网，2018-10-08，https://m.sohu.com/a/258075143_99894443）

(122)都到 **2017** 年了，别再翻当年的那些老皇历了。（百家号，2017-10-23，https://baijiahao.baidu.com/s? id=1581979695255257085&wfr=spider&for=pc）

这样通过比对新旧观念所处的时间距离，将作者与读者之间观念的距离通过计数的方式体现出来。

不过，人们的观念并不是轻易可以改变的。想要影响并改变别人的观念，作者首先要做到的就是自己的言语对于读者产生吸引力。更何况，对于标题来说，言简意赅是其基本要求。于是，在有限的字数内，年份内部数字倒叙排列的手法成为使用的可能。

这种手法会产生两种作用。

首先是飞白写法的吸引作用。网络时代信息量巨大，人们的阅读呈现出碎片化的特征，对于平淡无奇的标题往往忽略。而“9102 年”这种明显“飞白”(故意写错)的表述，自然可以引起人们的注意。

其次是夸张表达的错配作用。表达者和接受者所处的时代相同，但是观念不同，也就是说表达者的心理时间位于现在，而接受者的心理时间位于过去，并且接受者往往不自知。因此，表达者就更换了另一种参照标准，将接受者的现实时间和心理时间等值对应起来，而将表达者自己的心理时间大大推向遥远的未来，于是就形成了“9102 年”这样的夸张表述。接受者面对这样巨大的心理时间差距，自然会尝试对表达者的观念进行解读。

这种诸如“9102 年”的表述手法也给我们带来了两点启示。

第一，修辞往往是以建立表达者和接受者的心理认同点为基础进行的，而且往往是作者主动构建共同点来吸纳读者。然而，“9102 年”这样的表述则是表达者故意“破坏”了与接受者之间在时间上的共同点，接受者为了探明原因而进入表达者的修辞过程中，这就形成了一种特殊的表达者修补共同点的现象。

第二，形式决定了修辞的可能空间。固然，“2019 年”改写为“9102 年”，体现出了巨大的心理时间差，但这种改写取决于个位数的数值。2019、2018、2017 等个位数的数值大，改写起来自然引人注目，而 2011、2010 等个位数的数值太小，就无法进行相应改写。也正因为如此，这种倒序排列的方式才在最近几年兴起，同时可以预见，等到了 2020 年，该表述手法流行的可能性不会太大，即便使用倒序排列，也是有条件的，估计会有新的表达手法产生。

8.3.4 连续统上的变异话语

这三种类型的变异话语不是截然分开的，而是构成一个连续统。有的语言现象覆盖了整个连续统，诸如“程度副词＋名词”组合，而还有的语言现象在不同变异话语之中的形式表现并不相同，但是其本质却是相同的。借形赋义和字母词等语言现象就是其中的典型代表。

8.3.4.1 借形赋义

语言是一种符号系统，而语言符号能指与所指的关系是约定俗成的。人为有意识地对符号做出改动，改变能指与所指之间的联系，则属于修辞行为的范畴。当基于某些社会因素而对符号做出改造时，这种行为就成为群体修辞。

学界对符号的改造有了一定的研究。以符号的能指为视点入手，刁晏斌(2015)认为汉语中存在大量的借形赋义现象,即“用已有的词语来表达新义”。徐默凡(2012)则指出流行语中存在“无关谐音”现象,即人们会选择或制造一个和当前现象无关的语言符号来实现指称,这是一种嬉戏心态。徐默凡(2013)又做出补充,“用任意的语音外壳来盛装原有的概念内容,由此达成了反讽的效果,其反讽指向则反映了当下社会的群体心理”。徐默凡(2015)则对这些现象的构造原则和理解机制做出了进一步的分析。

以符号的所指为视点入手,邓志勇、崔淑珍(2013)提出意识形态在修辞中的作用,指出“在意识形态的修辞情景的制约、影响下,修辞者通过意符这个符号手段,诉诸其蕴涵的意识形态,使修辞者的观点、主张或行为与该意识形态一致起来。……修辞者通过意符,诱使听众与其一样思、想、行,即与修辞者合作”。

学术界对于意识形态有很多观点(参见林立树 2014:223-238),简略地说意识形态就是人们对某种事物的社会价值定位,包括对其褒扬、贬斥或者持中性态度。意识形态自然属于语义的一部分,Lyons(2000:44-45)认为语义可以分为描述义(descriptive meaning)和非描述义(non-descriptive meaning),而非描述义又可分为表情义(expressive meaning)和社会义(social meaning)。我们可以把由意识形态而形成的社会价值定位归入社会义的范畴。而语言符号的能指改变之后,影响了原先能指和所指之间的规约联系,所指可能在描述义、表情义或社会义的某些方面发生变化。

结合这些研究,我们有理由认为符形的改变是诉诸意识形态的一种有效方式。根据符号表现的不同,即能指的改动的不同表现形式,话语群体对社会义的改动就有不同程度的显现,概括地说借形赋义可以有三种模式:全显现、半显现、隐蔽。

1. 全显现模式

全显现是指在维持原有能指的基础上,同时标注新的能指,通过这些新的能指表达自己的意义,达到对原所指社会义的“颠覆”。

有的全显现模式是在原有能指保留的基础上,通过注音,表明所指发生了改变。例如:

(123)只有天晓得当时究竟有多少绅(biàn)士(tài)是冲着“史上第一胖次大作”的名号去买 OVA 来看的。(二次元狂热,2017-01-17,http://2dmacg.com/article-2120-1.html)

例(123)在原“绅士”的能指旁标注汉语拼音,表明表达者认为这些“绅士”是“变态”，这就改变了人们原来对“绅士”认定的社会义。

当然，很多情况下人们为了输入的方便，也可以不标注声调，例如：

(124)这些年中信在信用卡权益和网络渠道建设方面下了不少**功(za)夫(qian)**。(知乎,2014-12-23,https://www.zhihu.com/question/26504406/answer/33013637)

例(124)则通过注音，表明表达者认为这些所谓的“功夫”其实都是单纯的“砸钱”而已，否认了通常所说的“功夫”所具有的社会价值。

在网络中，语言符号其实更多地是以文字形式呈现，因此人们有时候不选择注音，而是直接使用汉字进行标注，例如：

(125)这场大革(作)命(死)终结了巴列维王朝，也终结了伊朗几千年的君主专制。(百度贴吧,2015-10-15)

例(125)中的“革命”旁标注汉字“作死”，表明表达者对这场革命社会价值的否定态度。

可以看出，这种全显现模式表意目的明显，相应的可接受的人群数量也最多，因此可归入变异话语3。

2.半显现模式

这种模式就是利用近似的音节去替换原语言符号的能指，表现在书面上就是原语言符号通过一些同音、近音字来展现。这些同音、近音字取代原能指而与所指建立联系，表现出了表达者的一种修辞意图，只是不如前一种模式那么明显，所以是一种半显现状态。例如：

(126)有些人对西式**皿煮**的谄媚已刻到骨子了！完全无视国情、民族特性、国际环境的差别。(天涯论坛,2014-10-18,http://bbs.tianya.cn/post-worldlook-1288426-1.shtml)

在例(126)中，人们使用音近的“皿煮”替换了常规词“民主”，表现了表达者对盲目崇拜西方民主倾向的不满。

有些情况下，人们只替换词语当中部分语素的音节，特别是表现原词语意义核心的那一部分。例如：

(127)如今有很多所谓的社交媒体“**砖家**”拥有不少粉丝，但拥有众多粉丝不代表就真的很精通社交媒体营销。(搜狐网,2017-09-05,https://www.sohu.com/a/169609222_116433)

(128)我理解的**公蜘**不是指唱反调的人，而是指那些胡乱唱反调的人。（新浪微博，2020-5-2，https://weibo.com/5716301856/J02Sr3tcW?type=comment）

例(127)中表达者只把“专家”中的“专”替换成了“砖”，展现出表达者在心理上降低了“专家”所具有的社会价值；例(128)把“公知(公共知识分子)”的“知”替换为了“蛛”，也表明表达者不认可当前某些“公知”所具有的社会价值。

这种近音替换的字形并不统一，以“民主”为例，除了上文的“皿煮”，还可以有“冥煮、冥主、明珠”等形式用来替换，比如：

(129)移民欧美能证明中国人对**冥煮**很渴望吗？（天涯论坛，2014-01-03，http://bbs.tianya.cn/post-worldlook-986505-1.shtml）

(130)被**冥主**坑害的另一国家，再次面临内战边缘。（天涯论坛，2012-12-08，http://bbs.tianya.cn/post-worldlook-631361-1.shtml）

(131)JY又出新模板：只要有美式**明珠**，怎么镇压都可以！哈哈！（天涯论坛，2014-11-26，http://bbs.tianya.cn/post-worldlook-1323167-1.shtml）

从这三个例句可以看出，这些替换了的能指都凸显了对“民主”的负面评价。也可以说，半显现模式不在意同音、近音字本来的意义，只要其与原词语的能指具有差别即可使用。

这种半显现模式依据同音和音近的替换，就可以使相关的交际缩小至一定的群体内部，依据这种模式出现的借形赋义大多属于变异话语2。当然，人们在使用半显现模式时具有一定的随意性，尤其是音近的尺度无法把握，比如例(117)的“明珠”就与“民主”相差较远，因而依据这种模式出现的部分个例也有成为变异话语1的可能。

3. 隐蔽模式

该模式是把原来语言符号的音节用拼音的首字母进行替换，新能指与旧能指之间的关联降到了最小，接受者理解原能指的语音线索也降到了最小，因此是一种隐蔽的状态。例如：

(132)揭秘美国选举：最另类、最虚伪的世界级笑话，**JY**们哭爹喊娘无法接受！（天涯论坛，2016-03-10，http://bbs.tianya.cn/post-worldlook-1640346-1.shtml）

(133)听说要打稀土牌,看到微博上的**GZ**们一个劲地反对,看来这牌打对了。(超大军事,2019-05-30,https://tieba.baidu.com/p/6147342702?red_tag=1426148030)

在这两例中,“精英”被替换为了“JY”,“公知”被替换为了GZ,这两个词在句中也同样凸显了表达者对精英和公知的负面评价。

隐蔽模式的表意透明性比半显现模式更差,因此它们可以属于变异话语2,更有可能属于变异话语1。

因为语义与语义的界限是模糊的、渐进的,因此借形赋义与其他修辞效果之间也有很多的联系。

就全显现模式来说,将一个词语的正面所指和反面所指都明确地表现出来了,这种对比会有一定的幽默效果,会分散接受者对符号社会价值评定的关注。例如:

(134)债权人刚拒绝希腊的要求从而引起恐慌,齐普拉斯带领希腊人民走上**民(di)主(pi)道(liu)路(mang)**之路越来越远。(百度贴吧,2015-06-12)

在该例中,表达者想表达对希腊今后“民主道路”的社会价值进行否定,但是用“地痞流氓”来与国家的政治制度相比照,带来了拟人的效果,自然会将接受者的注意力转移到语言风格方面。

而且,有的标注的是另外的网络词语,更显现了语言嬉戏的性质,例如:

(135)一个**文(dou)艺(bi)**青年的独白(豆瓣网,2014-10-20,https://www.douban.com/group/topic/64276083/)

(136)无责任**考(yi)究(yin)**,关于G19骑士团的历史考究(百度贴吧,2017-12-29,https://tieba.baidu.com/p/3350203652?red_tag=1423650757)

虽然,这两个例子尽管通过标注新的能指解构了原所指的社会义,但这些网络词语的娱乐风格会冲淡接受者对其社会义的关注,转向对其语言风格的欣赏。

就隐蔽模式来说,因为词语的意义不明显,缩小了接受者的范围,所以社会价值的判定在很多时候可能要通过对比才能显现。例如:

(137)**精英JY**这个词,在很久很久以前是褒义的,现在似乎成了专业贬义词了。那么,如何定义现时精英的概念?(天涯论坛,2011-09-

28,http://bbs.tianya.cn/post-worldlook-390698-1.shtml)

在这句中,表达者在"精英"之后又标注了"JY",表明说话者心中的"精英"并不是言语社团中普遍认为的形象。

对于半显现模式来说,尽管近音的替换也有语言嬉戏的性质在里面,但是相较于全显现模式,它的社会义更为凸显;相较于隐蔽模式,它更容易吸纳接受者,形成话语群体。因此,该模式是相关话语群体捍卫自身亚文化的典型模式。

借形赋义产生的动因是有两方面的,一方面来自话语群体之间的博弈,另一方面来自语言符号本身的因素。

首先是强势话语群体的压制性。在社会活动中,不同阶层、爱好、观点的人构成不同的话语群体。话语群体具有层级性,从全球传播视角来看,整个世界是一个巨型的话语社区,西方社会掌握着政治、经济优势,拥有话语权,是强势话语群体,而包括中国在内的东方社会相对来说依然是弱势话语群体。"欧美话语,特别是美国话语对于中国国际身份的定位及国家形象的建构起着塑造性作用,我国的国家形象不断地'被定位'"(吴世文、朱剑虹,2010)而对于一个国家来说,规约化的体系社会是强势话语群体,而彰显某些群体个性的话语群体是弱势方,他们的话语便在网络语言中体现。

当强势方所表现的社会价值判断与特定话语群体的社会价值判断相冲突时,特定话语群体便要展现自己所坚持的价值观。强势话语群体掌握着一个语言社区的话语权,也就掌握了其命名权和评价权。因此,弱势话语群体难以建立与之对立的命名、评价体系,这就逼迫他们在原有的体系基础上进行改变。

对于中国社会环境下的特定话语群体来说,其面临着双重压制。特定话语群体既受到体系社会的压制,同时也受到西方社会的间接话语压制。对于中国的体制社会来说,面对西方社会的话语压制时,可以有反制的方式,但是受制于体系社会自身的性质,其话语必然采用规范的语言形式。因此,处于弱势方社会中的特定话语群体,可以采用所指捍卫对两种不同的压制进行反制。

其次是改造能指的低成本性。处于交际中的词语都有含义,Levinson(1983:131)将含义分为规约(conventional)和非规约(non-conventional)两种。对于许多词语而言,其社会义就是规约含义。一般来说,将规约含义转化为非规约含义是需要一定语境的。但是,在当前网络文化的氛围下,"碎片化的信息争先恐后地抢占网民的注意力”(曹进、强琦，2014)，某些通过语境对词语的社会义所做的颠覆可能不会被接受者认真关注。而通过改变语言符号的能指，因其较为陌生、新颖的符形表现，能够较为便捷地得到网络时代接受者的注意。

8.3.4.2 字母词

有的语言现象不仅横跨各个变异话语，而且也涉及常规话语，字母词就是其中的代表。

字母词是“在汉语公共语言生活中使用的单词性的完全或部分由字母构成的词语”(陈佳漩，2007)。我们不仅要继续加强字母词的构词法研究，还要注意它们的生成方式和原因，加强其造词法的研究。通过造词法的研究，我们才能更好地认识字母词的全貌，使人们增强对其使用和规范的自觉性和有效性。

对于普通汉语词而言，尽管新词可能与旧词在语音、语义方面有一定的联系，但是它们往往是要满足表达新事物、新概念的需要而产生的。因此，这种造词是一个“从无到有”的过程。

对于字母词而言，由于事物、概念已经有了相应的词语作指称，字母词的产生只是从原有词语形体上继承、演变过来的而已，因此这是一个“从有到有”的过程。

这种“从有到有”与“从无到有”相比，已经没有了认知需求上的迫切性。造词法作为非自足的系统，受到认知和社会两大因素的影响。既然认知因素减弱，那么推动这个“从有到有”造词过程的主要就是社会因素了。因此，我们将从社会因素的视角探讨字母词的生成方式和生成原因。

字母词生成的来源主要有两个，即字母原型词和汉语词。字母词就是从这两类词当中产生的。为说明问题，也受篇幅所限，我们尽量不讨论涉及数字的字母词。其实，字母和数字都是汉字体系之外的成分，我们可以将两者等同视之。一般来说，数字往往是字母的缩略，可以看作字母词产生后的进一步形变，如4S店(可视为由转化而来)；或者是某个语言成分的谐音，如V5(威武)。

首先，我们看一下从字母原型词到字母词的方式，相应的方式共有五种。

方式1 外语中的字母词形直接在汉语中使用。

这种字母词形多用来进行一般性的命名，通过字母缩略词的形式指称某些事物，比如 WTO、GDP、FIFA、PK 等等。

方式 2 字母词是取外语的缩略词的首字母而成，其词性、词义也发生了变化。比如，K 是由 KTV 转写而来，成为动词。例如：

(138)我们一起 K 歌去。

再如，P 是由 PS 转写而来，也成为动词。例如：

(139)这张图是 P 的。

(140)麻烦你把这个人 P 掉。

方式 3 汉语中的词语缩略形式用汉语拼音转写出来，形成字母缩略词。

GB(国家标准)、RMB(人民币)、HSK 等等都是在语言生活中常见的字母缩略词。需要注意的是，尽管是缩略形式，但有的字母缩略词是不能转写成等价的汉语缩略词的。比如，HSK 是经过“汉语水平考试—汉水考—HSK”而产生的，但是实际话语当中只有 HSK，却没有相应的“汉水考”形式。

方式 4 汉语词语中的缩略形式用外语字母形式写出来，形成字母词。

例如，ICBC(Industrial and Commercial Bank of China，中国工商银行)、PICC(Peoples Insurance Company of China，中国人保财险)、PLA(People's Liberation Army，中国人民解放军)等。

方式 5 由字母原型词产生“字母＋汉语成分”的杂糅结构。

对于用来标记和用来描摹物体外形的字母词而言，这些字母词的“原型”都是单个字母 X、Y、Z、A、B 等形式，它们结合汉语成分，构成如下形式：

用来标记的字母词：X 射线、Y 射线、B 超等；

用来描摹物体外形的字母词：T 型台、O 型腿、X 型腿等。

字母后面的这些汉语成分表明了字母用来标记和描摹的对象。

对于用来进行一般性命名的字母词来说，汉语成分往往起到的是语义提示的作用。如 IT 产业、AV 女优、K 粉、IC 卡、IP 地址、绿色 GDP，等等。

当然，这种以汉语成分作为语义提示的方式也会在语篇层面体现。比如，人们在运用其他方式生成的字母词的时候，字母词后面会注明其汉语形式，或者以该字母词作为汉语形式的注脚。

(141)日前，贝宁阿波美卡拉维大学孔子学院举行了奖学金录取通知书和 HSK(汉语水平考试)成绩单颁发活动。(凤凰网，2012-07-30，http://news.ifeng.com/c/7fcnsQqsE6c)

(142)第三军医大学新桥医院新开设 PICC(经外周静脉置入中心静脉导管)护理门诊，为非住院期 PICC 置管的患者提供专业化服务。(复禾健康，2012-8-13，https://yyk.fh21.com.cn/hnewsinfo_2114_1324.html)

(143)4 月 23 日—27 日的这一周，世贸组织(WTO)将召开三场贸易救济相关的会议外，还要召开 WTO 争端解决机构(DSB)例会。(八八伍财经，2018-04-24，https://www.885.com/a/218940.html)

不过，汉语成分在语篇中与字母词的关系毕竟不如在词法中来得紧密。如果某些字母词使用频率较高，人们对其比较熟悉，那么就会省略语篇层面对其做出的汉语注解。

(144)李宁签约第四位 NBA 巨星(新浪网，2012-10-14，http://news.sina.com.cn/o/2012-10-14/033925353166.shtml)

从这五种方式我们也可以看出，方式 1、方式 3、方式 4、方式 5 的基本词义与字母原型词相比并没有发生改变；方式 2 的基本词义则发生了改变。

其次，从汉语词到字母词有两种方式，可以将其称为方式 6 和方式 7。

方式 6 汉语中的某些词语用字母形式表现出来。

在这条规则的作用下，可能出现众多词共用一个字母词形式的情况，如 XZ/xz(洗澡/下载/星座/小资/学长)、MM/mm(么么/妹妹/妈妈/咪咪/木马/卖萌/泯灭/慢慢/摸摸/明明)等。

不同的汉语形式可以有一个共同形式的字母词，要了解该字母词所对应的汉语词，就要了解语境，特别是发话人的用语习惯，这样才能有继续交流的基础。因此，这也能划定言语群体的范围。例如：

(145)我 XZ 完了，可以继续了。

对于特定交际群体以外的人来说，就无法明确 XZ 的真正含义。

方式 7 汉语中某些词语用字母形式转写出来，同时改变原词语的感情色彩。

有的词的感情色彩发生转移，这多为从褒义、中性转变为贬义，如 TC(天朝)、ZF(政府)、JY(精英)等。我们在网络上可以看到如下的句子①：

① 这与前面讨论的借形赋义相同，其实任何语言现象因为视角的不同，对其命名也会有所变化。

(146)在 TC，哪位韩星最得宠？（百度贴吧，2012-03-20，https://tieba.baidu.com/p/1467194175? pid=18101196769&cid=0#18101196769）

(147)只有王必屯，袁庄不会动的，开发商和 zf 双方都没钱，拆不动。（百度贴吧，2020-07-27，https://tieba.baidu.com/p/6623625144?pid=132357440451&cid=133674468410#133674468410）

(148)有种叫 JY 的生物，别的国家有个啥，中国没有啥，他们就骂中国落后，大家应该移民。（百度贴吧，2010-10-02，https://tieba.baidu.com/p/902618170? pid=9864910377&cid=0#9864910377）

有的感情色彩发生弱化，采用字母形式之后，符号的空洞性加强，某些詈语给人的情感冲击会减弱，如 TMD（他妈的）、NC（脑残）、SB（傻逼）等。如：

(149)楼主真是 NC。

在字母词的生成方式中，有以下两点需要注意：

第一，有些字母词看似结构相同、词形相同，实则是不同生成方式作用下的产物。比如 TMD，它可以是方式 1 生成的"战区导弹防御系统"，也可以是方式 7 生成的"他妈的"。造词法与构词法分析词的角度不同，所以不同生成方式产生的结果从结构上看会有相同的可能性。

第二，有的字母词似乎不在这七种生成方式当中，如卡拉 ok。词中的"卡拉"是音译成分，无语义提示作用，不过这种"译音+字母"的类型没有能产性。它的产生可能有文化方面的特殊原因。

结合这两点，再根据前文的论述，我们可以总结出字母词生成方式为图 8-2：

- 生成方式
  - 来自字母原型词
    - 义不变：方式1、方式3、方式4、方式5
    - 义变：方式2
  - 来自汉语词
    - 义不变：方式6
    - 义变：方式7

图 8-2　字母词的生成方式

字母词之所以有诸多的生成方式，是有其社会话语动因的。

语言不仅是思维和交流的工具，个人和社团在社会活动中的存在也必须通过语言来彰显，用韦恩·布斯的话来说，即语言是"此在的源泉

(source of our being)”(汪建峰,2011)。存在的方式不同,导致话语权分配的不平衡,这就会影响到语言形式的表现。从社会的角度来看,字母词的生成就是话语权分配不平衡导致的。具体来说,生成动因来自外部话语和内部话语。

首先是外部话语动因。

字母词并不是从汉语中自然产生的,最早多是从以英语为主的西方语言当中引进的。与全球通行的英语相比较,汉语的话语权在国际上话语活动中所占的分量还是比较轻的。因此,为了达到方便“国际交流”,汉语不得不吸收某些西文的字母形式直接进入汉语体系当中,这其实就是话语权的屈从。方式1生成的字母词就是这种话语权屈从的表现,由于“压力”直接来源于外部世界,所以本书称这种屈从为“外部屈从”。

为了能进一步“与国际接轨”,汉语自身也会创造一些字母词,如方式3、方式4生成的字母词;或者对于字母原型词采取不完全汉译的方式,如方式5生成的字母词。这其实是汉语在国际话语交流中的自觉屈从,本书称这种屈从为“内部屈从”。

由于方式5生成的字母词中存在汉语成分,所以受汉语本体影响相对较大;方式3生成的字母词是通过汉语拼音转写的,当中也体现了汉语的“影子”;方式4生成的字母词则是根据汉语英译转写,它的“国际化”在三者中最为彻底。因此,三者内部屈从的程度为:方式4>方式3>方式5。

从系统和生活世界的划分来看,这些字母词其实是常规话语。

其次是内部话语动因。

汉语社区内部作为一个完整的语言社会,也存在着强势话语权和弱势话语权的对立。弱势话语权受到强势话语权的压制,也会采用强势话语所使用的字母词。与此同时,弱势话语权为对抗强势话语权的压制,也会采取新的话语形式以保持自身的独立性。

话语形式是由符号构成的,而符号是由能指和所指构成的。付伊、毓君(2009)认为话语权是“发话人的说话权、听话人的听话权、听话人的不听话权、第三方的监控权四种权力相互纠葛,相互制约”。这四种权力的表现都体现在能指改变和所指改变之中。能指改变,对部分人造成认识的障碍,就保障了听话人的听话权、听话人的不听话权、第三方的监控权的平稳实现。所指改变,则保障了发话人的说话权,表达发话人自身的意识形态。

弱势话语权选择字母词,也会有能指改变和所指改变这两种情况。能指改变,只影响交际群体的大小,保护弱势话语的通行范围。方式6生成的字母词就达到了能指捍卫的效果。

例如,这是网络上的一段论述:

(150)用你的输入法里输入 QSL,Mio 后援团绝对是"秋山澪";"启示录"的绝对是游戏发烧友;学生党会不会打出"寝室里";哪个傲娇萌妹子能打出"气死了";打出"去睡了",难道你是女神!! 至于打出"前苏联"的,你太厉害了!! 如果是"穷死了",屌丝们,都懂的。(百度贴吧,2012-09-03,https://tieba.baidu.com/p/1837839844? red_tag=1011475617)

这也从侧面反映了不同交际群体会对由方式 6 生成的字母词有不同的认识。

但是,捍卫动因的字母词在具体运用时会有一个转写原则,即当音节与其他字母、数字的发音相近时,整个音节往往转写为该字母或数字。这种一般发生在零声母的音节中。如:

wei→V/v(箭头前为汉语拼音,后为字母符形),

you→U/u(箭头前为汉语拼音,后为字母符形),

wu→5,等等。

所以,字母词 V5 就是"威武"的意思(威武→weiwu→v5)。通过百度搜索也可以发现,WW/ww 并没有表示"威武"的意思。

在转写原则的作用下,字母词的表达形式相应增多,体现语言的游戏性,可以对内加强语言交际群体的凝聚力,对外增加接受者的陌生感。

此外,方式 2 也能起到能指捍卫的效果。不过,方式 2 产生的字母词多为动词、形容词等,它们会与一定的名词相搭配,其意义依靠言内语境便可确定,容易被更多人知晓。因此,两者能指捍卫的程度为:方式 6>方式 2。

字母词的使用也会导致所指改变,因为发话人要表达自己独特的认识,"必须抽空符号的存在本性,使之空洞化,尔后任意地、充分明晰地再现或表象事物及其意义"(屠友祥,2011:256)。所以,采用字母形式,改变了原有能指与所指的固定联系,为指向新的所指提供了可能。这便是"所指捍卫"。方式 7 生成的字母词就达到了所指捍卫的效果,字母词改变了原汉语词的感情色彩,体现了表达者自己的意识形态。

从上文论述可以看出,汉语中字母词的产生原因与话语权密不可分,既有屈从的一面,又有捍卫的一面。其产生的话语动因如图 8-3 所示:

- 话语权
  - 屈从
    - 外部屈从：方式 1
    - 内部屈从：方式 3、方式 4、方式 5
  - 捍卫
    - 能指捍卫：方式 7
    - 所指捍卫：方式 2、方式 6

图 8-3　字母词产生的话语动因

外部屈从、内部屈从、能指捍卫和所指捍卫就成为字母词产生的四个话语动因。

通过观察，我们发现由捍卫动因（方式 2、方式 6、方式 7）而产生的字母词具有极强的临时性、非公众性。我们没有能力，也没有必要将这些字母词编入词典当中。由屈从动因（方式 1、方式 3、方式 4、方式 5）所产生的字母词则具有固定性和公众性，这些字母词向大众展示了社会上的具体事物，因此它们有编入词典的必要。

因为词典是引导语言生活的工具书，因此屈从动因和捍卫动因所对应的交际领域可以如图 8-4 所示：

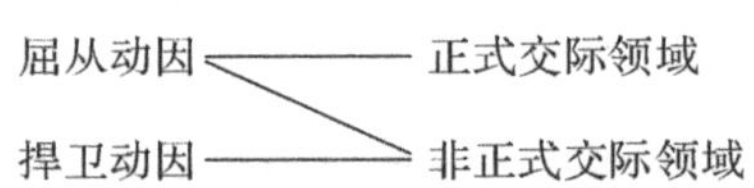

图 8-4　屈从动因和捍卫动因所对应的交际领域

如果我们把屈从动因记为 A，捍卫动因记为 B，可以进一步得出一个使用规律：B→A（B 蕴含 A）。也就是说，在话语中，凡是出现由捍卫（能指捍卫或所指捍卫）动因产生的字母词，那么由屈从（外部屈从或内部屈从）动因产生的字母词也可以在该段话语中存在。

例如，我们可以在正式和非正式交际领域使用字母词 WTO，但只能在非正式交际领域使用字母词 v5。

根据字母词生成的不同话语动因及其在具体表现形式，我们可以给出相应的规范建议：

第一，对于由屈从动因引发的各种字母词，因为它们是为了与外语世界交流而存在的，我们要接纳它们。当然，随着中国国力的提升，汉语的国际地位也会不断提高，其面临的话语权屈从的压力会逐渐减弱，今后将有更多的汉语词汇在交际领域与这些字母词展开“竞争”。

第二，对于由捍卫动因引发的各种字母词，因为它们是为一定范围的交际群体服务的，不具有普遍性，所以不宜在正式交际场合出现。不过，在非正式的交际场合，由于这些类型的字母词保护了表达者自身的言语个性和意识形态，我们对其要抱有宽容的心态。

通过本小节分析，我们可以看出字母词是异质因素表现显著的语言现象，其形式繁多、含义混杂，人们对其接受度和褒贬度也大不相同。对于字母词的分类，我们不能仅仅依据其外部特征，还要依据其话语动因分析生成规则，才能确定其生成的不同种类。我们依据规则控制字母词，可以为语言的教学及规范化等活动打下基础。

8.3.5 语言现象与变异话语的对应

当然，本书对于不规范的语言现象与变异话语类型之间的联系所做的研究还只是初步的。不过，通过以上分析可以看出，语言现象与话语类型不完全是一一对应的关系，如表 8-2 所示。这也表明，对某种语言现象的规范也不能简单地"一刀切"。两种话语范畴之间的博弈，也就体现在对这三种变异话语的利用和规范上。

表 8-2 "不规范"的语言现象与其所对应的话语类型

语言现象	话语类型
"程度副词＋名词"组合	变异话语 1、变异话语 2、变异话语 3、常规话语
火星文	变异话语 1、变异话语 2
字母词	变异话语 1、变异话语 2、变异话语 3、常规话语
新流行词语	变异话语 3
詈语	变异话语 2
糅合构式	变异话语 2、变异话语 3
"是时候＋VP"句	变异话语 3
借形赋义	变异话语 1、变异话语 2、变异话语 3

此外，我们也发现，与其他的话语形式相比，"程度副词＋名词"组合的分布横跨了这三种变异话语类型。该组合在话语类型分布上的典型性，是本书将其作为特例并进行了详细分析的原因之一。

8.4 系统范畴的压制

"系统"的作用是促进社会的协调、统一，促进日常实践活动的合理化，因此系统范畴必然会压制生活世界范畴。但是，如果这种压制力度讨大，就会破坏"生活世界"的存在，造成社会成员个性的缺失。因此，压制必须讲究策略。压制主要采取以下两种策略：一种是根本性控制，一种是有条件让步。而执行这种压制的主体一般来说就是政府机构、媒体、专家、学者等。

8.4.1 根本性控制

根本性控制表现形式有很多，主要的是三方面：一是对语言文字的使用进行立法，从法律上规定了语言文字的使用规则；二是通过学校教育、广播媒体、出版专业书籍等来培养人们的规范意识，指导人们的实践操作；三是借助专家、学者的理论适时引导、调整社会的话语活动。

这种根本性控制从语言结构上为话语做出了规定，也为社会活动合理、有序地进行提供了最基础、最重要的保证。

不过，现代社会中人们对于个性自由的追求越来越强烈，加之网络的普及为人们的言说提供了一个有力的平台。所以，单纯地强调根本控制不能达到理想效果，甚至造成社会身份集之间的对立。因此，在根本性控制的同时，系统范畴还应做出一些有条件让步。

8.4.2 有条件让步

根据让步幅度的由小到大，有条件让步可分成以下三种策略：

1)宽容性让步

“宽容性让步”指的是在保证“系统”运转不受影响的情况下对某些话语形式采取宽容态度的一种策略。例如火星文，它们能够在 QQ 签名中大量存在而没有受到“打压”，其实就符合了宽容策略的要求。

在这方面，最典型的实例是人们对文学作品中的语言的“宽容”，以至于有人认为“文学语言在本质上是反规范的”。(贺兴安，1992)例如：

(151)“假如，”董客接着说下去，“三和弦的共振是消失在时空里只引起一个微妙的和弦幻想，假如你松开踏板你就找不到中断的思维与音程延续象生命断裂，假如开平方你得出一系列错误的音程平方根并以主观的形象使平方根无止境地演化，试想序列音乐中的逻辑是否可以把你的生命延续到理性机械化阶段与你日常思维产生抗衡与缓解并产生新的并非高度的高度并且你永远忘却了死亡与生存的逻辑还保持了幻想把思维牢牢困在一个无限与有限的机合中你永远也要追求并弄清你并且弄不清与追不到的还是要追求与弄清……”(刘索拉《你别无选择》)

(152)那些人开始过山了。他们手持古老的信念。在一九五九年的山谷里。注视一片期待已久的云越过他们的头顶。消失在他们将要攀登的那座山峰的背面。渐渐远去。等候他们爬上顶峰。再一次从高处注视。消散或者在天边隐去。然后。为这座山峰命名。(孙甘露《我是少年酒坛子》)

例(151)中有大段的语句没有标点,例(152)则把标点符号统统改为句号。这有作者们自己的考虑,读者并不能轻松解读,更不会用这些形式作为大众书面语的交际手段。

正是因为存在宽容策略,所以,我们看到某些作家在作品中有大量随意创造词语、变更正常的语言组织顺序甚至刻意取消标点符号等行为,而这些行为并没有影响作品的出版发行。

2)限制性让步

"限制性让步"是把某些话语形式限制在特定领域中的一种策略。这些话语形式在特定领域可以使用,一旦跨出特定领域则被判为"不合法"。例如,字母词语在网络环境之外的使用就受到了很大的限制。新闻出版总署曾下发通知,要求进一步规范出版物文字。通知要求,在汉语出版物中,禁止出现随意夹带使用英文单词或字母缩写等外国语言文字;禁止生造非中非外、含义不清的词语;禁止任意增减外文字母、颠倒词序等违反语言规范现象。①

3)转化性让步

"转化性让步"是把某些话语形式纳入系统范畴中的一种策略。表面上看起来系统范畴对生活世界范畴的让步过大,损害了自身话语的权威性,其实这并不是前者的"失败",因为话语是意识形态的反映,当人们用这种话语形式进行交流时,实际上已经远离了生活世界范畴。

转化有三种方法,可称之为"默认""追认"和"预测"。

例如,"是时候 VP"的句式虽然并不符合现行语法的规范,但是在新闻媒体中已被使用。如:

(153)印度**是时候**成为外交大国了(网易新闻,2010-12-30,http://ningxia.news.163.com/17/0525/17/6P5224KB00014AED.html)

(154)周迅老了,**是时候**做个决定了。(搜狐网,2018-08-24,https://www.sohu.com/a/249777148_382484)

(155)如果缺乏传统文化常识,即便拥有再多的技能,也是瘸腿的。

① 见 http://news.sina.com.cn/c/2010-12-21/103421680049.shtml。

是时候重视传统文化常识教育了。(《传统文化教育不应成为“老祖母”的专属》,人民网,2018-01-02,http://yuqing.people.com.cn/n1/2018/0102/c392839-29740331.html)

(156)新西兰:“**是时候**学点汉语了。”(CNKI大成编客,2010-7-22,https://bianke.cnki.net/web/article/F084_29/CWHB201007220042.html)

(157)分析人士认为,面临近年来全球范围内遭遇的诸多法律尴尬,谷歌**是时候**考虑遵循当地法律了。(《谷歌退出中国引申出的选择题》,新浪网,2010-03-30,http://news.sina.com.cn/o/2010-03-30/082417295869s.shtml)

报刊作为公共媒体,理论上应该杜绝语法错误的出现,但是“是时候＋VP”却能够在报刊中出现,甚至是标题这样的醒目位置上,这就是一种默认转化的表现。

若学界或相关机构以某种形式正式接纳了“是时候＋VP”的形式,那么,此前的“默认”就转化成“追认”了。

很多学者对其理据性的分析,就是一种“追认”。

晁代金(2008a、2008b)认为“是时候＋VP”是语言现象的一种演变,“是时候”组合在句中的位置经历了不同的发展阶段,并用线性增量等原则对“是时候VP”句的产生进行了一定的解释。

唐正大(2018)用类型学的方法对这种汉语的新兴现象进行了独特的解读,他认为“是时候＋VP”是由“(VP,)是时候了(,VP)”这两个小句融合而成的单义复合句结构。依照类型学的术语体系,“是时候＋VP”中的VP是主句谓词“是时候……了”所带的从句补足语。

“默认”和“追认”往往会降低系统范畴所体现的权威性,因此,更为理想的转化手段应该是:对语言的发展做出科学的“预测”。

对于“是时候＋VP”句式来说,合理的预测就是“是时候”开始了副词化的演进,所以可以与谓词性成分搭配。

我们探讨副词化,那么便预设“是时候”已经开始成词。从词汇化的标准来看,“是时候”的内部结构会变得难以分析,其意义开始呈现整体性趋势。

如果“是时候”单独成句,那么其句意大概为适合这个相关的时间段。在常规语句“是VP的时候”中,谓语成分VP指称的是相关时间段内发生的事件。这样，如果非常规语句“是时候 VP”中的“是时候”没有成词，那么“是”和“时候”的联系是松散的，该句应该可以转化成常规的“是 VP 的时候”。但是比较相关语句，我们发现事实未必完全如此：

(158)大爷非常诚恳地告诉小编，他们夫妇年纪大了，**是时候**该好好享受下生活。(《成都老年夫妇领走双色球559万元大奖》，人民网，2019-11-01，http://caipiao.people.com.cn/n1/2019/1101/c373276-31432453.html)

(158')大爷非常诚恳地告诉小编，他们夫妇年纪大了，是该好好享受下生活的时候了[①]。

(159)袁运生觉得，这样的结论很可笑，他觉得**是时候**回到祖国了。(《袁运生：艺路60载归来仍少年》，人民网，2019-10-30，http://art.people.com.cn/n1/2019/1030/c41426-31427844.html)

(159')袁运生觉得，这样的结论很可笑，他觉得是回到祖国的时候了。

在例(158)中，因为夫妇处于年老的状况中，“是时候该好好享受下生活”可以理解为例(158')的“是该好好享受下生活的时候了”，表明他们夫妇的生活状态要符合当前年老这个具体状况；而在例(159)中，表达者的“是时候回到祖国”只是督促表达者自己进行回归祖国的行为，并不表示一定存在一个明确的回归祖国的时间节点。

因此，“是 VP 的时候”和“是时候 VP”都会要求相关的人和事应该进行 VP 的行为。然而，在是否明确存在一个具体的时间段这方面，两种句式是不一样的。比如，当表达者使用例(159)说“是时候回到祖国”时，重心并不在于考虑具体的时间段，表达者可能现在就回归祖国，也可能过一段时间再回归祖国。

这样，常规句“是 VP 的时候”中“时候”位于句末，可以是焦点信息，因此相关句意以表现具体时间段为主，表示催促为辅。

非常规句“是时候 VP”中 VP 处于句末，相关句意就以表示催促为主，展现具体的时间段为辅。既然句子重点不在展示具体时间段，那么“是时候”在句中的表意功能也就开始发生转移。这就引发了一系列的变化，我们

---

① 当然，例(158')中为了让句子更加通顺，需要添加语气词“了”。不过，词语互换前后句子的基本意思还是大致相同的。

首先观察一下相关的否定形式。

常规短语“是时候”单独成句时可以被否定，或者可以出现在句子末尾。例如：

(160)南丰的同志告诉我，你来得**不是时候**，如果是春天来就好了。(《翠绿闪亮的地方(新时代之光)》，人民网，2019-10-30，http://culture.people.com.cn/n1/2019/1030/c1013-31427215.html)

(161)因为后厨只是食品供应最后一个环节，还有其他环节。可能有人会认为延伸监督目前还**不是时候**，实施起来也有难度。(《校园“明厨亮灶”能否延伸监督》，人民网，2019-10-31，http://shipin.people.com.cn/n1/2019/1031/c85914-31429574.html)

但是，“是时候”如果出现在“是时候 VP”句中，它完全不能被否定，我们可以将例(158)、例(159)重新编号放到这里来比较：

(162)＊大爷非常诚恳地告诉小编，他们夫妇年纪大了，不是时候该好好享受下生活。

(163)＊袁运生觉得，这样的结论很可笑，他觉得不是时候回到祖国了。

“是时候 VP”句中的“是时候”不能被否定，说明其已经不具有动宾短语的性质，“是时候”就已经有成词的倾向了。

因为“是时候 VP”句是以催促为主的，相应的表达具体时间段的要求已经不重要了，所以“是时候”的语义也应该相对虚化。

之所以说相对虚化，就在于有的情况下“是时候”删去影响语句表达，但是在有的条件下，“是时候”删去并不影响句子的基本句意。例如：

(164)“燕郊限购**是时候**松绑了，不然就没饭吃了。”一位楼盘销售人员告诉记者，放松限购政策虽然还“飘着”，但看房的人已经行动起来了，今天来看房的人是原来的好几倍，一个销售要带好几组客户。(《直击限购松绑传闻中的燕郊：传闻已成开发商销售手段》，人民网，2019-10-24，http://house.people.com.cn/n1/2019/1024/c164220-31417644.html)

(164’)燕郊限购松绑了，不然就没饭吃了。

(165)我们想说，该**是时候**了解这个全球经济未来不确定性的源头问题之一了。(《多位外国前政要：我们为何担心美中贸易战》，人民网，

2019-10-28，http://finance. people. com. cn/n1/2019/1028/c1004-31424182. html）

（165'）该了解这个全球经济未来不确定性的源头问题之一了。

可以看出，例（164）中"是时候松绑了"是不能删去"是时候"的，删去以后"松绑了"就变成已然事态了，完全改变了原来的句意。而例（165）中的"是时候"可以删去，因为这句除了"是时候"，还有"该"，两者共同承担了句子的未然事态。因此，我们可以判断，"是时候"也有了一定的副词性质。

如果是副词，那么就要判断其情态归属。一方面，"是时候"可以与"该""要"等同现一个句子当中。例如：

（166）任跟心担任院长后，老院长赵乙对她说："跟心啊，培养艺术人才，20 年一个大轮回，10 年一个小轮回，**是时候**该成立青年团了。"（《一树梅花绽满园（艺术生涯·"梅花"这样绽放②）》，人民网，2019-08-08，http://culture. people. com. cn/n1/2019/0808/c1013-31282238. html）

（167）对于这起事件中涉嫌人身侵犯的做法，司法机构需要进行更为深入、彻底的调查，而美联航也该**是时候**反省一下自身服务方面的问题了。（《新华时评：美联航如此待客太粗暴》，人民网，2017-04-12，http://world. people. com. cn/n1/2017/0412/c1002-29205980. html）

（168）那是 2002 年，31 岁的马东锡因为运动受伤已经接受过两次全身麻醉的大手术，可能在当时的他看来，的确也**是时候**要改变一下自己的生活方式了。（《马东锡：我确信我能得到的机会，不会有第二次》，人民网，2019-07-25，http://fashion. people. com. cn/n1/2019/0725/c1014-31255489. html）

"是时候"可以出现在"该"之前，也可以出现在"该"之后，这与"是时候"尚未完全虚化有一定的关系。

另一方面，"是时候 VP"可以与"该 VP""要 VP"等并列使用。例如：

（169）**是时候**放弃放任主义的态度了，该采取切实行动重振村庄了，我们要将村庄的资产整合到一个适合的商业模型中。（《面临人口萎缩压力 日本一村庄发行"男青年日历"》，人民网，2018-06-07，http://japan. people. com. cn/n1/2018/0607/c35421-30042419. html）

例（169）中，三个小句都是要求人们采取相关的措施，"该"和"要"在这里都是道义情态,与之相应,"是时候"也应该属于道义情态。

这样,我们就可以对非常规的"是时候 VP"进行预测,认为"是时候"一定会发展成为表道义情态的副词,这是语言系统的自我调整。

当然,"预测"并非易事,它只有在充分掌握了语言发展内部规律的基础上才能实现。

8.5 理想的博弈结果

对社会而言,根本性控制是必要的,只有保证语言的稳定,交际才能正常进行。在此前提下,两大范畴的相互作用会形成如下状况,见图 8-5:

	A1	A2	A3
B1	1, −1	1, −2	1, −3
B2	2, −1	2, −2	2, −3
B3	3, −1	3, −2	3, −3

图 8-5 系统范畴与生活世界范畴的博弈

图中,A1 为宽容性让步,A2 为限制性让步,A3 为转化性让步,其数值越小,表明系统范畴的让步越大。B1 为变异话语 1,B2 为变异话语 2,B3 为变异话语 3,其数值越大,表明生活世界范畴展现的力度越大。显然,其中方框 A1B1、A2B2、A3B3 中的数字之和为 0,这些正是理想的博弈结果。

下面具体分析一下这些理想的博弈结果。

A1B1:对于变异话语 1,人们应采取放任策略,允许其自由存在。这样,才能保留个人话语中的个性,也才能保留人们语言创新的动力。

A2B2:对于变异话语 2,人们需要采取限制策略。例如,青少年喜爱大量使用字母词语。对于青少年的这些行为,不能不加区别地制止,而是要让青少年明白语言的使用与语言环境是密切相关的。在网络中使用字母词语,教师、家长可以不干涉;但是在日常谈话和写作活动中,要指导他们按照这些活动的标准去组织自己的话语。这样做,一方面尊重了青少年的兴趣爱好和身份集习惯,另一方面也加强了青少年对于不同语言环境的适应能力,提高了言语活动水平,避免在言语交际中造成混乱。

再比如，对于语言在全社会范围内的粗俗化，人们要给予坚决抵制，不允许其出现在公众场合。一些广告语，如“男儿‘裆’自强”“包二奶内衣”等性暗示的词语，放到社会公众的环境中使用会造成文化生活的混乱，所以要严加禁止。近来有关部门就实施了“反三俗”活动，其中粗俗低下的话语也是其治理的对象。

A3B3：对于变异话语3，人们要采取转化策略。如果人们对这种话语不采取措施，会导致两套对立的话语形式长期存在，对社会文化的发展产生极其不利的影响。如果盲目压制，则容易引起弱势方的反感，也不利于语言生活的和谐。当一种话语形式被转化之后，生活世界范畴又会借助新的话语形式显现。“发展—同化—再发展”，这正是语言生活丰富多彩、语言不断变化发展的一条重要途径。

总之，原则的强硬性与方法的灵活性相统一的结果，便体现为系统范畴对生活世界范畴的压制。只有坚持强硬的原则，保障系统范畴的领导地位，才能保障语言社会的统一稳定；而方法上的灵活，则充分尊重生活世界范畴的话语显现权利，保证了语言社会的繁荣。

8.6 小结

既然系统范畴对应于同质成分，生活世界范畴对应于异质成分。那么通过以上分析，本书可从话语学层面给语言规范下一个定义：语言规范是在同质成分主导社会话语的前提下，允许异质成分适度显现的方式。

若话语活动完全被系统范畴掌控，容易导致人们个性的掩盖，社会也将失去创新、发展的活力；若话语活动完全被生活世界范畴充斥，则会使社会陷入混乱、无序的状态。所以，我们认为，语言规范应既保证社会语言生活的主体发展方向，又保证语言生活的宽松自由和丰富多彩；语言规范的研究也应在话语学视角下进行，这样将更利于促进社会语言生活的健康与和谐。

因此，语言规范的指导原则在“理性原则”和“习性原则”的基础上，应加入“适当显现原则”。“语言规范不像一加一等于二那么明确，它存在中间状态，或者说有个过渡地带—这个过渡地带是个相对的范畴，它的天地是广大的”（龚千炎、周洪波、郭龙生，1991），而该原则既保证了系统范畴对社会语言生活的导向作用，又保护了语言生活的宽松自由和丰富多彩。可以说，该原则也是对“理性原则”和“习性原则”之间辩证统一关系的概括。

9 结　语

本书采取的是一条从“个体认知—公共社会”的研究路向。一切修辞活动都具有临时性、个体性的特点，而且修辞活动都要在社会层面上进行。因此，不仅是“程度副词＋名词”组合，其他修辞现象、修辞活动的研究都可以走“个体认知—公共社会”的研究道路。通过这种道路，既能为修辞学乃至语言学提供新的理论养料，又能实现马丁所希望的“建立‘和平语言学’，以建设性的态度对待各种社会问题，通过对话与和解，设计并建构一个美好的未来”（朱永生，2010）。

9.1 本书主要观点总结

本书对“程度副词＋名词”组合的修辞学阐释的出发点是对其个体认知的研究，落脚点是其在公共社会中的应用。本书对语言规范的新解读，体现了修辞学对语言生活建设所做的一些尝试。本书的主要观点如下：

第一，修辞幻象是个性化的认知结果，它只有通过语言的反映，进入交际领域被他人认识，才能最终实现其存在。“程度副词＋名词”组合就是其中的一种表现形式，它构建了表达者关于性质的修辞幻象。根据公共认知与个体认知之间的相互关系，“程度副词＋名词”组合生成的修辞幻象可分为三种类型：即修辞幻象1、修辞幻象2和修辞幻象3。修辞幻象1是利用名词的言语义生成的，修辞幻象2是主要利用联想义生成的，修辞幻象3是主要利用语言义生成的。这三种修辞幻象之间的界限具有一定的模糊性，但也有相应的形式标准作为区分。三种修辞幻象与专有名词、具体名词和抽象名词之间也有较为复杂的对应关系。

第二，修辞现象的接受脱离不了接受语境。接受语境既具有客观性，又具有认知性，是一个分层面、多结构的复合体。根据可能因素组成的不同，“程度副词＋名词”组合的接受语境从低到高构成三个层次的现实结构，分别为“意义语境”“理据语境”和“审美语境”。意义语境由文本因素和百科知识因素构成，理据语境由语言知识因素和百科知识因素构成，审美语境由社会文化因素和情景因素构成。接受者的主观意愿则成为激活相关可能因素，使接受语境层次由低到高跃升的关键。接受者在理解“程度副词＋名词”组合时，所有类型的组合都可以通过意义语境层次；属于修辞幻象 2 和修辞幻象 3 的组合可以通过理据语境层次；属于修辞幻象 3 的组合可以通过审美语境层次，但是其审美效果相对较小；属于修辞幻象 2 的组合不一定全部能通过该层次，不过其审美效果相对较大。因此，修辞幻象 2 便成为最佳的接受对象，可以在认知努力与审美效果之间达到平衡。

第三，“不规范”的语言现象产生和发展具有一定的社会动因，在话语层面研究这些现象是发现其社会动因的有效途径。通过对于相关语料库的分析，我们可以发现“程度副词＋名词”组合的三种修辞幻象在正规的话语使用环境中存在差异，修辞幻象 3 相对来说最为规范，修辞幻象 2 规范度更低，而修辞幻象 1 的规范度最低。从社会话语层面上来看，修辞幻象可以形成一个特定的交际群体，使人们在这个群体中获得交际的自由。“程度副词＋名词”组合的三种修辞幻象在话语活动中会形成三种不同的话语类型，即个体性话语、群体性话语和普遍性话语。这三种话语类型在修辞幻象、表达者、接受者三者之间的关系上有不同的表现形式，体现不同的社会话语功能。针对它们的差异，我们需要一方面在语言规划层面上确定一个明确而又强制执行的标准；另一方面根据语用原则，按照“程度副词＋名词”组合的不同类型，分别运用“观察”“限制”和“转化”等方法进行不同的处理。这些方法可以在使人们在适当程度上合理地利用“不规范”的语言现象来展现自己的语言个性，对社会语言生活的和谐发展关系巨大。

第四，语言系统是一个异质系统，将语言规范问题纳入话语领域中研究，可以更好地揭示同质、异质的相互作用。话语中存在两大范畴，即系统范畴和生活世界范畴。系统范畴是同质成分的集合，生活世界范畴是异质成分的集合。生活世界范畴的显现与系统范畴的压制所产生的交互作用，就成为这两种话语范畴在话语层面上的博弈。生活世界范畴的显现是通过三种变异话语来实现的，系统范畴的压制则是通过根本性控制和有条件让步来实施的。其中，理想的博弈结果是在根本性控制的前提下，有条件让步中的宽容性让步、限制性让步和转化性让步，分别对应变异话语1、变异话语2和变异话语3，这样才能保障语言社会的稳定和繁荣。因此，从话语层面来看，语言规范也就成为异质成分如何在同质成分主导的话语活动中适度显现的问题。我们应在语言规范的指导原则中加入“适当显现原则”，这样既保证了系统范畴对社会语言生活的导向作用，又保护了语言生活的宽松自由和丰富多彩。

9.2 尚待解决的问题和进一步研究的方向

本书存在的问题也有很多，主要有以下几方面。

首先，材料收集方面尚存在欠缺。由于“程度副词＋名词”组合是一种“不规范”的语言现象，它极少在大型语料库中出现，所以笔者只能对散见于网络、报刊、作品中的例子进行人工搜集。这样，不仅费时费力，而且对本书结论的验证缺乏更为有力的支撑。因此，找到更好的收集方式进行量化研究，对进一步的研究意义重大。

其次，本书对于语言规范问题的研究，需要更多的语言材料来进行验证和补充。语言规范问题一直是语言学界探讨的热门话题，本书只是从话语角度进行了一番新的尝试。至于这种尝试能否真正获得认可，还需要在语言实践活动中进一步检验。

再次，本书第三章对接受活动所做的探讨在很大程度上只是一种假说。深入剖析接受者的具体接受过程，必然会涉及心理甚至神经领域。本书的结论即便在逻辑上讲得通，或许在实验条件下被推翻，这从一个侧面也表明跨学科研究对修辞学乃至语言诸分支学科的重要性。

除了这些问题之外，我们觉得从修辞出发，“程度副词＋名词”组合还有进一步放入更大背景进行研究的价值。

语言是一个体系，“程度副词＋名词”组合的出现不仅仅是一个孤立的现象，而是牵一发而动全身。在现行的现代汉语词类划分中，程度副词一直是区分名词和形容词的重要鉴别词，是重要的形式标记。现在“程度副词＋名词”组合继续大量出现并得到我们的承认，词类划分标准问题需要进一步研究。

皇甫素飞(2010)认为其生成机制是范畴转换，即名词在特定语境下认知范畴发生了变化，向形容词转变。如果我们把所有出现在组合中的名词都视为形容词显然不现实,因为组合的接受度并不一致;将某些名词视为名形兼类也不妥当,依然给词类划分体系带来困扰,周韧(2015)就主张在汉语的词类划分体系当中不宜有兼类的概念。郭鸿杰、周国强(2003)则认为名词用作形容词是20年来英语对中国现代汉语词法和句法的影响,这种提法类似陆俭明(2013:52)所说的现代汉语中的零派生。

有的学者提出了频率标准。刘春丽(2014)就将被程度副词等修饰的、体现性状特征的名词称之为性状名词。作者认为性状名词是名词,不是形容词,它具备名词的基本特征,也具备形容词的部分特征,不是兼类词。名词都具有潜在的性状意义,这是名词性状化的内因。语用频率是名词性状化的外在推动力,句法组合是联系内外因的桥梁。计算每个名词的语用频率的方法是用超常规搭配的语料数量除以该名词总的语料数量。性状名词的研究表明,把语用频率作为划分汉语词类的标准具有客观可行性,但是语料数量的确定、词类界限的稳定性等相关问题会对该标准的确立提出挑战。

当然,相关问题涉及汉语语法研究的深层次,还需要进一步探索。

参考文献

一、中文文献

(一)著作

陈保亚.20世纪中国语言学方法论[M].济南:山东教育出版社,1999.

陈保亚.当代语言学[M].北京:高等教育出版社,2009.

陈昌来.汉语"介词框架"研究[M].北京:商务印书馆,2014.

陈光.现代汉语量级范畴研究[M].上海:上海人民出版社,2010.

陈望道.修辞学发凡[M].上海:上海教育出版社,1997.

戴庆厦.社会语言学概论[M].北京:商务印书馆,2004.

邓志勇.修辞理论与修辞哲学:关于修辞学泰斗肯尼斯·伯克研究[M].上海:学林出版社,2011.

范晓.三个平面的语法观[M].北京:北京语言文化大学出版社,1998.

郭锐.现代汉语词类研究[M].北京:商务印书馆,2002.

郭熙.中国社会语言学[M].杭州:浙江大学出版社,2004.

何自然.认知语用学:言语交际的认知研究[M].上海:上海外语教育出版社,2006.

胡裕树.现代汉语(重订本)[M].上海:上海教育出版社,1995.

贾彦德.汉语语义学[M].北京:北京大学出版社,1999.

姜望琪.当代语用学[M].北京:北京大学出版社,2003.

黎千驹. 模糊修辞学导论[M]. 北京:光明日报出版社,2006.

李行健. 现代汉语规范词典(第二版)[M]. 北京:外语教学与研究出版社,语文出版社,2010.

林祥楣主编. 现代汉语[M]. 北京:语文出版社,1991.

刘大为. 比喻、近喻与自喻:辞格的认知性研究[M]. 上海:上海教育出版社,2001.

陆俭明. 现代汉语语法研究教程(第四版)[M]. 北京:北京大学出版社,2013.

吕叔湘. 中国文法要略[M]. 北京:商务印书馆,1956.

吕叔湘. 现代汉语八百词(增订本)[M]. 北京:商务印书馆,1999.

马真. 现代汉语虚词研究方法论[M]. 北京:商务印书馆,2004.

麦蒂森,韩礼德. 系统功能语法:理论之初探[M]. 黄国文,王红阳,译. 北京:高等教育出版社,2009.

乔治·莱考夫. 认知语言学十讲[M]. 北京:外语教学与研究出版社,2007.

乔治·莱考夫. 女人、火与危险事物:范畴显示的心智[M]. 李葆嘉,章婷,邱雪玫,译. 北京:世界图书出版公司,2016.

屈承熹. 汉语篇章语法[M]. 北京:北京语言大学出版社,2006.

沈家煊. 不对称和标记论[M]. 南昌:江西教育出版社,1999.

施春宏. 语言在交际中规范[M]. 北京:中国经济出版社,2005.

施旭. 文化话语研究:探索中国的理论、方法与问题[M]. 北京:北京大学出版社,2010.

斯珀波,威尔逊. 关联:交际与认知[M]. 蒋严,译. 北京:中国社会科学出版社,2008.

孙长彦. 语境奥秘的探究[M]. 银川:宁夏人民出版社,2009.

索绪尔. 普通语言学教程[M]. 高名凯,译. 北京:商务印书馆,1980.

谭学纯,朱玲. 广义修辞学(修订版)[M]. 合肥:安徽教育出版社,2001.

谭学纯,唐跃,朱玲. 接受修辞学(增订本)[M]. 合肥:安徽大学出版社,2000.

屠友祥. 索绪尔手稿初检[M]. 上海:上海人民出版社,2011.

王德春. 多角度研究语言[M]. 北京:清华大学出版社,2002.

王福祥. 话语语言学概论[M]. 北京:外语教学与研究出版社,1994.

王力. 汉语史稿(中册)[M]. 北京:中华书局,1980.

王力. 中国现代语法[M]. 北京：商务印书馆，1985.

王占馥. 境况语义学导论[M]. 福州：福建人民出版社，2000.

威廉·克罗夫特. 语言类型学与语言共性(第二版)[M]. 上海：复旦大学出版社，2009.

吴礼权. 修辞心理学[M]. 昆明：云南人民出版社，2001.

徐大明，陶红印，谢天蔚. 当代社会语言学[M]. 北京：中国社会科学出版社，1997.

肖净宇. 超越语言学——巴赫金语言哲学研究[M]. 上海：上海人民出版社，2007.

邢福义. 词类辨难(修订本)[M]. 北京：商务印书馆，2003.

袁毓林. 汉语词类的认知研究和模糊划分[M]. 上海：上海教育出版社，2010.

于根元. 网络语言概说[M]. 北京：中国经济出版社，2001.

张斌. 现代汉语[M]. 北京：中央广播电视大学出版社，1988.

张斌. 汉语语法学[M]. 上海：上海教育出版社，1998.

张斌. 现代汉语描写语法[M]. 北京：商务印书馆，2010.

张维鼎. 意义与认知范畴化[M]. 成都：四川大学出版社，2007.

张亚军. 副词与限定描状功能[M]. 合肥：安徽教育出版社，2002.

张谊生. 现代汉语副词研究[M]. 上海：学林出版社，2000d.

张谊生. 现代汉语虚词[M]. 上海：华东师范大学出版社，2000e.

张谊生. 现代汉语副词探索[M]. 上海：学林出版社，2004.

张谊生. 现代汉语副词分析[M]. 上海：上海三联书店，2010.

张谊生. 现代汉语副词研究(修订本)[M]. 北京：商务印书馆，2014.

赵艳芳. 认知语言学概论[M]. 上海：上海教育出版社，2000.

赵元任著. 吕叔湘译. 汉语口语语法[M]. 北京：商务印书馆，1979.

朱德熙. 语法讲义[M]. 北京：商务印书馆，1982.

朱晓农. 方法：语言学的灵魂[M]. 北京：北京大学出版社，2008.

(二)论文

1. 期刊论文

艾四林. 哈贝马斯交往理论评析[J]. 清华大学学报(哲学社会科学版)，1995：10(3).

蔡冰. “语言能力”是什么？[J]. 语言科学，2013：12(6).

蔡辉,孙莹,张辉.浮现中的熟语性:“程度副词+名词”构式的ERP研究——熟语表征和理解的认知研究之十[J].解放军外国语学院学报,2013:36(1).

曹德和.规范度评价根据问题再思考——从理性原则和习性原则谈起[J].南昌大学学报(人文社会科学版),2006:37(5).

曹德和,黎洪.可变与不可变规范的区分及其学术意义——从语用与规范关系的对立观点说起[J].学术界,2011(7).

曹进,强琦.语言无羁:网络影响人类思维逻辑之表征[J].现代传播,2014(11).

晁代金.“是时候”组合的发展演变[J].廊坊师范学院学报,2008a(2).

晁代金.“是时候VP……”句式探析[J].柳州职业技术学院学报,2008b(2).

车录彬.汉语“糅合构式”初论[J].汉语学习,2010(6).

陈佳璇.试论“得体原则”不是修辞的最高原则[J].华东师范大学学报(哲学社会科学版),2007:39(1).

陈佳璇.字母词概念的重新界定[J].修辞学习,2007(3).

陈佳璇.“火星文”:网络语言的新发展[J].修辞学习,2008(4).

陈满华.构式语法的方法论价值刍议[J].东北师大学报(哲学社会科学版),2016(4).

陈天福.论“是”字句[J].河南大学学报(社会科学版),1995:35(1).

储泽祥,刘街生.“细节显现”与“副+名”[J].语文建设,1997(6).

储泽祥,王文格.现代汉语小句的判断标准[J].宁夏大学学报(人文社会科学版),2009:31(4).

邓志勇.美国修辞学研究最新动态——记2010年美国修辞学国际研讨会[J].当代修辞学,2010(4).

邓志勇,崔淑珍.基于意符的意识形态修辞批评:理论与操作[J].当代修辞学,2013(6).

刁晏斌.借形赋义:当代汉语中一种常用的语义扩张模式[J].江苏师范大学学报(哲学社会科学版),2015:41(3).

丁加勇,戴玮.汉语“程度副词+指人名词”结构中的理想认知模型[J].湖南人文科技学院学报,2007(3).

方梅.修辞的转类与语法的转类[J].当代修辞学,2011(1).

付伊,毓君.去元音化:修辞术何以跻身“2008年度最佳发明”?[J].修辞学习,2009(2).

龚千炎,周洪波,郭龙生.发展链:语言规范的本质——兼谈汉语规范化工作[J].语文建设,1991(5).

顾之民.“不要太 A”的特殊表达及其修辞效果[J].青岛大学学报,1996(3).

郭鸿杰,周国强.20 年来英语对中国大陆现代汉语词法和句法的影响[J].外语教学,2003(5).

何自然.语言模因及其修辞效应[J].外语学刊,2008(1).

贺兴安.文学语言在本质上是反规范的[J].语文建设,1992(5).

侯国金.评“语法构式、修辞构式”二分法[J].华侨大学学报(哲学社会科学版),2016(1).

皇甫素飞.范畴转换对“程度副词+名词”结构的认知解释[J].西南民族大学学报(人文社科版),2010:31(7).

江蓝生.跨层非短语结构“的话”的词汇化[J].中国语文,2004(5).

江蓝生.概念叠加与构式整合——肯定否定不对称的解释[J].中国语文,2008(6).

金忍冬.试论字母词对网络语言的作用[J].中国科技术语,2007(6).

鞠玉梅.从西方修辞学的新理论看修辞学的发展趋势[J].四川外语学院学报,2003:19(1).

旷书文.论“程度副语素+为/是”的语法化[J].暨南大学华文学院学报,2005(3).

李瑶.负迁移现象对英译汉中否定词翻译的影响[J].湖北广播电视大学学报,2008:28(1).

李一平.副词修饰名词或名词性成分的功能[J].语言教学与研究,1983(3).

李宇明.语言规范试说[J].当代修辞学,2015(4).

梁吉平,陈丽.释“山寨”[J].语文建设,2008(10).

林荣钦,胡荣英.“程度副词+名词”结构之名词探因[J].怀化学院学报,2011:30(11).

刘大为.从语法构式到修辞构式(上)[J].当代修辞学,2010a(3).

刘大为.从语法构式到修辞构式(下)[J].当代修辞学,2010b(4).

刘红曦.“副+名”组合突显名词的描述性语义特征[J].重庆工商大学学报(社会科学版),2005:22(3).

刘慧丽."程度副词+名词"结构的认知理据及其修辞价值[J].十堰职业技术学院学报,2008:21(3).

刘晓峰."副+名"结构的语义分析[J].盐城师范学院学报(人文社会科学版) 2002:22(2).

刘正光,崔刚.非范畴化与"副词+名词"结构[J].外国语,2005(2).

刘茁.范畴化与原型理论对"程度副词+名词"结构的解释能力[J].深圳大学学报(人文社会科学版),2009:26(1).

陆俭明.语义特征分析在汉语语法研究中的运用[J].汉语学习,1991(1).

陆俭明.构式语法理论的价值与局限[J].南京师范大学文学院学报,2008(1).

陆俭明.修辞的基础——语义和谐律[J].当代修辞学,2010(1).

陆俭明.构式语法理论有待深究的三个问题[J].东北师大学报(哲学社会科学版),2016(4).

陆镜光.论小句在汉语语法中的地位[J].汉语学报,2006(3).

马真.程度副词在表示程度比较的句式中的分布情况考察[J].世界汉语教学,1988(2).

毛浩然,徐赳赳.互文的应用研究[J].当代语言学,2015:17(1).

邱凌."程度副词+名词"与潜语言的显性化[J].上饶师范学院学报,2002:22(2).

仇毅."不要太……"结构的"准语法化"分析[J].镇江高专学报,2007:20(3).

任芝锳."程度副词十名词"结构的语义分析[J].暨南大学华文学院学报,2003(4).

邵桂珍.语法的"副+名"和修辞的"副+名"[J].暨南学报(哲学社会科学),2000(5).

邵敬敏,吴立红."副+名"组合与语义指向新品种[J].语言教学与研究,2005(6).

沈家煊."有界"与"无界"[J].中国语文,1995(5).

沈家煊.语言的"主观性"和"主观化"[J].外语教学与研究,2001(4).

沈家煊.复句三域"行、知、言"[J].中国语文,2003(3).

沈家煊.语用原则、语用推理和语义演变[J].外语教学与研究,2004(4).

沈家煊.“王冕死了父亲”的生成方式——兼说汉语“糅合”造句[J].中国语文,2006a(4).

沈家煊.“糅合”和“截搭”[J].世界汉语教学,2006b(4).

沈家煊.也谈“他的老师当得好”及相关句式[J].现代中国语研究,2007(9).

沈家煊.“移位”还是“移情”?——析“他是去年生的孩子”[J].中国语文,2008a(5).

沈家煊.“逻辑先后”和“历史先后”[J].外国语,2008b:31(5).

沈家煊.我看汉语的词类[J].语言科学,2009:8(1).

施春宏.名词的描述性语义特征与副名组合的可能性[J].中国语文2001(1).

施春宏.“招聘”和“求职”:构式压制中双向互动的合力机制[J].当代修辞学,2014(2).

施春宏.构式压制现象分析的语言学价值[J].当代修辞学,2015(2).

孙力平,王萍.“很是”辨析[J].浙江工业大学学报(社会科学版),2016:15(1).

谭学纯.修辞观:话语权和学术操作[J].福建师范大学学报(哲学社会科学版),2009(2).

唐正大.从“是时候VP了”看汉语从句补足语结构的崛起——兼谈汉语视觉语体中的VO特征强化现象[J].世界汉语教学,2018:32(3).

汪建峰.“同意”与“倾听”:布斯修辞思想的由来与发展[J].当代修辞学,2011(4).

王敏.“不要太A”句式表达感叹的修辞基础探略[J].修辞学习,2000(2).

王希杰.转类的再认识[J].平顶山学院报,2007:22(3).

王寅.汉语“副名构造”的认知构造语法分析法——基于“压制、突显、传承、整合”的角度[J].外国语文,2009:25(4).

王寅.基于认知语言学的认知修辞学——从认知语言学与修辞学的兼容、互补看认知修辞学的可行性[J].当代修辞学,2010(1).

王小莘,张舸.“程度副词+名词”是当前汉语运用中值得注意的一种现象[J].语言文字应用,1998(2).

吴世文,朱剑虹.全球传播中我国媒体建构国际话语权的探究[J].新闻传播,2010(11).

吴宜沁.“不要太”构式再探析[J].安徽文学,2015(1).

邢福义.小句中枢说[J].中国语文,1995(6).

邢福义.“最”义级层的多个体涵量[J].中国语文,2000(1).

徐默凡.流行语的游戏心态和游戏成分——以无关指称为例[J].当代修辞学,2012(1).

徐默凡.网络语言无关谐音的文化研究[J].文艺理论研究,2013(6).

鄢柏龄,张道俊.可受程度副词“很”修饰的词的类型[J].湖北工程学院学报,2019:39(4).

严辰松.构式语法论要[J].解放军外国语学院学报,2006(4).

杨璨.“火星文”的非语言特征[J].合肥师范学院学报,2010:28(2).

杨海明,李振中.名词性状因子的构成与“副+名”框架提取的动因分析[J].语言科学,2004:3(2).

杨娟.“不要太 A”句式探析[J],现代语文(语言研究版),2009(5).

杨亦鸣,徐以中.“副+名”现象研究之研究[J].语言文字应用,2003(2).

姚颖.“不要太×”的构式分析[J].安徽文学(下半月),2012(1).

原新梅.“程度副词+N”的修辞功效[J].修辞学习,1997(4).

袁毓林.汉语词义识解的乐观主义取向——一种平衡义程广泛性和义面突出性的策略[J].当代语言学,2014:16(4).

于根元.副+名[J].语文研究与应用,1991(1).

张春泉,张艳玲.接受心理:语境的主导因素[J].修辞学习,2004(3).

张国宪,卢建.言者的情感表达与定语句位占据的语用斜坡[J].世界汉语教学,2014:28(3).

张金圈.“很是 X”结构的句法语义分析[J].十堰职业技术学院学报,2008(6).

张强,杨亦鸣.语言能力及其提升问题[J].语言科学,2013:12(6).

张伟.进入“很+N”框架中的名词子类及其层级性[J].青海师范大学学报(哲学社会科学版),2005(4).

张谊生.名词的语义基础及功能转化与副词修饰名词[J].语言教学与研究,1996(4).

张谊生.名词的语义基础及功能转化与副词修饰名词(续)[J].语言教学与研究,1997(1).

张谊生.论与汉语副词相关的虚化机制——兼论现代汉语副词的性质、

分类与范围[J].中国语文，2000a(1).

张谊生.现代汉语副词的性质、范围与分类[J].语言研究，2000b(2).

张谊生.程度副词充当补语的多维考察[J].世界汉语教学，2000c(2).

张谊生.“副＋是”的历时演化和共时变异——兼论现代汉语“副＋是”的表达功用和分布范围[J].语言科学，2003:2(3).

张谊生.近代汉语“把个”句研究[J].语言研究，2005:25(3).

张谊生.“透顶”与“绝顶”的句法功能和搭配选择[J].语文研究，2008(4).

张谊生.句法层面的语序与句子层面的语序——兼论一价谓词带宾语与副词状语表程度[J].语言研究，2013:33(3).

张谊生.当代汉语名词的词义转换与功能扩展——以“热血、冷血”与“狗血、鸡血”为例[J].汉语学报，2015(2).

张谊生.从相对到绝对:程度副词“最”的主观化趋势与后果[J].语文研究，2017(1).

周韧.兼类说反思[J].语言科学，2015:14(5).

朱永生.语篇中的意识形态与语言学家的社会责任——论马丁的相关理论及其应用[J].当代外语研究，2010(10).

祝克懿.互文:语篇研究的新论域[J].当代修辞学，2010(5).

邹韶华.名词在特定环境中的语义偏移现象[J].中国语文，1986(4).

邹韶华.论语言规范的理性原则和习性原则[J].语言文字应用，2004(1).

2.学位论文

蔡飞.“程度副词＋名词”结构多角度研究[D].上海:上海外国语大学，2009.

高宁.现代汉语程度副词与否定副词共现的认知研究[D].长春:吉林大学，2013.

关春芳.程度副词修饰名词问题探讨[D].长春:东北师范大学，2003.

柯乐夷.“不要太X”构式及相关问题研究[D].南京:南京师范大学，2011.

李俊玲.程度副词的主观性研究[D].武汉:华中科技大学，2007.

李丽娜.现代汉语“程度副词＋名词”结构的语言学分析[D].太原:山西大学，2006.

刘春丽.现代汉语名词性状特征研究[D].哈尔滨:黑龙江大学，2014.

刘丹. 当代汉语新兴构式动态语法研究[D]. 哈尔滨：哈尔滨师范大学，2015.

刘平. 现代汉语程度副词及程度副词结构研究[D]. 武汉：武汉大学，2011.

牛然明. 现代汉语“程度副词＋名词”结构的构式语法研究[D]. 曲阜：曲阜师范大学，2009.

全丹丹. 程度副词与否定副词连用的多角度研究[D]. 长沙：湖南师范大学，2005.

宋晨晨. “是”字句的认知理据探析[D]. 成都：四川师范大学，2015.

滕沁芳. 基于语料库的“程度副词＋名词”的名词研究[D]. 上海：上海外国语大学，2013.

王云昀. 副名现象中副词、名词的性质及其组合规律[D]. 长春：东北师范大学，2006.

吴立红. 现代汉语程度副词组合研究[D]. 广州：暨南大学，2006.

朱磊. 现代汉语程度副词的新形式和新功能研究[D]. 上海：上海师范大学，2018.

朱小丽. 现代汉语“程度副词＋名词”结构的深层语义分析[D]. 长春：吉林大学，2008.

3. 析出文献

戴浩一. 以认知为基础的汉语功能语法刍议[C]//束定芳. 语言的认知研究——认知语言学论文精选. 上海：上海外语教育出版社，2004.

欧内斯特·鲍曼. 想象与修辞幻象：社会现实的修辞批评[C]//大卫·宁. 当代西方修辞学：批评模式与方法. 北京：中国社会科学出版社，1998.

二、英文文献

(一)著作

Carroll, D. *Psychology of Language*[M]. 北京：外语教学与研究出版社，2008.

Croft, W. *Radical Construction Grammar: Syntactic Theory in Typological Perspective* [M]. Oxford & New York: Oxford University Press, 2001.

Goldberg, A. *Constructions: A Construction Grammar Approach to Argument Structure*[M]. Chicago: The University of Chicago Press, 1995.

Goldberg, A. *Constructions at Work: The Nature of Generalization in Language*[M]. Oxford: Oxford University Press, 2006.

Hopper, P & Traugott, E. *Grammaticalization*[M]. 2nd ed. Cambridge: Cambridge University Press,2003.

Kuno, S. *Functional Syntax: Anaphora, Discourse and Empathy* [M]. Chicago & London: University of Chicago Press,1987.

Lakoff, G & Johnson, M. *Metaphors We Live By* [M]. Chicago: The University of Chicago Press, 1980.

Lakoff, G. *Women, Fire, and Dangerous Things: What Categories Reveal about the Mind* [M]. Chicago: The University of Chicago Press, 1987.

Levinson, C. *Pragmatics* [M]. Cambridge: Cambridge University Press, 1983.

Lyons, J. *Semantics (2vols)*[M]. Cambridge: Cambridge University Press, 1977.

Norde, M. *Degrammaticalization*[M]. Oxford: Oxford University Press,2009.

Searle, J. *Speech Acts: An Essay in the Philosophy of Language* [M]. Cambridge: Cambridge University Press, 1969.

Traugott, E & Dasher, R. *Regularity in Semantic Change*[M]. Cambridge: Cambridge University Press, 2002.

Traugott, E & Heine, B. *Approaches to Grammaticalization: Vol.1* [M]. Amsterdam: John Benjamins, 1991.

(二)论文

1.期刊论文

Boucher, J. & Osgood C. The Pollyanna hypothesis [J]. *Journal of Verbal Learning and Verbal Behavior*,1969(8).

Bybee, J. From usage to grammar: The mind's response to repetition [J]. *Language*, 2006, 82(4).

Geis, L. & Zwicky, M. On invited inferences [J]. *Linguistic*

Inquiry, 1971,2(4).

Goldberg, A. Constructions: A new theoretical approach to language [J]. *Trends in Cognitive Sciences*, 2003,7(5).

Haiman, J. Iconic and economic motivation [J]. *Language*, 1983,59(4).

Milroy, J. & Milroy, L. Linguistic change, social network and speaker innovation [J]. *Journal of Linguistics*, 1985,21(2).

Schiffrin, D. The principle of intersubjectivity in communication and conversation [J]. *Semiotic*, 1990,80(1).

Taylor, J. Why construction grammar is radical [J]. *Annual Review of Cognitive Linguistics*, 2004,2(1).

2. 析出文献

Finegan, E. *Subjectivity and subjectivisation: An introduction*[C]// Stein, D. & Wright, S. *Subjectivity and Subjectivisation: Linguistic Perspectives*. Cambridge: Cambridge University Press, 1995.

Goldberg, A. *Constructionist Approaches* [C]//Hoffman, T. & Trousdale, G. (eds.). *The Oxford Handbook of Construction Grammar*. Oxford: Oxford University Press,2013.

Grice, H. *Logic and conversation* [C]// Cole, P. & Morgan, J. (eds.). *Syntax and Semantics 3: Speech Acts*. New York: Academic Press, 1975.

Langacker, R. *Why a mind is necessary: Conceptualization, grammar and linguistic semantics* [C]//Albertazz, L. *Meaning and Cognition: A Multidisciplinary Approach*. Amsterdam: John Benjamins,2000.

Radden, G. & Kövecses, Z. *Towards a Theory of Metonymy*[C]// Panther, K. & Radden, G. (eds.). *Metonymy in Language and Thought*. Amsterdam: John Benjamins,1999.

Traugott, E. *From subjectification to intersubjectification* [C]// Hickey, R. (ed.). *Motives for Language Change*. Cambridge: Cambridge University Press, 2003.

后　记

从某种程度上说，本书可以算是“杂糅”之作。

硕士时期，我就对以程度副词修饰名词为代表的新兴语言现象感兴趣。在硕导徐国珍老师的指导下，我从修辞学视角对程度副词修饰名词的现象以及语言规范问题进行了细致的研究，自 2011 年起徐老师和我合作发表了若干篇相关研究论文，主要有《论修辞幻象在“副＋名”组合中的生成与呈现》（《福建师范大学学报（哲学社会科学版）》2011 年第 4 期）、《接受修辞视角下的“副＋名”分析》（《福建师范大学学报（哲学社会科学版）》2012 年第 4 期）、《语言规范：话语领域中的博弈》（《当代修辞学》2012 年第 5 期）。

在这些论文的基础上我完成了硕士学位论文《“副＋名”组合的修辞学阐释及语言规范问题的新探究》（杭州师范大学，2012 年）。本书第 1 章、第 2 章、第 3 章、第 8 章就是由这些论文和我的硕士学位论文改编而来。

硕士毕业后，我的研究兴趣依然不减，对新兴语言现象有自己的一些看法和思考，尽管并不成熟，但在徐老师的指导和帮助下，我们还是发表了一些文章，比如《论字母词产生的话语动因及其生成规则》（《语言科学》2013 年第 6 期）、《话语视角下“副＋名”组合的运作分析》（《浙江树人大学学报（人文社会科学版）》2014 年第 2 期）、《特殊语言现象中特殊语用效果的量化判断——以“程度副词＋名词”组合为例》（《媒介秩序与媒介文明研讨会暨第二届新闻传播伦理与法制学术研讨会论文集》，2015 年）等。这些文章成为本书第 3 章、第 5 章、第 8 章的基础。

从 2015 年开始，我师从张谊生先生攻读博士学位。张老师在语法研究领域造诣深厚，我也开始从语法角度审视程度副词修饰名词的现象，本书第

4 章、第 6 章、第 7 章的部分内容就是源于当时的思考。

除了一些比较正式的论文以外，我还对一些新兴语言现象进行过随笔式的研究，这些小文章由于都能体现我对语言规范问题的看法，因此我把它们都归入了第 8 章，这也是该章在本书中所占篇幅较大的主要原因。

从 2011 年发表的相关论文，到 2019 年的一些小随笔，它们都吸纳进这本书中了，所以本书各个章节之间的时间跨度还是很大的。虽然跨度较大，但是它们都体现了我对程度副词修饰名词现象的整体认识。在本书的写作过程中我又重新进行了梳理、修改和扩充，力求统一视角，在此基础上对程度副词修饰名词现象背后的规律进行深入挖掘。

感谢我的硕导徐国珍老师，感谢我的博导张谊生老师，在二位导师的指引下，我将在语言研究的道路上继续奋斗。在本书出版的过程中，台州学院人文学院高平副院长对我大力支持，浙江大学出版社的胡畔编辑对文本进行了细致校对，帮我修订了很多行文上的不足之处，付出了巨大的劳动。书中如果还有错误和疏漏，都由我负责，请各位老师、学友批评指教。

朱　磊

2020 年国庆、中秋之夜于临海

图书在版编目(CIP)数据

“程度副词＋名词”组合研究 / 朱磊著. —杭州：
浙江大学出版社，2020.12
ISBN 978-7-308-20668-6

Ⅰ.①程… Ⅱ.①朱… Ⅲ.①现代汉语－副词－研究
②现代汉语－名词－研究 Ⅳ.①H146.2

中国版本图书馆 CIP 数据核字(2020)第 203333 号

“程度副词＋名词”组合研究

朱 磊 著

责任编辑 胡 畔
责任校对 宋旭华
封面设计 周 灵
出版发行 浙江大学出版社
(杭州市天目山路 148 号 邮政编码 310007)
(网址：http://www.zjupress.com)
排　　版 浙江时代出版服务有限公司
印　　刷 广东虎彩云印刷有限公司绍兴分公司
开　　本 710mm×1000mm 1/16
印　　张 15
字　　数 280 千
版 印 次 2020 年 12 月第 1 版 2020 年 12 月第 1 次印刷
书　　号 ISBN 978-7-308-20668-6
定　　价 68.00 元

浙江大学出版社市场运营中心联系方式 (0571)88925591；http://zjdxcbs.tmall.com